Derecho y libertad

Colección dirigida por
Ricardo Manuel Rojas

LAS CONTRADICCIONES
DEL DERECHO PENAL

Ricardo Manuel Rojas

LAS CONTRADICCIONES DEL DERECHO PENAL

—SEGUNDA EDICIÓN REVISADA Y AUMENTADA—

Unión Editorial
2024

© 2024 Ricardo M. Rojas

© 2024 Unión Editorial, S.A.
c/ Hilarión Eslava, 21, local - 20015 Madrid
Tel.: 913 500 228
Correo: editorial@unioneditorial.net
www.unioneditorial.es

ISBN: 978-84-7209-920-3
Depósito Legal: M.6.360-2024

Compuesto y maquetado por El Buey Liberal, S.L.

Printed in Spain · Impreso en España

COLECCIÓN DERECHO Y LIBERTAD

La filosofía de la libertad y el Derecho han estado ligados en forma permanente, y ello se vio expresado cuando, en el siglo XVIII, Europa comenzaba a alumbrar una transformación en formas y conceptos, lo que debía consecuentemente tener su correlato en las instituciones llamadas a impartir la justicia entre los ciudadanos.

Con la colección «Derecho y Libertad» pretendemos publicar una serie de títulos, tanto clásicos como de autores de nuevo cuño, que abarquen las áreas de los estudios jurídicos, de la teoría del Derecho y distintos aspectos de lo legislativo y lo judicial. Una colección única, dentro de la literatura en castellano, que inauguramos con el título presente. Esperamos que sea del gusto tanto de los buenos conocedores del catálogo de Unión Editorial como de aquellos que se acerquen por primera vez a los títulos de esta casa.

Ricardo Manuel Rojas

ÍNDICE

PREFACIO A LA SEGUNDA EDICIÓN

El presente trabajo se gestó hace unos treinta años. Una primera versión fue publicada como ensayo en un par de revistas académicas en 1996, y la primera edición como libro fue publicada por la Editorial Ad-Hoc de Buenos Aires en 2000.

Mis crecientes discrepancias con la visión de un orden jurídico formado por mandatos dispuestos de manera forzada por asambleas legislativas, chocaban con la afirmación generalizada de que en materia penal no había otro modo de establecer normas que a través de ese mecanismo, por tratarse de un claro caso de derecho público, regido además por el principio de legalidad. Como aditamento, se sostenía que aun cuando estuviera compuesta por mandatos coactivos, la legislación penal tiene por finalidad proteger los derechos de los habitantes frente al crimen.

Estas afirmaciones eran contradictorias con la realidad que para entonces veía diariamente en mi tribunal. Como juez de un tribunal en lo criminal, las contradicciones eran palmarias. Creo que la decisión de escribir este libro se materializó el día que en una audiencia en un juicio por tentativa de robo, una anciana mujer a la que un chico intentó robar su cartera pero fue detenido de inmediato por un policía sin poder consumar el delito, me dijo muy resuelta que no iba a declarar —aunque ello supusiera ser detenida por cometer un delito en la audiencia—, a menos que yo le prometiera que el chico no iría a la cárcel como consecuencia de su declaración.

Mientras trataba de descifrar cuál era exactamente mi rol en esa audiencia, advertí que las bases principales del derecho penal debían ser rediscutidas. Ni el derecho penal existe para proteger a los habitantes —sino para cumplir políticas estatales—, ni las penas se imponen para satisfacer intereses de las víctimas, sino objetivos decididos por el propio Estado.

Por supuesto que la coexistencia pacífica requiere algún tipo de orden jurídico que garantice la exclusión de la violencia física o moral. Pero el derecho penal tal como existe hoy no parece ser el camino adecuado. Por ello, a diferencia de alguna otra corriente «abolicionista» del derecho penal, no bastaba quedarse simplemente con la crítica al sistema, sino que era necesario ir un poco más allá, proponiendo un orden jurídico que lo pudiera reemplazar.

Ese fue el objetivo que me propuse y que dio como resultado la primera edición de este libro. Hoy, a casi un cuarto de siglo de aquel primer esfuerzo, me he propuesto reeditarlo, esta vez con Unión Editorial, pero con unos cuantos agregados y actualizaciones, producto de todos estos años de experiencia. No puedo dejar de señalar que apenas nueve meses después de que vio la luz la primera edición, se produjo el atentado a las Torres Gemelas en New York, lo que de inmediato revitalizó la dormida teoría del «derecho penal del enemigo», que a partir de entonces no paró de crecer y se colocó en el centro de la discusión sobre el derecho penal.

Especialmente, he podido observar en mis tiempos de magistrado, cómo en los procedimientos formales y las prácticas judiciales se ha revalorizado el rol de la víctima, no sólo como objeto de protección jurídica, sino como actor principal en las discusiones.

En parte, esas modificaciones en los procedimientos permiten hoy ver las objeciones al derecho penal con una mirada diferente, aunque los cuestionamientos de base siguen siendo los mismos. En definitiva, he tratado de no alterar la frescura con que se gestó la primera versión, pero aprovecho esta nueva edición para agregar y aclarar algunos conceptos.

PRÓLOGO DE LA PRIMERA EDICIÓN

Un juez de cámara en el tribunal oral en lo criminal que propone la abrogación del derecho penal tal como se lo concibe hoy. Este es el caso de Ricardo Rojas, el autor de este trabajo que tengo la satisfacción de prologar. Años ha, fue alumno mío en una de las cátedras de economía que dictaba en la Universidad de Buenos Aires; allí comenzó nuestra relación que se prolongaría y fortalecería a través de los años. Después se desempeñó durante largo tiempo en el Departamento de Investigaciones de ESEADE, donde hoy enseña en uno de los programas de posgrado. Recorrió la carrera judicial abarcando prácticamente todas las instancias. Publicó numerosos ensayos sobre la materia que ahora nos presenta en forma de libro y escribió innumerables artículos sobre concepciones del derecho que hoy van a contracorriente de la opinión dominante.

Reiteradamente ha advertido sobre los estragos del positivismo legal y ha explicado la necesidad de centrar la atención en parámetros y puntos de referencia extramuros de la legislación vigente para poder juzgar acerca de la justicia o la injusticia de la ley. En este contexto ha subrayado la concepción del derecho como un proceso evolutivo de descubrimiento y no de diseño o ingeniería social. Sus estudios sobre temas filosóficos, históricos y económicos le otorgan una aproximación al derecho de vastas dimensiones. Estos horizontes y estas perspectivas más amplias le han permitido explorar avenidas de gran fertilidad que ha volcado en sus escritos y en sus clases.

Uno de los problemas más serios que se observan en muchos ámbitos educativos es lo poco que se ha trabajado y cuidado la formación de criterios independientes y, por otro lado, la poca importancia que se le atribuye a los peligros que encierra la uniformidad y la regimentación. Se suele inculcar hasta el tuétano el dogmatismo y la cerrazón mental para que se mire con anteojeras en una sola dirección. Este espíritu hormigueril se traduce en los más diversos aspectos de la vida, con lo que no sólo se amputan potencialidades que quedarán dormidas para siempre, sino que se inflige un daño irreparable al progreso del conocimiento. Nuestra inmensa ignorancia requiere de confrontación, lo cual a su vez demanda que se abran las puertas de par en par a la refutación o a la corroboración siempre provisoria, en un largo y azaroso peregrinaje que afanosamente logra la incorporación de minúsculos fragmentos de conocimiento. El cuestionamiento y el debate abierto inyectan oxígeno vital para correr el eje del debate en busca de posiciones más sólidas.

Es precisamente esta línea argumental la que campea en este libro. En base a un elaborado andamiaje conceptual y munido de una rica documentación y de jugosas referencias bibliográficas, su análisis gira en torno al eje central del ámbito penal, en cuanto a la expropiación estatal del derecho de la víctima a su resarcimiento. Esta lúcida exposición y este meduloso estudio, no excluido de aspectos muy controvertidos, abren muchos interrogantes pero, sobre todo, abren un cauce para la investigación y la discusión.

Hasta donde alcanzan mis elementos de juicio de economista, entiendo que en la órbita hispanoparlante no se ha publicado un enfoque sobre la jurisdicción penal como el que ahora nos presenta este libro. Los antecedentes fácticos se remontan a la antigüedad y los escritos académicos sobre estos espinosos asuntos se circunscriben al mundo anglosajón. Confío en que esta convocatoria de Ricardo Rojas estimule el pensamiento y la curiosidad para abordar otros aspectos de tan delicado e interesante asunto. El autor se basa en la razón, alejado del racionalismo constructivista y, claro está, apartado del relativismo epistemológico presente en las modas del deconstructivismo y el posmodernismo, ambas críticas de aquello que han bautizado coma «logocentrismo», esto es, la lógica y los silogismos que de ella se derivan.

Las reflexiones que aparecen en este libro no son para proceder en consecuencia sin más. Esto nunca ocurre ni debiera ocurrir con una nueva propuesta, se necesita escudriñar, pasar por el tamiz del tiempo y las opiniones encontradas en etapas naturales de evolución. Nada más peligroso que la arrogancia de los pretendidos tajos abruptos en la historia.

Rojas nos ofrece instrumentos para el debate que, en algunos casos servirán para limpiar telarañas mentales, y en otros para incorporarlos a visiones y experiencias pertenecientes a diversas tradiciones de pensamiento.

Buenos Aires, junio de 2000.
ALBERTO BENEGAS LYNCH (H)

CAPÍTULO 1

INTRODUCCIÓN

JUAN C.

Juan C. era carpintero. Vivía en una casa usurpada, con su mujer y sus cinco hijos. En los últimos meses prácticamente no había tenido trabajo, y sus hijos comenzaban a pasar hambre; uno de ellos, además, necesitaba una urgente operación.

Jamás le había quitado nada a nadie, siempre respetó lo ajeno, pero se sintió desesperado e impotente al no poder encontrar los medios para mantener a su familia. Mientras caminaba por la calle pensando en sus problemas, vio a una anciana que apenas sujetaba su cartera con dos dedos. La mujer lucía, a la vez, débil y distraída.

Juan C. pensó que no parecía razonable hablar de derecho a la propiedad cuando sus hijos tenían hambre y estaban enfermos. Rápidamente inventó una justificación moral para calmar a su consciencia y, diciéndose que estaba dispuesto a responder después ante un juez por su falta, arrebató la cartera a la anciana. Corrió veinte metros y fue detenido por un policía.

Como no tenía antecedentes penales, Juan C. fue excarcelado al día siguiente, y cinco meses después fue juzgado. Los jueces venían soportando en los últimos tiempos un asedio periodístico. Se los acusaba de blandos, de ser responsables por la impunidad reinante en el país, de que por su culpa los criminales ingresaban a las comisarías por una puerta y salían inmediatamente por otra. Mientras escuchaban la acusación fiscal, la voz del secretario pareció mezclarse con las denuncias de ineptitud judicial, y al concluir la lectura del requerimiento, el juicio ya resultó innecesario.

La anciana víctima esperó varias horas antes de declarar. Por concurrir al tribunal no pudo ir al banco a cobrar su jubilación y debió pagar un taxi desde su casa en los suburbios. Frente a los jueces repitió lo mismo que ya le había contado a la policía, al fiscal y al juez de instrucción, y agregó, sin que nadie le preguntara, que a ella le daba lástima el procesado, que en definitiva ella no había sido perjudicada porque recuperó su cartera y su dinero, y pidió que no se lo enviara a la cárcel. El tribunal escuchó su declaración, y al concluir, el presidente algo incómodo le dijo secamente que podía retirarse.

La deliberación fue muy corta. La condena era segura, y fue una sorpresa para los jueces que, sin haber hablado del tema previamente, los tres coincidiesen en que la pena debía ser de efectivo cumplimiento y no ser dejada en suspenso, como una señal a la sociedad de que el sistema judicial había recobrado la severidad que los periodistas reclamaban. Después de todo, se consolaron, la ley penal indicaba que la suspensión del cumplimiento de la pena era excepcional y debería ser especialmente justificada por los jueces, mientras que el encarcelamiento efectivo no requería ninguna fundamentación adicional, al menos según el texto de la ley.

Juan C. fue condenado a cumplir ocho meses de prisión. Su excarcelación fue revocada en ese mismo momento, y ante la atónita mirada de su esposa, se lo llevaron detenido.

Durante el primer mes y medio de su encierro, la esposa lo visitaba en todos los turnos posibles. Siempre entraba llorando por la humillación de ver a su marido en la cárcel. No llevaba a sus hijos, para evitarles la impresión.

Juan C. debió adecuarse a su status dentro de la cárcel. Su falta de otros antecedentes y la levedad de su delito lo convertían en un «perejil», y por lo tanto debía obedecer las órdenes que le daban sus compañeros, si no quería ser castigado por ellos. Por las noches, no podía dejar de pensar, incluso en el suicidio. Sabía que había hecho algo malo y que su condena era justa, pero el castigo le pareció desproporcionado.

A partir de segundo mes, las visitas de su esposa fueron cada vez más esporádicas, y luego del cuarto ya no regresó a verlo.

Solo, Juan C. se volcó hacia sus compañeros de cárcel. La mayoría de ellos había llegado allí tras muchos procesos penales, estaban acostumbrados al encierro, y la espera por salir no parecía preocuparles demasiado.

Cuando transcurrieron los ocho meses, Juan C. fue dejado en libertad. Le devolvieron la moneda que traía consigo el día de su detención, y con ella pagó el colectivo hacia su casa. Su mujer y sus hijos ya no estaban allí. Nadie supo decirle qué fue de ellos, sólo que se había ido.

Sin dinero, sin familia, sin amigos ni trabajo, contaba por todo patrimonio con un trozo de papel en el que estaba escrito un nombre y una dirección, allí mismo, no muy lejos de su casa. Se lo habían dado sus compañeros de cárcel por si «necesitaba trabajo».

Tres meses después, Juan C. fue detenido junto con otros hombres, cuando trataban de asaltar un banco con armas. Su condición de reincidente le auguraban un largo período en la cárcel.

Carla R.

Carla R. tenía 19 años de edad y estudiaba su primer año de ciencias económicas en una universidad privada religiosa. No obstante el dinero de su padre —quien no escatimaba recursos para satisfacer sus caprichos—, su físico desproporcionado y su carácter irascible no la hacían muy popular entre sus compañeros.

Paulatinamente fue desarrollando sentimientos de envidia y resentimiento hacia sus amigas más bonitas, y utilizaba la ironía y el dinero para hacer notar su presencia cada vez que podía.

Una mañana, mientras tomaba café en el bar de la facultad, aprovechó que una de sus compañeras fue al baño, para sacarle de la cartera su tarjeta de crédito y su documento de identidad. Inmediatamente fue a la zona comercial de la ciudad y comenzó a comprar ropa en las tiendas más caras con descontrolado frenesí. En la cuarta tienda les llamó la atención su actitud y la cantidad de ropa que compraba. Al solicitar autorización a la empresa, recibieron la denuncia de extravío de la tarjeta.

Carla R. fue detenida y procesada por hurto y estafas reiteradas. Inmediatamente se la excarceló y cuatro meses después se llevó a cabo el juicio oral. El padre de la víctima —que era el titular de la tarjeta de la cual había hecho extensión a nombre de su hija— declaró que consideraba a Carla como una buena chica con problemas de personalidad, que no había sufrido perjuicio alguno y que le parecía que condenarla a prisión por eso era un castigo demasiado severo. Pidió que le impusieran algún otro tipo de pena o reprimenda y la obligaran a seguir un tratamiento psicológico, pero no la prisión. Tampoco las tiendas habían sufrido perjuicio, pues toda la mercadería fue recuperada en el momento de la detención.

Durante el juicio, Carla R. se mostró indiferente hacia los jueces y fastidiada por tener que soportar esa situación. Al declarar dijo con naturalidad que no sabía cómo la tarjeta había llegado a sus manos, y que la usó por error, pensando que era la suya.

El Tribunal no tenía dudas de que la muchacha mentía, pero consideró que una condena penal —aunque fuese en suspenso—, sería estigmatizante y nociva para una chica de 19 años, sin antecedentes, y protagonista de un hecho que podría considerarse más una travesura de adolescente que un crimen.

Carla R. fue absuelta, sobre la base de admitir el error que ella invocaba, forzando en su beneficio los hechos probados durante el debate.

Cuatro años después, ya convertida en licenciada en administración de empresas, fue detenida nuevamente por falsificar libros de comercio para facilitar el vaciamiento de una gran empresa.

JORGE A.

Jorge A. era administrador de edificios, y como tal administró durante cinco años diez grandes torres de departamentos ubicadas en zonas de clase media.

En los últimos dos años, Jorge A. había decidido no pagar más los impuestos, el servicio eléctrico, el seguro de los edificios y las cargas sociales de los encargados. Falsificó el sello de un banco y lo colocó en cada recibo, guardándose el dinero.

Cuando una cuadrilla de la empresa de electricidad se presentó para cortar el servicio de un edificio por falta de pago, los propietarios descubrieron la maniobra, y una investigación judicial permitió determinar que Jorge A. había defraudado una fortuna.

Durante el juicio oral por administración fraudulenta que se le siguió, las víctimas explicaron al tribunal los problemas que tenían para hacer frente a una deuda tan grande, y que su mayor interés era recuperar el dinero porque, según parecía, en esos momentos el procesado era insolvente.

El tribunal condenó a Jorge A. como autor del delito de administración fraudulenta a la pena de dos años de prisión, de cumplimiento en suspenso, pues dada su falta de antecedentes y su correcto informe socio-ambiental, entendieron contraproducente enviarlo efectivamente a la cárcel. Para recuperar el dinero, habría que demandar por la vía civil.

Mientras las víctimas intentaban infructuosamente preguntar a los jueces quién se haría cargo de la deuda, Jorge A. salió del tribunal muy contento. Apenas podía creer que no hubiese pasado ni un día en prisión ni desembolsado un centavo. Se dijo a sí mismo que ese era un país divino, y que tal vez ahora debería dedicarse a la política.

Estas tres historias tienen algo de ficción y algo de realidad. Medularmente son situaciones similares a las que habitualmente se juzgan en los tribunales en lo criminal, y un primer examen de ellas permite extraer algunas conclusiones sobre el derecho penal:

a. No tiene por función proteger el derecho de las víctimas de hechos criminales concretos, sino satisfacer supuestos intereses del Estado o la sociedad, que pueden estar fundados en el deseo de mantener la paz, evitar conductas similares, castigar, «resocializar» al criminal, etc.

b. Como el Estado y la sociedad son entes ideales inexistentes en los hechos, corresponderá a los legisladores establecer cuáles serán los fines del derecho penal y cómo se llevará a cabo su realización práctica; esto es, definir el catálogo de delitos y de penas.

c. Estos delitos y estas penas, en consecuencia, no son establecidos para proteger los derechos de las víctimas y satisfacer sus reclamos de reparación, sino para cumplir con lo que los legisladores consideran fines del Estado. Las víctimas, a lo sumo, son datos o elementos de prueba que permiten poner en marcha la maquinaria penal estatal.

d. Por este motivo, a pesar de que los tipos penales se vinculan teóricamente con la protección de bienes jurídicos que, a su vez, en buena medida son derechos individuales tales como la vida, la integridad física, la libertad o la propiedad, las penas son impuestas con independencia y aun con la expresa oposición de los titulares de esos derechos vulnerados. Lo que la legislación penal castiga es la transgresión al orden jurídico que considera a esos bienes como tutelables en abstracto.

e. Las penas rara vez satisfacen los intereses de las víctimas y algunas de ellas, como la prisión, se han mostrado ineficientes y hasta contraproducentes en la mayoría de los casos, para lograr los propios fines que persigue el derecho penal, ya sea como retribución, como advertencia disuasiva o como forma de reeducación.

Estas observaciones han originado especialmente en el último siglo muchos y muy variados movimientos tendientes a evitar las consecuencias perniciosas de la aplicación del derecho penal: desde aquellos que buscan un derecho penal mínimo que excluya la punición de conductas poco peligrosas y sustituya la prisión por formas alternativas de conducta, pasando por quienes reclaman que las víctimas retomen su ubicación en el proceso como objeto de tutela jurídica, hasta quienes propician la lisa y llana abolición del sistema penal y su reemplazo por la restauración económica, formas de trabajo y estudio, u otras acciones tendientes a reparar los daños provocados por el crimen.

Muchos de estos intentos limitadores se proponen atenuar el rigor de la pena como manifestación del poder estatal de castigar, disuadir o «resocializar», según sea el fundamento que se le dé, y de volver a considerar a la víctima como objeto esencial de protección jurídica.

En este trabajo me propongo discutir una cuestión previa, que se basa en la visión liberal del orden institucional y jurídico. Para ella, la justificación y propósito de la existencia del gobierno es la protección de los derechos individuales de sus habitantes.

Desde esta óptica, los cuestionamientos al sistema legislativo penal tal y como hoy funciona generalizadamente en el mundo, deberían ser más profundos aún: ¿Debe reconocérsele al Estado esa potestad punitiva? ¿Debe ser función del gobierno castigar, disuadir o «resocializar» a las personas, o debería limitarse a proteger derechos individuales concretos cuando las víctimas así lo reclamen en su propio nombre y provecho? ¿Es legítima la existencia de un orden legal destinado a tutelar intereses estatales —aun con el empleo de la fuerza— y a aplicar sanciones en nombre y para satisfacción de tales intereses?

En definitiva: ¿Se justifica la existencia del derecho penal tal y como está regulado actualmente?

Capítulo 2

LA NATURALEZA DEL GOBIERNO

Como punto de partida para un estudio del derecho penal, y en especial de la legislación en la materia, tal y como hoy se los concibe, creo conveniente referirme a la naturaleza y funciones del gobierno en una sociedad libre. Podremos examinar entonces cómo encaja la legislación penal en el contexto de la función gubernamental de proteger derechos individuales.

El proceso constitucional iniciado en América del Norte en el siglo XVIII que dio como producto final la Constitución de los Estados Unidos —modelo para las constituciones occidentales que le siguieron—, brindó por primera vez en la historia moderna un marco de aplicación práctica a una serie de principios desarrollados en los dos siglos previos, y que se han considerado la base del liberalismo político. Entre esos principios se pueden mencionar:

1. El reconocimiento de la existencia de los derechos individuales como independientes, previos y superiores al poder político. El valor de la razón individual, como base de la potestad para tomar decisiones, buscar la propia felicidad e interactuar pacíficamente con los demás, impulsó a partir del Renacimiento la reivindicación de la dignidad humana y los derechos individuales.

2. La justificación del gobierno como el medio para proteger precisamente tales derechos y garantizar la coexistencia pacífica de los habitantes.

3. La consecuente limitación del poder del gobierno a aquellas funciones que permitan lograr esos fines. Ello conduce al principio según el cual el gobierno sólo podrá realizar aquellas

tareas taxativamente dispuestas por la Constitución, tendientes a proteger los derechos de las personas.

4. La distribución de las funciones de ese gobierno en distintos departamentos independientes y que se controlan recíprocamente, como una forma de limitarlo y vigilarlo mejor. El temor a la posibilidad de futuros abusos de poder por parte del gobierno, llevó a que en el diseño de la nueva Constitución se extremaran las formas de diseminar y controlar el poder por todos los medios posibles.

5. El desarrollo de mecanismos de publicidad y control popular de los actos del gobierno, como expresión del principio según el cual los funcionarios son empleados de los ciudadanos y deben rendir cuentas ante ellos en todo momento.

> Con raíces y antecedentes en siglos anteriores, el liberalismo surgió como movimiento de ideas y acción que eclosionó en los siglos XVIII y XIX con dos propósitos esenciales, directamente vinculados entre sí: 1) luchar por la limitación del poder de los gobernantes; 2) abogar por el reconocimiento y respeto de los derechos de cada individuo. Ambos argumentos se alimentaron mutuamente: escritos doctrinarios, decisiones judiciales y prácticas consuetudinarias apuntalaron la idea del respeto a la integridad, libertad y voluntad individual, tanto en sus tratos con otras personas como en su relación con las autoridades.
>
> Por otro lado, esos escritos y prácticas fueron fundamento para justificar revoluciones, cartas de derechos y cambios políticos tendientes a restringir el poder del gobernante. La prédica intelectual a favor del reconocimiento de derechos individuales se plasmó en decisiones judiciales, y de allí se transfirió a varias cartas políticas. La Constitución de los Estados Unidos fue, en este sentido, una síntesis de esa discusión sobre límites y derechos[1].

---

[1] Rojas, Ricardo Manuel, «Cooperación social y gobierno», en *Individuo y Sociedad. Seis ensayos desde el individualismo metodológico*, Unión Editorial, Madrid, 2021, p. 246.

Según explicó Ayn Rand, «todos los sistemas anteriores han considerado al hombre como un medio sacrificable en favor de los fines de los demás y a la sociedad como un fin en sí misma. Los Estados Unidos consideraron al hombre como un fin en sí mismo, y a la sociedad como un medio para la coexistencia pacífica, ordenada y voluntaria de los individuos. Todos los sistemas anteriores habían sostenido que la vida del hombre pertenece a la sociedad, que la sociedad puede disponer de él de cualquier manera que le plazca, y que toda libertad de la que goce le ha sido concedida únicamente como favor, por permiso de la sociedad, que puede ser revocado en cualquier momento. Los Estados Unidos sostuvieron que la vida del hombre es suya por derecho (lo que significa: por principio moral y por su naturaleza), que un derecho es propiedad del individuo, que la sociedad como tal no tiene derechos y que el único propósito moral de un gobierno es la protección de los derechos del individuo»[2]. Y continúa:

> Violar los derechos del hombre significa compelerlo a actuar contra su propio juicio, o expropiar sus valores. Básicamente hay una sola forma de hacerlo: mediante el uso de la fuerza física. Existen dos violadores potenciales de los derechos del hombre: los criminales y el gobierno. El gran logro de los Estados Unidos fue trazar una distinción entre ambos, prohibiendo al segundo la versión legalizada de la actividad de los primeros.
>
> La Declaración de Independencia fijó el principio de que «para asegurar estos derechos se instituyeron los gobiernos entre los hombres». Esto proveyó la única justificación válida de un gobierno y definió su único propósito correcto: proteger los derechos del hombre al protegerlo de la violencia física.
>
> En consecuencia, se cambió la función del gobierno, del rol de mandatario al rol de servidor. El gobierno se instituyó para proteger al hombre de los criminales, y la Constitución se escribió para proteger a los hombres del gobierno. La Declaración de Derechos no estaba dirigida contra los ciudadanos privados, sino contra el gobierno, como una explícita declaración de que los derechos individuales invalidan todo poder público o social[3].

---

[2] Rand, Ayn, *La Virtud del Egoísmo*, Ed. Plastygraf, Buenos Aires, 1985, p. 106.
[3] *Op. cit.*, p. 108.

La misma idea que justificó la disolución del gobierno colonial inglés, fue la base para diseñar un modelo de gobierno cuya existencia y funcionamiento estuviese limitado al cumplimiento de su objetivo específico: proteger los derechos.

Las ideas de John Locke, elaboradas casi un siglo antes de la revolución norteamericana, germinaron y crecieron en el nuevo mundo, convirtiéndose en la base filosófica del proceso constitucional, al punto en que pueden verse frases casi textuales del pensador inglés en la declaración de independencia, llevadas allí por Thomas Jefferson, gran lector y admirador de Locke.

Locke definía al estado en el que se encuentran naturalmente los hombres como un «estado de completa libertad para ordenar sus actos y disponer de sus propiedades y de sus personas como mejor les parezca, dentro de los límites de la ley natural, sin necesidad de pedir permiso y sin depender de la voluntad de otras personas»[4]. Veía el fundamento de la sociedad civil o política en la conveniencia de que los hombres no ejecutasen por sus propios medios la ley natural, y se organizasen voluntariamente para poner ese poder en manos de la comunidad: «Siempre que cierto número de hombres se une en sociedad renunciando cada uno de ellos al poder de ejecutar la ley natural, cediéndolo a la comunidad, entonces y sólo entonces se constituye una sociedad política o civil»[5].

Explicó que los hombres tienen suficientes razones para procurar «unirse para la mutua salvaguardia de sus vidas, libertades y tierras, a todo lo cual incluyo dentro del nombre genérico de bienes o propiedades [...] La finalidad máxima que buscan los hombres al reunirse en Estados o comunidades, sometiéndose a un gobierno, es la de salvaguardar sus bienes; esa salvaguardia es muy incompleta en el estado de naturaleza[6].

Si recordamos que este escrito de Locke tuvo por propósito fundamental sostener la supremacía de un gobierno limitado y protector de derechos individuales frente a los abusos de la monarquía en Inglaterra, se entiende que haya tenido tanto éxito sobre los revolucionarios norteamericanos, y a partir de entonces como base filosófica para la organización de un gobierno limitado que se pudiera oponer a las ideas monárquicas y absolutistas tan en boga en Europa en esos tiempos:

---

[4] Locke, John, *Ensayo sobre el gobierno civil*, Aguilar, Madrid, 1970, p. 5.
[5] *Op. cit.*, p. 66.
[6] *Op. cit.*, p. 93.

La monarquía absoluta, a la que ciertas personas consideran como el único gobierno del mundo es, en realidad, incompatible con la sociedad civil y, por ello, no puede ni siquiera considerarse como una forma de poder civil. La finalidad de la sociedad civil es evitar y remediar los inconvenientes del estado de naturaleza que se producen forzosamente cuando cada hombre es juez de su propio caso, estableciendo para ello una autoridad conocida a la que todo miembro de dicha sociedad puede acudir cuando sufre algún atropello, o siempre que se produzca una disputa, y a la que todos tengan la obligación de obedecer. Allí donde existen personas que no disponen de esa autoridad a quién recurrir, para que decida en el acto las diferencias que surgen entre ellas, esas personas siguen viviendo en un estado de naturaleza. Y en esa situación se encuentran, frente a frente, el rey absoluto y todos aquellos que están sometidos a su régimen[7].

Estas ideas, que fueron la base de la Revolución Gloriosa de 1688, tuvieron un gran predicamento casi un siglo más tarde entre los revolucionarios norteamericanos durante el proceso de la independencia, y en especial después de ella, al momento de discutir la organización política del nuevo país. Esta situación se vio robustecida por el hecho de que, de alguna manera, los colonos norteamericanos vivían en una situación que se asemejaba mucho al estado de naturaleza descripto por Locke, una vez roto el orden colonial y todo tipo de sujeción a un gobierno. Tenían la libertad de decidir cómo sería su futura organización, sin ataduras, poderes ni instituciones preestablecidas, más allá de los principios del *common law* que habían abrazado como propios.

Las expresiones directas de Thomas Paine en su panfleto sobre *Los Derechos del Hombre,* con el que respondió a las *Reflexiones sobre la Revolución Francesa* de Edmund Burke en 1791, posiblemente sirvan para resumir el pensamiento de los intelectuales que forjaron la gran revolución liberal de aquella época:

El hombre no entra en la sociedad para volverse peor de lo que era antes, ni para tener menos derechos que los que tenía, sino para asegurarse estos derechos. Sus derechos naturales son el fundamento de todos sus derechos civiles [...]. Derechos na-

---

[7] *Op. cit.,* p. 66.

turales son aquellos que corresponden al hombre por el mero hecho de existir. De esta índole son los derechos intelectuales o derechos de la mente, y también aquellos derechos de actuar, en cuanto individuo, para su propia comodidad o felicidad, siempre que no lesione los derechos naturales de los otros. Son derechos civiles aquellos que corresponden al hombre por el hecho de ser miembro de la sociedad. Todo derecho civil tiene por base algún derecho natural preexistente en el individuo, pero cuyo disfrute personal no está suficientemente asegurado en todos los casos. De esta índole son los que se relacionan con la seguridad y protección [...]

De las premisas precedentes podemos derivar dos o tres conclusiones:

1. Que todo derecho civil surge de un derecho natural, o, en otras palabras, que es un derecho natural cambiado.

2. Que el poder civil considerado propiamente, se compone del conjunto de aquella clase de derechos naturales del hombre, que son defectuosos en el individuo por falta de poder y no responden a su finalidad, pero, al ser reunidos en un foco, resultan eficaces para las finalidades de cada uno.

3. Que el poder resultante del conjunto de derechos naturales imperfectos en el individuo por falta de poder, no puede ser aplicado para invadir los derechos naturales retenidos por cada hombre, en los cuales el poder de ejecutar es tan perfecto como el propio derecho.

Echando una ojeada al mundo, resulta extraordinariamente fácil distinguir los gobiernos que han surgido de la sociedad, o del pacto social, de aquellos que no han surgido así. Pero para aclarar este punto más de lo que una simple ojeada puede consentir, será conveniente pasar revista a las distintas fuentes de las que han surgido los gobiernos a las bases en que se han fundado. Podemos resumirlos en tres capítulos:

Primero: Superstición.
Segundo: Fuerza
Tercero: El interés común de la sociedad y de los comunes derechos del hombre.

28

El primero fue un gobierno de los Sacerdotes; el segundo, de los Conquistadores; el tercero, de la Razón.

Cuando un grupo de hombres arteros fingió, valiéndose de oráculos, mantener un contacto directo con la divinidad, tratándola tan familiarmente como ahora suben por las escaleras de servicio de las cortes europeas, el mundo se encontraba bajo el gobierno de la superstición. Se consultaba a los oráculos y lo que éstos decían se convertía en ley; y esta clase de gobierno duró tanto como esa clase de superstición.

Después de esta etapa surgió una raza de conquistadores, cuyo gobierno, como el de Guillermo el Conquistador, se basaba en la fuerza, asumiendo la espada el nombre de cetro. Los gobiernos así establecidos duran tanto como la fuerza que los respalda, pero para utilizar en provecho propio todo instrumento susceptible de mantenerlos en el poder, unieron el fraude a la fuerza y crearon un ídolo al que llamaron *derecho divino*, el cual, a imitación del Papa, que pretende ser temporal y espiritual a la vez, y en contradicción con el fundador de la religión cristiana, se transformó con posterioridad, convirtiéndose en un índole de otra forma que se llama *la Iglesia y el Estado*. Las llaves de San Pedro y las de la Tesorería se guardaron juntas y la multitud engañada y admirada se postró ante la nueva invención. Cuando pienso en la dignidad natural del hombre, cuando siento (porque la naturaleza no ha sido lo bastante bondadosa para embotar mis sentimientos), el honor y la felicidad de su carácter, me indigno al ver los intentos de gobernar a la humanidad por medio de la fuerza y el fraude como si todos los hombres fueran tontos y estúpidos y no puedo reprimir un fuerte sentimiento de disgusto hacia todos los que se han impuesto por este medio.

Debemos pasar ahora revista a los gobiernos nacidos de la sociedad, en contradicción a los que surgieron de la superstición y la conquista.

Se ha considerado como un progreso notable hacia el establecimiento de los principios de la *Libertad* decir que el gobierno debe considerarse como un pacto entre los que gobiernan y los gobernados; pero esto no puede ser cierto, porque es referirse al efecto antes que a la causa; porque como el hombre tuvo que haber existido antes de que existiesen los gobiernos, hubo un tiempo en que no existías gobiernos y, en consecuencia, no podían existir originalmente gobernantes con los que realizar un pacto. Por lo tanto, tuvieron que ser los *propios individuos*, actuando cada uno en virtud de su propio y personal y soberano derecho, *los que pactasen con cada uno de los otros individuos*, con objeto de formar un gobierno; y este es el único modo de que pudieran surgir legítimamente los gobiernos y el único principio basándose en el cual tienen derecho a existir.

[...] Una Constitución es algo que *antecede* a un gobierno, y el gobierno no es sino la criatura de la Constitución. La Constitución de un país no es obra de su gobierno, sino del pueblo al constituir un gobierno [...][8].

Los párrafos precedentes sintetizan la filosofía de los revolucionarios americanos, y su justificación del gobierno como un pacto de autoprotección. El resultado de esta revolución fue muy probablemente el intento que más se acercó al ideal de organizar la protección de los derechos.

Al desarrollo de las ideas del contractualismo como base del gobierno, que se venía desarrollando desde hacía algunos siglos, se unieron los postulados de la vertiente de la Ilustración que se desarrolló fundamentalmente en Escocia, de la mano de autores como Adam Smith, Adam Ferguson, David Hume y el holandés Bernard de Mandeville. Sustentaron la idea de que la sociedad crece y se desarrolla de un modo no planificado, sino como producto de una evolución espontánea llevada a cabo a partir de innumerables decisiones individuales, tomadas por cada uno siguiendo sus propias metas e intereses; y que de la conjunción de todas esas decisiones se obtiene un orden que ninguna mente podría ser capaz de planificar.

Los estudios sociales llevados a cabo por estos autores, fueron precedidos por un análisis de la naturaleza humana. El reconocimiento de que cada individuo posee valores, virtudes, sentimientos, pasiones y defectos, que no son iguales y muchas veces se contradicen entre sí, les permitió deducir ciertos principios[9]:

---

[8] Paine, Thomas, *Los derechos del hombre* [1791-1792], Fondo de Cultura Económica, México, 1944, pp. 61 y ss.

[9] Gallo, Ezequiel, «La tradición del orden social espontáneo: Adam Ferguson, David Hume y Adam Smith», en *Libertas* n.°n.°n.° 6, mayo de 1987, ps. 134 y ss.

1. **El hombre actúa siempre buscando una satisfacción personal,** un interés propio. Aun sus sentimientos altruistas y empáticos hacia los demás, son movidos por la búsqueda del propio bienestar.

2. **El conocimiento del hombre es limitado.** Esta limitación, según Ferguson, no sólo impide un conocimiento cabal y detallado de las circunstancias actuales, sino que dificultan nuestra comprensión sobre los orígenes de la sociedad y su evolución posterior[10].

3. Ese hombre, que busca el interés propio y posee conocimiento limitado, se **enfrenta a un mundo con recursos escasos.** Luego verán que tal escasez de recursos no es insoslayable, y que la riqueza puede ser multiplicada, si se aplica el método correcto. La división del trabajo y la cooperación voluntaria mostraron ser elementos fundamentales para la prosperidad económica.

Estas tres premisas, lejos de conducir a estos autores a una visión pesimista de las posibilidades de bienestar, los motivaron a indagar sobre las condiciones y causas que permiten la generación de riqueza y progreso. A su vez, el realismo en el reconocimiento de estas características humanas les permitió deducir que el progreso no debía buscarse en un plan maestro diseñado por un hombre o grupo de hombres, y que la aparición y desarrollo de las instituciones no es el producto de algún contrato original, sino que, por el contrario, el orden social progresa por obra de la acción de millones de personas, quienes al perseguir fines individuales logran como resultado el orden y crecimiento de la sociedad toda. Estas ideas marcaron un giro abrupto en la noción de orden social que desde hacía dos siglos se venía gestando en el continente europeo[11].

El gobierno definido en la Constitución de los Estados Unidos fue el primero explícitamente concebido como un guardián, preparado para intervenir cuando los derechos fuesen atacados, y jamás como el poder encargado de tutelar o condicionar la vida privada de los ciudadanos. En este intento los norteamericanos tenían de su lado la tradición legal

---

[10] Ferguson, Adam, *An Essay on the History of Civil Society* [1767], p. 183; citado por Ezequiel Gallo, *op. cit.*, p. 137.

[11] Rojas, Ricardo Manuel, *Análisis económico e institucional del orden jurídico*, Ad. Abaco, Buenos Aires, 2004, pp. 30 y ss.

inglesa, basada precisamente en un orden jurídico —el *common law*—, que no estaba elaborado sobre la base de leyes escritas como expresión del poder del Rey o del Parlamento, sino que era el producto de una evolución espontánea producida a partir de acuerdos individuales plasmados en contratos, las costumbres comerciales, y ciertos criterios de interpretación con los que los jueces trataban de descubrir la voluntad de los contratantes. La eficiente labor que el *common law* había cumplido en Inglaterra y también durante el período colonial en América para resolver las disputas y proteger los derechos individuales, fue uno de los motivos determinantes de que los revolucionarios norteamericanos defendieran la permanencia de este cuerpo de jurisprudencia.

Existen pocos antecedentes de valor pronunciados originalmente por los jueces coloniales, en cuyos fallos eran frecuentes las remisiones a precedentes ingleses. En términos generales, en los primeros años del período colonial los colonos se sentían orgullosos de ser ingleses, y hasta comienzos de la guerra de la Independencia, sus quejas se expresaban como reclamaciones contra la inobservancia del *common law*[12]. En Norteamérica, al igual que en Inglaterra, el common law era un derecho surgido con independencia del gobierno; no un conjunto de reglas generales impuestas por el gobernante, sino principios elaborados independientemente de él, y esto fue muy bien comprendido por aquellos revolucionarios que habían tenido estudios legales[13].

Por ello, no es de extrañar que, al comenzar la lucha por la Independencia, por todos los medios se preservó la continuidad del derecho común, al que se consideraba el protector de los derechos individuales. Así, la Declaración de Derechos del Congreso Continental de 1774 estableció en su art. 5°: «Que las respectivas colonias tienen derecho al *common law* de Inglaterra y, más especialmente, al grande e inestimable privilegio de ser juzgados por sus iguales en la vecindad, de acuerdo con el procedimiento de esa ley»[14].

Como apunta Corwin, declarada la independencia, los autores de la Constitución norteamericana lograron «captar» las normas del derecho

---

[12] Sutherland, Arthur, *De la Carta Magna a la Constitución norteamericana*, T.E.A., 1972, pp. 141-142.

[13] Rojas, Ricardo Manuel, «El orden jurídico espontáneo», *Libertas* n° 13, octubre de 1990, pp. 205 y ss.

[14] Una cláusula similar contiene la Declaración de Derechos de Maryland, del 14 de agosto de 1776 (sec. 3ª).

natural y las formularon en el texto constitucional[15]. Las primeras diez enmiendas a la Constitución, sin la promesa de las cuales nunca hubiese sido aprobada por el pueblo, no crearon el *Bill of Rights*; fueron una simple declaración, para mayor abundamiento, de los derechos ya protegidos bajo el *common law*[16].

De este modo, podría afirmarse que los principios formulados por el sistema legal de Inglaterra y sus colonias, de algún modo desbordaron el contexto jurídico y sirvieron de base filosófica para diseñar la organización política del nuevo país[17].

La diferencia entre la tradición jurídica anglosajona y la continental europea fue tal vez el motivo principal por el cual los países latinoamericanos, que desarrollaron un proceso revolucionario similar al norteamericano y adoptaron su modelo constitucional, no tuvieron el mismo éxito, y los gobiernos subsiguientes no se dedicaron a proteger los derechos, sino a reglamentar la vida privada de los ciudadanos a través de la legislación escrita.

Es posible observar que a pesar de la contradicción notoria entre la filosofía de la Constitución y la legislación española que estaba en vigor en América latina antes de las sucesivas declaraciones de independencia, los tribunales de los nuevos países americanos continuaron aplicando dichas leyes, pasando por encima de los derechos individuales que las nuevas constituciones garantizaban[18].

¿DÓNDE SE UBICA EL DERECHO PENAL EN ESTE ESQUEMA CONSTITUCIONAL?

Dentro del planteo teórico antes señalado, el gobierno debe proteger derechos individuales, para lo cual se le ha reconocido como función castigar a quienes los violan, reparar los daños provocados a las víctimas, y al mismo tiempo disuadir al criminal y al resto de la sociedad de cometer crímenes en el futuro, esto es, una tarea de prevención. La famosa definición de Bastiat según la cual la ley es la organización colectiva del

---

[15] Corwin, Edward, «The higher law background of American Constitutional Law», 42 *Harvard Law Review* 149 (1928); reproducido en *The Rights retained by the People*, editado por Randy E. Barnett, George Mason University Press, 1989, p. 67.

[16] Eder, Phanor J., *Principios característicos del* common law *y del derecho latinoamericano*, Abeledo Perrot, Buenos Aires, 1960, p. 25.

[17] Rojas, Ricardo Manuel, «El orden jurídico espontáneo», *op. cit.*, p. 208.

[18] Rojas, Ricardo Manuel, «La definición del orden jurídico argentino a partir de la Constitución de 1853», *Libertas* n.° 15, octubre de 1991, p. 189-219.

derecho individual a la legítima defensa[19], sintetiza de algún modo esta función del gobierno.

En el Estado de naturaleza lockeano las personas debían defender sus derechos del mejor modo que pudieran, lo que tenía dos grandes desventajas: 1) cuando el agresor era más fuerte que el agredido no había forma de hacer justicia; y 2) cuando ocurría lo inverso, la defensa de los derechos podía transformarse en una venganza desproporcionada y a la vez criminal. Como sostiene Ayn Rand:

> Si ha de excluirse la violencia de las relaciones sociales, los hombres necesitan una institución que se encargue de la tarea de proteger sus derechos de acuerdo con un código de reglas objetivo. Esta es la misión de un gobierno —de un gobierno justo—, su misión básica, su única justificación moral, y la razón por la cual los hombres necesitan un gobierno. Un gobierno es el medio para mantener el uso de la fuerza física represiva bajo un control objetivo, es decir, bajo leyes objetivamente definidas[20].
>
> Si una sociedad no proveyese una protección organizada contra la fuerza, obligaría a todo ciudadano a estar permanentemente armado, a convertir su hogar en una fortaleza, a disparar contra todo extraño que se acercase a su puerta, o a unirse a una pandilla de protección de ciudadanos que lucharían contra otras pandillas similares, lo cual resultaría en la degeneración de esa sociedad en un caos de leyes del hampa, es decir, la vigencia de la fuerza bruta, una guerra perpetua semejante a la de salvajes tribus prehistóricas.
>
> La coexistencia pacífica es imposible si un hombre ha de vivir bajo la constante amenaza de que la violencia sea desatada contra él en cualquier momento, por parte de cualquiera de sus vecinos. Ya sea que las intenciones de sus vecinos sean buenas o malas, que sus juicios sean racionales o irracionales, que sean motivados por un sentido de justicia o por ignorancia o por prejuicio o por malicia, el uso de la fuerza contra un hombre no puede quedar librado a la arbitraria decisión de otro.[21]

---

[19] Bastiat, Frederic, *La Ley*, Centro de Estudios Económico-Sociales, Guatemala, 1982, p. 8.

[20] Rand, Ayn, *La virtud del egoísmo, op. cit.*, p. 123.

[21] *Op. cit.*, p. 122.

El derecho penal y el derecho procesal penal se constituyeron en los medios a través de los cuales se canalizó esta delegación del derecho a la legítima defensa que los individuos hicieron al gobierno en esta ficción contenida en el pacto social. Thomas Paine explicaba la fuente de esta delegación en su obra antes señalada:

> Un hombre, por derecho natural, tiene derecho a juzgar su propia causa; y, en lo que se refiere a la mente, nunca debe cederlo. Pero ¿de qué le sirve juzgar si no tiene poder para conseguir la reparación? En consecuencia, deposita este derecho en el fondo común de la sociedad y se vale del brazo de esta —de la que él es parte— de preferencia al propio y en adición a él. La sociedad no le da nada. Todo hombre es un copropietario dentro de la sociedad y tiene derecho a girar sobre el capital social[22].

Pero especialmente por influencia del derecho continental europeo, es posible advertir que la protección judicial de los derechos, que en el sistema anglosajón original se hacía en el ámbito privado y a través de los reclamos de los damnificados, finalmente quedó diseñada con tres características esenciales que podrían apartarla de la finalidad que justificó su existencia:

1. **El Estado es el titular de la acción penal** en la mayoría de los casos y la ejerce con total independencia de la voluntad de las víctimas. Éstas son meros espectadores, más allá de la obligación legal de concurrir a declarar como testigos cada vez que se los cite para proporcionar las pruebas que fiscales, defensores y jueces necesitan; pero no obstante su eventual intervención como querellante, adherida a la del fiscal, en principio no son parte esencial en el proceso, que no tiene por objeto directo proteger sus derechos sino cumplir con otros fines estatales.

2. **Las conductas recriminadas como delitos, son definidos por la ley**, de acuerdo con aquello que los órganos del gobierno consideren punible. Eso hace que los delitos tipificados por las leyes penales, con el correr del tiempo, se hayan independizado de las conductas directamente vinculadas con la violación de derechos

---

[22] Paine, Thomas, *Los derechos del hombre, op. cit.*, p. 62.

individuales concretos, y tengan que ver con otros intereses del gobierno, creándose la categoría de los llamados «crímenes sin víctimas»[23]. En definitiva, el fundamento de las leyes penales es la vulneración del orden jurídico impuesto por el Estado y no de los derechos de otras personas.

3. **Las penas son manifestaciones del poder del Estado**, que persigue alguna de las tres finalidades esenciales en las que se ha justificado su potestad de imponerlas: castigar al criminal, disuadirlo a él y al resto de no cometer nuevos delitos, o resocializarlo. En esa tarea, las víctimas no son el objeto para cuya protección se impondrá la pena, ni obtienen en principio ningún tipo de reparación o satisfacción, lo que deberán buscar en la jurisdicción civil. Sólo en los últimos tiempos se ha intentado incluir en los procedimientos judiciales mecanismos para aprovechar el proceso penal como un ámbito donde las víctimas encuentren alguna forma de reparación, aunque no sea integral, pero ello es una mera disposición complementaria basada en la conveniencia de lograr un mayor interés de la víctima dentro del proceso que sigue siendo de derecho público y para resguardar intereses estatales.

Por ello puede decirse que el derecho penal, reconocido tradicionalmente por el liberalismo clásico como un instrumento básico por el cual el gobierno cumple con su tarea de proteger los derechos individuales, en realidad se ha convertido en la herramienta para ejercer su potestad de castigar ciertas conductas que el Congreso considera punibles, todo ello con independencia de la voluntad de la víctima y de la necesidad de protegerla y resarcirla por el daño sufrido. Es más, al desligarse la facultad de establecer el catálogo de delitos y penas de la concreta protección de derechos individuales, muchas veces el sistema penal se convierte en fuente autónoma de violación de derechos.

Si la función del gobierno es proteger los derechos, cabe formular la siguiente pregunta: ¿se justifica que el gobierno intervenga para punir

---

[23] Por ejemplo, las figuras penales o correccionales que reprimen la tenencia o comercialización de alcohol o drogas, la tenencia de armas, la apología del delito, el contrabando, la prostitución, la asociación ilícita; o las violaciones a regulaciones económicas del gobierno, tales como precios máximos o mínimos, restricciones a la comercialización o producción, etc.

a alguien que presuntamente violó los derechos de otro, si la víctima u otra persona que justifique un interés legítimo no pretenden tal sanción? Esta función del gobierno, ¿debería estar destinada a aplicarle una pena a una persona en nombre del Estado, como castigo, disuasión, o medio de resocialización, o por el contrario debería estar destinada a satisfacer del mejor modo posible las pretensiones reparatorias de la víctima o quienes invoquen un interés legítimo? ¿Se justifica la imposición de sanciones en nombre de la protección de un ente abstracto e ideal, como es la sociedad? Si la sociedad es tan sólo un conjunto de individuos interactuando —incluidos los criminales, las víctimas y aquellos a quienes el crimen produce externalidades positivas, negativas o neutras— ¿cómo se puede saber qué es malo para la sociedad y qué no lo es? Más aún: ¿se justifica que se apliquen penas estatales frente a la oposición abierta de la víctima?

El derecho penal, tal y como es concebido hoy por obra de la tradición continental europea, parece ser el resultado de una filosofía distinta de aquella que sustentó el sistema político y jurídico anglosajón, en la cual, como se verá más adelante (Capítulo XII), los crímenes eran perseguidos por las propias víctimas y los procesos contra los criminales tenían por objeto resarcir al damnificado por los daños sufridos, más un plus a modo de compensación, retribución, y pago de los gastos del juicio. La única función del gobierno, en este sistema, era administrar justicia entre las dos partes en conflicto.

Si bien existen formas de castigo a los crímenes en todas partes del mundo, la ciencia jurídica penal en Occidente se ha desarrollado principalmente en la Europa continental a partir del siglo XVIII, donde adquirió su carácter de derecho público, sobre la base de una filosofía opuesta en buena medida a la anglosajona que dio lugar a la Constitución norteamericana. Esta incompatibilidad ha hecho que aun las garantías constitucionales y legales destinadas a establecer un «derecho penal liberal» o un «derecho penal mínimo», no hayan podido evitar la sistemática violación de derechos individuales y la injerencia cada vez mayor del gobierno en la esfera de la libertad de los hombres que se produce a través de la legislación represiva. Al mismo tiempo, han dejado desamparadas y sin respuesta legal a las víctimas.

CAPÍTULO 3

EL ORIGEN DEL DERECHO PENAL COMO MODO DE CANALIZAR LA VENGANZA PRIVADA

Antes de adentrarme en el estudio de la naturaleza y características específicas del derecho penal, probablemente convenga investigar sobre su origen y evolución histórica. La mayoría de los autores del siglo XIX han coincidido en que el origen del derecho penal fue la venganza de sangre ejercida sin límites ni medida por una familia contra otra[24].

Algunos autores del siglo XX, como Soler, Jiménez de Asúa o Terán Lomas, cuestionaron dicha conclusión, sobre la base de los estudios sobre antropología y etnología que proliferaron a partir de los finales del siglo anterior, en especial los de Frazer, Freud, Lévy-Bruhl o Malinowski, quienes dedujeron que en el hombre prehistórico no existía la comprensión del principio de causalidad, ni formas de razonamiento lógico, y que en consecuencia sólo puede encontrarse un derecho penal muy rudimentario en la era prehistórica, ejercido como respuesta automática frente a la violación de los tabúes, basado en un carácter religioso y expiatorio, de naturaleza social, objetivo y por ende extensivo al grupo familiar.

Según Hendler, los hallazgos más recientes en materia de investigación antropológica permitirían distinguir dos institutos del sistema punitivo anterior a la civilización, que caracterizan uno y otro aspecto de su formación normativa. Por un lado, el contenido absurdo de las prohibiciones, perfectamente reflejado en el nombre genérico empleado para designarlas, adoptado por extensión del vocablo polinesio «tabú»

---

[24] Carrara, Francesco, *Programa de derecho criminal*, n.º 587, p. 35, parte general, I; Chauveau et Hélie, *Théorie du Code Pénal*, París, 1872, t. I, p. 2; Ortolán, *Tratado de derecho penal*, Madrid, 1878,t. I, p. 22; Alimena, *Principios de derecho penal*, vol. 1, pp. 96/97; Cuello Calón, *Derecho penal*, México, 1951, t. 1, pp. 54-55. Citados por Hendler, Edmundo, «El tema de los orígenes del derecho penal», en *Doctrina Penal*, 1991, p. 101.

(o «tapú»). Por el otro, la índole verdaderamente salvaje de la represión llevada al extremo de perseguir a todos los miembros de la familia o el clan del transgresor, lo que le vale la designación de venganza de sangre. Su imposición, desde luego, no dependería ni concedería ninguna atención a datos de carácter subjetivo vinculados con la culpabilidad. Se la debe entender derivada, automáticamente, de la objetiva verificación del daño ocasionado[25].

En esta etapa, gran parte de los fenómenos físicos habían sido justificados por principios mágicos. En la producción de esos fenómenos se creía ver la directa actuación de fuerzas anímicas misteriosas de las cuales el individuo era un simple ejecutor. La manera de explicar las relaciones parece basarse en asociaciones elementales de ideas; la semejanza y la contigüidad desempeñaban la función de la causalidad[26]. Las violaciones al «tabú» eran ofensas directas a las fuerzas mágicas o divinas y debían ser castigadas en este mundo, no en el porvenir de los espíritus, para evitar las desgracias que acarrearía la realización del acto prohibido[27].

Pero sin perjuicio de estas salvedades hechas respecto de las etapas más primitivas de su desarrollo mental, es casi unánime la coincidencia en que, una vez alcanzado un grado de madurez psicológica por la incorporación de los principios de identidad, no contradicción, razón suficiente y la idea de causalidad, que permitieron el desarrollo de procesos de pensamiento lógicos, el hombre comenzó a justificar el castigo en la venganza.

De este modo, puede concluirse que, de ciertas reacciones feroces, automáticas y cargadas de condicionamientos místicos, que constituyeron las primeras sanciones de naturaleza penal en los orígenes de la evolución humana, se pasó a una respuesta más personalizada, no automática, sino justificada en una retribución que guardaba cierta proporción y concordancia con el daño producido.

El concepto de «crimen» reconoce un origen similar al de otros conceptos que surgieron del desarrollo espontáneo y el crecimiento de la sociedad. A medida que los clanes se fueron haciendo más numerosos y las relaciones sociales más complejas, aparecieron espontáneamente la división del trabajo, la asociación, el comercio, y con ellos instituciones

---

[25] Hendler, Edmundo, *op. cit.*, p. 107.

[26] Frazer, James George, *The Golden Bought*, I, Cap. 3; citado por Soler, Sebastián, *Derecho Penal Argentino*, T.E.A., Buenos Aires, 1978, Tomo 1, p. 40.

[27] Jiménez de Asúa, Luis, Tratado de derecho penal, Ed. Losada, Madrid, 1961, T. 1, p. 205.

como la moneda, el lenguaje, el derecho y la costumbre[28]. El incremento en la interacción generado por el crecimiento de las comunidades, motivó el desarrollo lógico en los intercambios de todo tipo, y esto necesariamente tuvo su influencia en la formación de las reglas y el nacimiento del orden jurídico.

Aparecen entonces las primeras penas primitivas, como la *privación de la paz*, castigo a un miembro de la tribu producido en el seno de ella, o la *venganza de sangre*, forma de castigo producido entre miembros de distintos clanes. Es importante notar que en estos tiempos primitivos, las formas de retribución o venganza eran colectivas, es decir, que no eran una reacción del individuo ofendido sino de la tribu como mandataria del orden, la paz y el derecho[29]; a pesar de que, como se verá más adelante, es posible ver un trasfondo de autoconservación o preservación individual de la víctima en la idea misma de venganza, que se fue desarrollando a medida que la propia cultura evolucionaba.

La primera fase en la institucionalización de esta venganza se llevó a cabo a través de la religión; de allí derivan las leyes del Talión y otras formas similares de justificar normativamente la retribución penal. Los distintos cultos canalizaron y sistematizaron el modo en que los crímenes serían castigados, de acuerdo con procedimientos y leyes objetivas, que en general eran aplicadas por sacerdotes.

El sistema talional supuso una moderación de la venganza, a la que se limitó en una cantidad exactamente equivalente al daño sufrido por el ofendido: «ojo por ojo, diente por diente», según la enunciación de la ley mosaica[30]. Según San Isidoro, el Talión es «la similitud en la venganza, a fin de que cada uno padezca talmente como lo hizo», y puede ser material o simbólico. Una forma de este último era el castigo en la persona de los siervos.

Como señala Jiménez de Asúa, la retribución proporcional consagrada en el Talión fue adoptada por los más grandes legisladores: los decenviros en Roma, Moisés en Palestina, Pitágoras en Grecia, Solón en

---

[28] Este proceso ha sido muy bien explicado a partir de los autores morales escoceses, y fue Adam Ferguson quien acuñó la famosa frase según la cual: «las naciones tropiezan con instituciones que ciertamente son el resultado de la acción humana, pero no la ejecución de ningún designio humano» (Ferguson, Adam, *An Essay on the History of Civil Society*, Cadell, Kincaid, Creech & Bell, London, 1767, p. 187).

[29] Jiménez de Asúa, Luis, *op. cit.*, T. 1, pp. 206 y ss.

[30] Soler, Sebastián, *Derecho Penal Argentino*, *op. cit.*, T. 1, p. 66 y sus citas.

Atenas. Kant lo reputó la medida más justa de la pena, y se mostraron partidarios de él Bentham y Filangieri[31].

Existen discrepancias entre los historiadores respecto de si en la evolución del derecho penal existió un ingrediente de canalización de la venganza privada, o si por el contrario siempre fue la exteriorización del poder, ya sea de la tribu, del sacerdote o luego del Estado.

Von Liszt representa esta última idea y resume las etapas de la justicia punitiva de la siguiente manera: a) Primera época: *Crimen* es atentado contra los dioses. *Pena,* medio de aplacar la cólera divina; b) Segunda época: *Crimen* es agresión violenta de una tribu contra otra. *Pena,* venganza de sangre de tribu a tribu; c) Tercera época: *Crimen* es transgresión del orden jurídico establecido por el Poder del Estado. *Pena* es reacción del Estado contra la voluntad individual opuesta a la suya[32].

Sin embargo, otros autores como Bar, Kohler o Tissot, vieron a la primitiva venganza como un modo de reacción individual, a la que le asignaron aun el carácter instintivo de protegerse frente a la agresión. Instituciones desarrolladas especialmente en el derecho germánico, como la composición, que están enfocadas directamente a satisfacer los intereses y reclamos de la víctima, parecieran apoyar esta idea.

Probablemente el desarrollo de las formas colectivas de respuesta frente al crimen haya tenido que ver con las dificultades de individualizar al responsable, a la víctima, y obtener la prueba directa para formular una imputación. La responsabilidad objetiva o familiar facilitaba la imposición de la sanción, y al mismo tiempo tenía un efecto preventivo sobre el resto de los miembros del clan, tal como veremos a continuación.

1. *LA RESPONSABILIDAD COLECTIVA FAMILIAR EN LAS CIVILIZACIONES ANTIGUAS*

La responsabilidad por daños o crímenes en los primitivos ordenamientos jurídicos era bien distinta que en la actualidad. Como se dijo antes, el fundamento del castigo fue la retribución por el perjuicio ocasionado a la víctima, y la forma de esa retribución pasó, paulatinamente, de la venganza a la compensación económica.

Richard A. Posner hizo un excelente análisis económico de coste-beneficio, que permitiría explicar el porqué de varias características

---

[31] Jiménez de Asúa, Luis, *op. cit.*, T. 1, p. 209.
[32] Von Liszt, Franz, *Die kultur der gegenwart*; citado por Jiménez de Asúa, *op. cit.*, T. 1, p. 210.

visibles en las normas consuetudinarias primitivas. Si bien es probable que dicho análisis no haya sido hecho por quienes espontánea y lentamente formaron esas normas, de todos modos ayuda a comprender la eficiencia que mostró el sistema de responsabilidad colectiva, que acabó reemplazando a la venganza ciega por formas más razonables de solución de conflictos y mantenimiento de la paz.

Las notas distintivas de este sistema eran las siguientes[33]:

a. Las acciones eran ejercidas de acuerdo con la ley privada

A diferencia del actual derecho penal, que es derecho público, en las civilizaciones primitivas, al no haber Estado, no había derecho público. Las acciones tendientes a retribuir la comisión de crímenes eran ejercidas privadamente de acuerdo con normas consuetudinarias, que eran respetadas fundamentalmente por obra de la tradición y ciertos condicionamientos religiosos.

Es interesante observar cómo, de acuerdo con lo que se explicará en los sucesivos puntos, la costumbre fue evolucionando en la búsqueda de medios eficientes para reforzar el cumplimiento de las normas a pesar de la inexistencia de un poder central que lo hiciera. La necesidad de crear mecanismos para solucionar los conflictos evitando baños de sangre, forjó normas consuetudinarias que se arraigaron firmemente, y que fueron respetadas en mucho mayor proporción que lo que ocurre actualmente con la legislación, a pesar de que no existiera, como hoy existe, un aparato represivo estatal para hacerlas cumplir.

b. Los remedios frente al crimen pasaron de la retribución fundada en la venganza desproporcionada, a la compensación proporcional del daño

La primitiva retribución del daño, basada en la venganza, fue luego sustituida —de acuerdo con la evolución de las normas consuetudinarias— por la compensación económica pagada a la víctima o su familia, por el criminal o su familia.

Este paso de la venganza a la compensación probablemente se haya producido como consecuencia del aumento de la riqueza. Un sistema de compensación no funciona hasta que las personas tengan suficiente

---

[33] Posner, Richard A., *The economics of justice*, Harvard University Press, 1981, pp. 192 y ss.

cantidad de bienes en exceso de sus necesidades de subsistencia, como para poder compensar los daños ocasionados a otros[34].

En los primeros tiempos, esta compensación fue opcional para la víctima o su tribu; quedaba abierta la posibilidad de optar por la retribución. Pero paulatinamente se fue haciendo costumbre aceptarla, e impropio buscar la retribución. Ello muestra hasta qué punto, aun en las civilizaciones más primitivas, prevaleció la idea de reducir los niveles de violencia y buscar formas pacíficas y eficientes de solucionar los conflictos; y también que en todos los tiempos, la posibilidad de obtener una reparación económica solía ser más valorada que la mera venganza.

El paso de la retribución a la compensación fue más eficiente para la sociedad en su conjunto, pues sustituyó por la entrega de una suma de dinero lo que hasta entonces había sido la destrucción de personas y bienes.

c. La responsabilidad era colectiva

La relación nacida como consecuencia del crimen no vinculaba solamente al criminal con su víctima, sino que se extendía a la familia, el clan o la tribu de cada uno. Si ni el criminal ni su familia pagaban la compensación, nacía una obligación para la familia de la víctima de buscar la retribución por la fuerza contra ellos.

La importancia de la tribu en los procedimientos de responsabilidad por crímenes deriva de la ausencia de un gobierno que forzara el cumplimiento de las normas consuetudinarias. Desde el punto de vista del poder disuasorio de la retribución, tal amenaza es creíble si está en cabeza de todo un clan, y no cuando es invocada por una víctima individual.

Desde el punto de vista de la eficiencia, el principio de responsabilidad colectiva simplificaba los procedimientos de determinación de la responsabilidad, al no exigir la individualización del autor directo, sino tan sólo de la familia o tribu. Al pasarse a la compensación, la responsabilidad colectiva ampliaba la base de quiénes podían ser demandados para pagar. La circunstancia de que la organización tribal se basara en una economía centralizada, hacía casi imposible que prosperara la pretensión de una compensación personal del individuo autor del crimen; se requería en cambio la responsabilidad del clan en su conjunto.

En este sentido hay que tener en cuenta también que los niveles de riqueza en las sociedades primitivas eran muy bajos, de modo que un

---

[34] Posner, Richard A., *op. cit.*, p. 193.

individuo difícilmente podría compensar la vida de otro, si la familia no contribuía al pago de esa compensación.

Además, el hecho de que cualquier miembro de la tribu del criminal pudiera ser buscado para responder con su vida o sus bienes, hacía que al interior del propio clan se buscaran formas de impedir la consumación de crímenes por otros miembros del mismo clan, para evitar la responsabilidad colectiva. Desde este punto de vista, la tribu se convirtió en un mecanismo de prevención del crimen muy eficiente en épocas en las que no existían gobiernos. De allí se explica que las normas consuetudinarias de muchas sociedades primitivas no permitieran la retribución o compensación de homicidios cometidos entre miembros del mismo clan, pues frecuentemente ésa era una forma de depurar el clan de potenciales o actuales criminales, y evitar la responsabilidad colectiva por sus actos.

Finalmente, la legitimación activa de todos los miembros del clan de la víctima era una ingeniosa forma de crear una alternativa a la entonces inexistente maquinaria investigativa estatal. El clan era mucho más fuerte y efectivo que una víctima aislada, a la hora de recolectar pruebas y formular un reclamo[35].

d. La colectividad relevante era la tribu

Como se dijo, la familia, la tribu, el clan, eran los grupos legitimados tanto activa como pasivamente.

La tribu contenía las condiciones de homogeneidad, conocimiento, jerarquía, y un sistema de derechos y obligaciones de sus miembros, que garantizaba una eficiente protección. Además, la tribu o clan eran la unidad económica que eventualmente debería hacer frente a la responsabilidad por los crímenes cometidos por alguno de sus miembros. Por eso, presumiblemente no surgieron en esa época formas contractuales de organización para la defensa propia, pues ello hubiese tenido un alto costo de transacción frente a la organización tribal.

Por otra parte, esta organización tribal mantenía una relación de proporcionalidad entre los grupos. Precisamente cuando se sobrepasó este tamaño, sea por la disminución de las familias que hizo necesario agruparse de otro modo, o por la aparición de un poder por encima del familiar, nacieron los Estados.

La cohesión de este sistema tribal se afianzó por el principio de la propiedad colectiva dentro del grupo. Cuando un miembro de la tribu era muerto o herido, ello perjudicaba al conjunto, porque la tribu tenía un derecho

---

[35] Posner, Richard A., *op. cit.*, pp. 194-195.

LAS CONTRADICCIONES DEL DERECHO PENAL

sobre lo producido por sus integrantes, que entonces se veía reducido. De ahí la importancia de la legitimación activa de todos sus miembros.

Por lo tanto, la responsabilidad colectiva de y hacia la tribu puede ser explicada desde el punto de vista de la definición de derechos de propiedad, pues en su interior la propiedad era colectiva. Del mismo modo, un crimen cometido por un miembro de la tribu generaba una obligación de restitución que debía ser pagada por todos solidariamente, pues todos detentaban conjuntamente el derecho de propiedad.

e. La compensación estaba establecida en tasas generales.

La ley consuetudinaria fijaba tasas específicas para la compensación de cada tipo de daño, a diferencia de la moderna forma de responsabilidad que se determina sobre una base individual vinculada con cada caso concreto. Es que al ser colectiva la responsabilidad, eran irrelevantes los parámetros que hoy son básicos para establecer la reprochabilidad penal, vinculados con el grado de culpabilidad y ciertas condiciones personales del autor.

Una tasa fija de responsabilidad facilitaba la compensación, evitando las transacciones multitudinarias entre los miembros de las tribus, que en caso de fracasar podrían dar paso a la violencia generalizada.

Los altos costos de información para la individualización del daño en las sociedades primitivas, pudo facilitar que se gestara la idea de una indemnización tasada, y que con el tiempo la aceptación de la compensación se hiciera obligatoria, pues para que las discusiones sobre el daño producido y el monto adeudado no dieran paso a peleas entre las familias, era necesario un mecanismo simple e indiscutible.

f. La responsabilidad era estricta y objetiva

El sistema de responsabilidad en las sociedades primitivas sólo tenía en consideración la relación causal para imputar responsabilidad. Era irrelevante la culpabilidad, sea a título de dolo o por negligencia. Posiblemente ello también se basó en las dificultades probatorias que traería aparejadas la necesidad de discutir la intención del actor o sus supuestas obligaciones de garante.

Los miembros de una familia no podían evadir la responsabilidad simplemente actuando con un cuidado razonable. Aun los daños cometidos por accidente debían ser compensados, y solamente en algunas sociedades se atenuaba el monto de la compensación en estos casos[36].

---

[36] Posner, Richard A., *op. cit.*, p. 199.

2. LA POLUCIÓN («MIASMA») EN ATENAS

Durante el siglo V a.c., se desarrolló en Atenas un mito que dio origen a una forma de responsabilidad colectiva conocida como polución (en griego μίασμα, «*miasma*»). Este excelente ejemplo reseñado por Posner, muestra cómo en todas las épocas y en cada nivel del desarrollo institucional, la evolución consuetudinaria del orden jurídico ha buscado formas espontáneas para alcanzar la coexistencia pacífica y resolver los conflictos.

El mencionado mito establecía que quien comete un crimen, con su acción no sólo se contamina a sí mismo, sino también a quienes lo rodean, sean familiares, amigos, vecinos y hasta toda la ciudad en la que vive, y en consecuencia, si el crimen no es impedido o si el criminal no es detenido, desterrado o muerto por sus afines, la comunidad completa sufrirá el castigo de los dioses a través de plagas e infortunios de todo tipo.

Varios ejemplos literarios de esta forma de responsabilidad pueden hallarse entre los clásicos griegos; tal vez uno de los más conocidos sea el *Oedipus Tyrannus* de Sófocles, donde se describe la polución de Tebas como resultado del asesinato por Edipo de su padre. Las notas distintivas de esta forma de responsabilidad colectiva, frente a otras similares aplicadas en las sociedades primitivas a las que hice referencia antes, son esencialmente dos: a) la pena opera sin la participación humana: una vez que un miembro de la familia de la víctima inicia su reclamo de retribución, los dioses visitan a los vecinos y familiares del criminal y los castigan; *b)* la polución es vertical y horizontal, esto es, alcanza no sólo a los familiares directos y descendientes del criminal, sino también a sus contemporáneos, vecinos, amigos y conciudadanos.

Curiosamente, este mito se desarrolló durante el siglo *V a. c.,* y no se encuentran referencias a la polución con anterioridad, por ejemplo en la época de Homero, donde se aplicaban los principios comunes de responsabilidad colectiva tribal que se describieron antes.

Posner da una serie de sugerentes razones que permitirían explicar a la luz del análisis económico por qué nació este mito precisamente en esa época[37]:

    a. En el siglo V a.c. se abandonó en Atenas el derecho privado basado en la venganza directa de la víctima y su familia, y se

---

[37] Posner, Richard A., *op. cit.*, pp. 217 y ss.

lo sustituyó por un sistema de juzgamiento y castigo públicos. Aun cuando para entonces se quitó a las víctimas y familiares el derecho de pedir una compensación por el daño, de todos modos se las continuó cargando con la obligación de iniciar la acción, ofrecer las pruebas y ejercer el rol de acusador[38].

b. A diferencia de lo que sucedía en la Grecia campesina descripta por Homero o en las tribus africanas, en la Atenas urbana del siglo V a.c., las familias eran mucho menos numerosas y estaban dispersas.

Existía en Atenas algo de «anonimato urbano» que permitía a una persona pasar desapercibida sin que el resto de la comunidad conociera detalles sobre su familia. Por eso mismo, en esos tiempos era un buen negocio la migración entre ciudades, que permitía a quien cometiera un crimen en una ciudad, autoexiliarse en otra y permanecer impune.

Estas dos circunstancias generaron varios efectos que restaron eficiencia preventiva y punitiva al modo en que tradicionalmente se venía produciendo la responsabilidad colectiva. Se hizo necesario agregar algún elemento adicional para reforzar los efectos preventivos de la amenaza con un castigo, y este fue, presumiblemente, la polución.

Entre las circunstancias que quitaron efectividad a la forma de sanción tradicionalmente aplicada, se pueden mencionar:

1. La estatización de la pena, que condujo a eliminar la compensación como forma de sanción, y de este modo quitó incentivos a las víctimas y sus familiares para perseguir los crímenes.

2. A ello hay que agregar que aun cuando la adjudicación criminal y la pena pasaron a ser públicas, se continuó atribuyendo a la familia la responsabilidad de instituir el castigo. Esta responsabilidad no se limitaba a notificar a las autoridades; la familia debía acusar al criminal para que fuera juzgado y afrontar el juicio.

Tomarse todas estas molestias para lograr una pena que ya no contemplaba el derecho a una compensación, quitó buena parte del incentivo a la persecución penal.

---

[38] Mac Dowell, Douglas M., *The law in classical Athens*, 1978, pp. 110-111; citado por Posner, Richard A., *op. cit.*, p. 219.

3. Esta situación se agravaba por el hecho de que las familias eran poco numerosas. Como sólo los parientes directos podían iniciar las acciones, frecuentemente no había parientes aptos para llevar al criminal a juicio.

4. Del mismo modo, el pequeño tamaño de las familias disminuía las chances de llegar a una condena, en el contexto de un sistema de responsabilidad colectiva familiar. Un sistema tal resulta eficiente cuando la familia del criminal es lo suficientemente numerosa como para que sus miembros puedan ser fácilmente localizados y responsabilizados. Pero la sustitución de las grandes familias por familias pequeñas o individuos aislados, restringió notoriamente la eficiencia del sistema de responsabilidad aplicado en siglos anteriores.

5. La falta de incentivos para la persecución, y el pequeño tamaño de las familias, disminuyó otro efecto preventivo del sistema, que era el control recíproco de los miembros de la tribu, para evitar ser responsables por la conducta de otro. En efecto, los miembros de las pequeñas y dispersas familias atenienses no estaban en condiciones de controlarse unos a otros de un modo que fuera eficiente para evitar la comisión de crímenes, y la disminución en la eficiencia del sistema por las razones antes apuntadas aumentó la indiferencia por el control familiar.

6. A ello hay que agregar que el aumento en el tamaño de las ciudades y el anonimato que ello generaba debió dificultar los procedimientos para determinar los lazos familiares y atribuir responsabilidad por crímenes, aumentando las probabilidades de impunidad. En suma, se produjo un aumento en la impunidad motivado por la falta de incentivos y de medios para perseguir los crímenes, algo que no ocurría en la organización tribal y campesina descripta por Homero algunos siglos antes.

Frente a ello, la polución operó como un elemento de coerción moral que generó la idea de un aumento en las penas y disminución de la impunidad. En efecto, la polución no dependía de la acción de las víctimas o sus familiares, ni del castigo impuesto por el gobierno, sino que operaba automáticamente por la acción infalible de los dioses.

Por otra parte, el mito indicaba que esa contaminación no se detenía en la familia del criminal, sino que se extendía a sus amigos y vecinos. Ello devolvió a la amenaza la función de disuadir a los miembros de cada comunidad para que vigilaran a sus vecinos, con el objeto de evitar que se cometan crímenes, porque de lo contrario todos podrían sufrir las consecuencias[39].

---

[39] Un caso similar de polución se aprecia entre los indios cheyenes, cuyas familias eran relativamente poco numerosas en comparación con las tribus africanas. Al

De modo que la función que antes cumplía el clan o la familia, pasó a cumplirla la comunidad.

Así como la polución de los descendientes incrementa los costes del crimen —pues el potencial criminal sabe que su conducta puede tener como consecuencia represalias contra sus descendientes—, la polución de los vecinos incrementa la probabilidad de la pena, al generar incentivos para vigilar a los otros miembros de la comunidad. Ello hizo que muchas veces la persecución por los vecinos reemplazara con éxito a la persecución por los funcionarios.

Además, dentro del contexto cultural griego, la polución se convirtió para las víctimas o sus familias en una forma de retribución más atractiva que el mero castigo impuesto por el gobierno. El incentivo para acusar, que disminuyó con la estatización de la pena, aumentó cuando la víctima o su familia sabía que su acción ponía en movimiento el castigo divino.

Para el criminal supuso además un aumento en la expectativa de castigo, pues este ya no se limitaba a la cada vez más relativa e improbable condena estatal, sino que se vinculaba con la acción de los dioses, cuya ira se consideraba implacable e ineludible.

En la Grecia descripta por Hornero, los parámetros tradicionales de la responsabilidad colectiva familiar eran suficientes para garantizar la punición de los crímenes. Las transformaciones sociales producidas en el siglo V a.c., muy probablemente pusieron en crisis este sistema, y la polución, si bien con una base religiosa, demostró estar fundada mucho más en la necesidad de mejorar el sistema, que en cualquier otro tipo de razones místicas.

3. EL PASO DEL DERECHO PRIVADO AL DERECHO PÚBLICO

El avance de la civilización en su intento por eliminar la subjetividad e irracionalidad de la venganza por mano propia, acabó por constituir al Estado en el receptor y conductor de la respuesta penal en sustitución de los sacerdotes. En los primeros tiempos, esta intervención tenía el propósito de evitar abusos e injusticias, estableciendo reglas objetivas para limitar la pretensión de resarcimiento y castigo.

Pero aun cuando las comunidades primitivas no tenían instituciones gubernamentales, de todos modos existieron ciertos actos, como la bru-

---

respecto, ver K.N. Llewellyn & E. Adamson Hoebel, *The cheyenne way*, 1941; citado por Posner, Ricard A., *op. cit.* p. 220.

jería y el incesto, que eran considerados ofensas contra la comunidad en su conjunto, y esos hechos debían en consecuencia ser castigados aun cuando la víctima o su tribu no iniciara las acciones[40]. La aparición del Estado y su posterior crecimiento hizo que la lista de actos contra la comunidad se fuese extendiendo gradualmente hacia el homicidio, lesiones, robo, estrago doloso y otros crímenes. Posner explica esta representación de los súbditos por el Estado, en el hecho de que ciertos crímenes contra las personas reducían su capacidad de producir riqueza, y consiguientemente los impuestos que el gobierno les podía cobrar: el soberano tenía un interés sobre sus súbditos, que no se satisfacía con el mero pago de una compensación a la víctima, y por ello estableció un sistema de penalidad criminal como método de internalizar sus externalidades[41].

El primer paso de esta evolución hacia el derecho penal público fue, como se dijo, el paso de la composición voluntaria a la legal. Así, en las leyes de las *Doce Tablas,* si bien para ciertos crímenes se mantuvo como facultad de la víctima la alternativa de escoger entre la venganza y una suma de dinero, para otros la ley impuso una cierta suma de dinero, que el ofendido debía necesariamente aceptar y el ofensor tenía que pagar. A partir de esta injerencia en la forma de restitución se inició un avance cada vez mayor del Estado sobre la forma de resolver las disputas, que culminó con la total estatización de la respuesta frente al crimen.

Como explica Maurach:

> A medida que los clanes van siendo absorbidos por unidades superiores (las tribus y los Estados), la pena experimenta nuevos cambios. La venganza es *despersonalizada,* se transforma en un asunto de interés de la colectividad, cuya paz ha sido amenazada por el delito, y su ejercicio pasa a manos de la comunidad. Con ello, la pena adquiere rasgos rituales-sociales. Pero no por esa causa pierde totalmente su carácter privado, relacionado con el clan: aun en este estadio es posible evitar la aplicación de la pena mediante la reparación del daño. El carácter mixto de la pena persiste e incluso se ve reforzado por la configuración de la vía jurídica, la cual casi no distingue entre la pretensión indemnizatoria (proceso civil) y la pretensión expiatoria (proceso penal): las penas *privada y pública* se

---

[40] Posner, Richard A., *op. cit.,* p. 204 y sus citas.
[41] *Ibid.*

encuentran una junto a la otra, sin características estrictas que las distingan. Toda la historia del derecho penal se halla bajo el signo de la separación entre ambas. El proceso de la pena, en el sentido de la concepción actual, se impone sólo una vez producido el triunfo de la pena *pública y* el desplazamiento de la pena *privada* a la esfera de la indemnización civil[42].

Como veremos más adelante (Capítulo XII), esta transición de un derecho totalmente privado a un derecho penal con altos componentes privados, y finalmente al derecho exclusivamente público, como expresión del poder estatal de castigar, se produjo en una época relativamente reciente de la historia, más reciente aun en los países de tradición anglosajona.

La estatización de la respuesta a la violación de derechos individuales, que en los primeros tiempos se ejerció en nombre y para satisfacción de la víctima y su familia, evitando los abusos que podrían derivarse de buscar la reparación de un daño en forma personal, con el tiempo pasó a convertirse exclusivamente en una respuesta del Estado para satisfacer un interés distinto e indiferente al de la víctima concreta. El castigo dejó de aplicarse en nombre del particular ofendido por el crimen, de su familia o del clan, y estos solo constituyeron la excusa para que el Estado aplicara el castigo en nombre de la sociedad o colectividad como entes abstractos, sin tener en miras el resarcimiento de la víctima, el que quedó reservado al ámbito del derecho civil. Aun las sanciones de carácter pecuniario mutaron su esencia, y de la indemnización al damnificado se pasó a la multa.

El suplicio, la mutilación y la muerte fueron las formas comunes de ese castigo, y con el correr del tiempo, la prisión apareció como una manera de «humanizar» la retribución penal.

[42] Maurach, Reinhart, *Derecho Penal -Parte General*, actualizado por Heinz Zipf, Ed. Astrea, Buenos Aires, 1994, t. 1, p. 57.

CAPÍTULO 4

EL DERECHO PENAL COMO RAMA AUTÓNOMA
DEL DERECHO PÚBLICO

La estatización de la respuesta penal como última etapa en el reemplazo de la venganza y otras formas privadas de retribución, hizo que el derecho penal adquiriese su actual condición de derecho público.

Hoy en día se acepta pacíficamente que el derecho penal es una rama autónoma del derecho público, que rige la relación entre los individuos y el Estado, y regula el poder punitivo de este último. Dejó de ser el modo de canalizar los reclamos de restitución y retribución de los damnificados, para convertirse en un orden imperativo, expresado a través del conjunto de normas jurídicas sancionadas por el Estado para castigar las acciones que presuntamente perjudican a la sociedad.

Esto hace que la legislación penal se aplique con independencia de la voluntad de las víctimas. Las conductas punibles son definidas por la ley, y en la mayoría de los casos la acción penal es pública, es decir, que su titular es el Estado, que la ejerce a través del órgano que la ley designe al efecto[43]. Por ello, no obstante que la víctima de un robo no tenga interés en que se castigue al ladrón, e independientemente de que este la hubiese indemnizado por su crimen, de todos modos el Estado, ejerciendo a través de sus órganos la titularidad de la acción penal, lo juzgará y eventualmente le aplicará una pena.

El reconocimiento del derecho penal como rama autónoma del derecho público supone aceptar que el Estado tiene una personalidad

---

[43] En este sentido puede consultarse la jurisprudencia de la Corte Suprema de Justicia Argentina, en Fallos: 270:236; 284:338; 279:362, entre muchos otros. Sobre este punto he tenido oportunidad de extenderme como juez del Tribunal Oral en lo Criminal n° 7 de la ciudad de Buenos Aires, en la causa n° 296: «Villalba, Hugo s/robo», resuelta el 24 de abril de 1996.

propia e independiente de los ciudadanos, que persigue sus propios fines y prioridades, y ejerce facultades coactivas en nombre propio y para la protección de la sociedad como un todo.

Estas características han hecho que algunos autores hablen de la existencia de un «derecho penal subjetivo» del Estado a imponer penas al transgresor del deber de obediencia. Binding representó la más importante defensa de esta tesis. Para él, el delito no lesiona el derecho subjetivo de los particulares, sino que representa lo contrario al orden jurídico, y más exactamente, lo contrario al «derecho subjetivo del Estado de hacerse obedecer por los súbditos»[44]. En este sentido entendía que el delincuente no viola la ley, sino que la cumple, al llevar adelante la conducta que faculta a la autoridad a perseguirlo penalmente[45].

Binding tenía una visión dualista de las normas, distinguiendo las normas de conducta de las de sanción (estas últimas son las normas penales). El ciudadano debe cumplir las normas de conducta, y cuando no lo hace aparece el Derecho Penal, que prevé la imposición de penas para aquellos que realizan las conductas expresamente contempladas en las leyes penales[46]. El derecho penal, en consecuencia, es un conjunto de normas que prevén la aplicación de sanciones de cierto tipo, para aquellos que realizan conductas que suponen un incumplimiento de las obligaciones normativas generales. Es un derecho aplicado por el Estado como el damnificado directo por la violación de la legalidad.

En el mismo orden de ideas, Rocco entendía que el delito representa una violación del derecho subjetivo estatal a la obediencia de los preceptos penales. Para el profesor italiano, de la ley penal nace para el Estado una facultad, que indudablemente es una potestad jurídica, un derecho en el sentido subjetivo de la palabra: el derecho de aplicar una pena al culpable de uno de aquellos actos que la ley penal declara constitutivos de delito; por lo tanto, el *ius puniendi* del Estado es un derecho subjetivo en el sentido estricto de la palabra: un derecho subjetivo penal, puesto que está creado por las normas del derecho penal objetivo[47].

---

[44] Binding, Karl, «Das probleme der strafe in der heutigen wissenshaft», en *Zeitschrift für Prioat*, 1877, fasc. 5, p. 423; citado por Jiménez de Asúa, Luis, *op. cit.*, tomo 1, p. 57.

[45] Binding, Karl, *Die Normen und ihre Übertretung I; Normen und Strafgesetze*, Félix Meiner, Leipzig, 1922, p. 61; cit. por Robles Planas, Ricardo, «La herencia de Karl Binding», *Libro homenaje al Profesor Dr. Agustín Jorge Barreiro*, UNAM, México, 2019, vol. 1, p. 743.

[46] Robles Planas, Ricardo, «La herencia de Karl Binding», *op. cit.*, pp. 746-747.

[47] Jiménez de Asúa, Luis, *op. cit.*, tomo 1, p. 57.

A pesar de que la mayoría de los autores se niega a aceptar hoy la existencia del derecho penal subjetivo del Estado[48], lo cierto es que en los hechos, aun cuando se invoque la tutela de determinados bienes jurídicos o la necesidad de proteger a la sociedad como justificativos para ejercer la «obligación» de castigar, las víctimas apenas son tenidas en cuenta, y en definitiva, tanto los tipos penales como las penas, son establecidos discrecionalmente por el gobierno a través de las leyes, lo que es explicable, pues la sociedad es un ente abstracto inexistente, y en consecuencia, alguna persona con existencia corpórea y con capacidad de razonar, deberá decidir qué se supone que es bueno o malo para ella.

Si bien la confección de una figura típica siempre está referida a un bien tutelado por el derecho, ese bien jurídico es sólo un prerrequisito formal para la aplicación de una pena, y el verdadero titular del bien lesionado no tiene participación en el proceso retributivo, más allá de actuar como querellante adherido a quien es reconocido como titular de la acción, que es el Estado.

Así, por ejemplo, en los delitos de hurto, robo o estafa, el bien jurídico protegido por la ley es la propiedad, pero el propietario del bien sustraído no es titular de la acción, no se impulsará el proceso por su reclamo ni la sanción penal se ejercerá para satisfacer los daños producidos a él, sino que ese perjuicio es sólo el dato objetivo que permite poner en marcha una respuesta punitiva estatal autónoma. El juicio penal no tendrá por objeto proteger el derecho de propiedad de la víctima y satisfacerla por los daños invocados y probados por ella durante el debate, sino aplicar un castigo a quien lesionó el bien jurídico «propiedad», aun cuando el titular de ese derecho no lo pida, o incluso se oponga a ello.

La ficción jurídica que supone reconocer la personalidad del Estado, es llevada al extremo de invocar la necesidad de que exista una «política criminal»[49], es decir, un curso de acción del Estado, a través de sus

---

[48] Zaffaroni, Eugenio R., *Tratado de derecho penal – Parte General*, Ediar, 1987, t. 1, pp. 33 y ss.

[49] La expresión «política criminal» se usó originalmente para designar a una corriente doctrinaria encabezada en Alemania por Von Liszt, de la que formaron parte, entre otros, Prins, Hammel, Garcon, y que desplegó una acción considerable en favor de la reforma legislativa, sobre la base de los resultados alcanzados por los estudios sociológico y antropológico del delito y del delincuente. Pensaban que la criminología debía suministrar material para darle nuevo contenido al derecho penal, que se plasmara en mejores fórmulas legislativas.

Lucharon contra las penas privativas de la libertad de corta duración, el desarrollo de instituciones tales como la libertad condicional y la condena condicional,

instituciones permanentes, que decida cuáles son las conductas que se consideran más lesivas a sus intereses, y a partir de allí crear ciertos delitos, eliminar otros, aumentar o disminuir determinadas penas, estimular o desalentar la actuación de los órganos de represión y persecución para que se enfoquen fundamental o exclusivamente sobre ciertos delincuentes. Por lo tanto, un cambio en la «política criminal» puede significar que se persigan con especial dedicación a quienes realizan determinados hechos, tanto como dejar sin protección a otros bienes jurídicos cuya tutela no le «interese» al Estado, aun cuando supongan violar derechos individuales concretos[50].

La estatización de lo que originalmente fue un derecho privado ejercido por la víctima, tuvo como consecuencia el desarrollo de formas de negociación entre el representante del Estado que ejerce la acción penal en su nombre —el fiscal— y el imputado y su defensa. Así aparecieron en el derecho anglosajón acuerdos tales como el *plea bargaining*, en los

---

el tratamiento especial de la inimputabilidad a través de medidas de seguridad, etc., destacando la función preventiva de la legislación penal (conf. Soler, Sebastián, *Derecho Penal Argentino, op. cit.*, t. 1, p. 36).

En la actualidad, la expresión es usada, no para referirse a aquella corriente doctrinaria, sino como el conjunto de consideraciones, tanto de índole científica como política, que guían la evolución de la legislación penal, o como define Pietro Nuovolone, «el arte de legislar o aplicar la ley con el fin de obtener los mejores resultados en la lucha contra el delito» (*Problemas de política criminal e reforma dos códigos*, citado por Zaffaroni, Eugenio R., *Tratado de derecho penal, op. cit.*, T. 1, p. 150).

Zaffaroni concluye que la «política criminal» es la policía referente al fenómeno delictivo y, como tal, no es más que un capítulo de la política general del Estado (obra y página citadas).

[50] Hoy en día, por ejemplo, la mayoría de los gobiernos emplea cuantiosos recursos y apunta sus cañones hacia las personas que deciden fumar marihuana, inhalar cocaína o inyectarse heroína, del mismo modo que hace algunas décadas lo hacían contra quienes bebían alcohol. Esas personas, en general, no perjudican a nadie más que a ellas mismas, pero la «política criminal» señala que deben ser perseguidas con rigor. Mientras tanto, el propio gobierno es el causante de muchas lesiones a derechos individuales concretos cada vez que una «política económica» estatal altera el funcionamiento del proceso de mercado o viola lisa y llanamente derechos de propiedad, y contra tales lesiones las víctimas carecen de protección legal, porque la filosofía política que condiciona a la «política económica» no considera que la ley deba castigar esas conductas (en un trabajo realizado junto con Andrea Rondón García, mostramos cómo, en determinadas circunstancias, la masiva y sistemática violación de derechos de propiedad por parte de un gobierno, provoca consecuencias que pueden colocarlo entre las conductas sancionadas como crímenes de lesa humanidad por el Estatuto de Roma: Rojas, Ricardo Manuel, Rondón García, Andrea, *La supresión de la propiedad como crimen de lesa humanidad*, Unión Editorial, Madrid, 2019).

que fiscales y procesados negocian la alternativa de que estos últimos se declaren culpables del hecho que se le imputa *(sentence bargain)*, o de un hecho menos grave *(charge bargain)*, o una combinación de ambos, a cambio de no ser acusados de un hecho más grave, y entonces el juicio propiamente dicho no se lleva a cabo, aplicándose una pena de monto inferior a la que el fiscal solicitaría en el caso de realizarse el juicio[51]. En estos acuerdos, la intervención de la víctima suele ser circunstancial y secundaria, y por lo general su oposición a que se ratifique el acuerdo no tiene efectos vinculantes para el juez.

Esta práctica comenzó a imponerse en los Estados Unidos a fines del siglo XIX y comienzos del siglo XX, y se mantuvo inicialmente oculta porque no gozaba de reconocimiento oficial, pero su aplicación habitual como un medio de descongestionar a los tribunales llevó finalmente a que la Corte Suprema federal la legitimara, y para hacer frente a las crecientes críticas a esta forma de terminar los juicios, dicho tribunal sentó reglas claras a fin de asegurar que la admisión de culpabilidad del imputado fuera voluntaria y que las promesas hechas a cambio por el fiscal fuesen cumplidas[52]. Como consecuencia de ella y de otras formas de renuncia al juicio, se calcula que el 90 % de las condenas en los Estados Unidos son obtenidas sin juicio, pues los imputados se declaran culpables con anterioridad a su realización[53].

El plea bargaining supone adaptar al proceso criminal público y ejercido por el Estado, principios elaborados por la práctica judicial del derecho privado, en la que es perfectamente normal y lógico que el demandante quiera negociar con el demandado las condiciones en que se producirá la reparación del perjuicio sufrido. Pero estos acuerdos celebrados en el ámbito civil, se realizan entre las dos personas directamente involucradas en el hecho que origina el reclamo, por lo que el acuerdo de partes refleja las pretensiones y opiniones de ellas.

Distinto es el supuesto del acuerdo en materia penal, en el que uno de los actores principales del hecho que se juzga, y precisamente aquel

---

[51] La disminución de la pena como consecuencia de estas negociaciones se calcula en alrededor de un 40% en los Estados Unidos, a pesar de que no existe una uniformidad doctrinaria al respecto (Bovino, Alberto, «Mecanismos de control de delitos que perjudican al Estado en el derecho federal de los Estados Unidos», en *Pena y Estado*, n° 1, p. 62).

[52] «Santobello vs. New York», 404 U.S. 257 (1971).

[53] Alschuler, Albert W, «Plea bargaining and its history», en *Columbia Law Review*, 1979, vol. 79; citado por Bovino, Alberto, «Mecanismos de control de delitos que perjudican al Estado en el derecho federal de los Estados Unidos», *op. cit.*, p. 62.

que fue damnificado por él, queda fuera de la negociación. Este tipo de acuerdos hace renacer la idea de un «derecho penal subjetivo», que como tal es disponible para su titular (el Estado).

Estas negociaciones son llevadas a cabo según las finalidades del propio Estado encarnadas por el fiscal. Los lineamientos de la «política criminal» serán especialmente tenidos en cuenta, más que el perjuicio concreto sufrido por la víctima y lo que para ella significó padecer el delito. En sus negociaciones sucesivas, los fiscales preferirán ser más benévolos en algunos casos para descongestionar su agenda y poder concentrarse en otros que consideran más importantes. La ponderación individual de cada víctima de cada caso sometido al sistema penal, es sustituida por la ponderación general del fiscal que debe hacerse cargo de la prosecución de todos estos casos.

La negociación en materia penal entre fiscal e imputado se justificó en la conveniencia de evitar juicios engorrosos y largos en los que ciertos hechos que se presumen cometidos por el procesado resultarían difíciles de probar, y por lo tanto se pacta circunscribir el proceso al juzgamiento de un delito menor, a cambio de la admisión de haber cometido ese delito. También, en el otro extremo, para evitar la realización de juicios cuyo desenlace puede ser claramente previsto por las partes, y que puede resolverse en una discusión de la pena que favorezca al imputado que admite su culpabilidad y evita la realización del juicio.

Pero a pesar de su origen utilitario, esta negociación tiene varias consecuencias contraproducentes. En primer lugar, es la manifestación palpable de que la víctima no tiene cabida en el proceso criminal, pues en general se convierte en un mero espectador de cómo la persona que presuntamente cometió un hecho criminal que lo ha perjudicado, ni siquiera es sometida a juicio al declararse culpable de un hecho de menor gravedad. En segundo lugar, no es inusual que muchas personas inocentes, que se encuentran en una situación comprometida debido a que cierta evidencia circunstancial las incrimina en un hecho criminal, y podrían verse involucradas en un juicio público y publicitado que pondría en duda su honorabilidad, ya sea por eludir ese problema, por sugerencia de su propio abogado ante la alternativa de terminar condenada por un delito más grave, o para evitarse los gastos y molestias que acarrea su defensa en juicio, optan por declararse culpables de hechos que tras un debate judicial probablemente no merecerían una condena penal[54].

---

[54] Langbein, John H., «Torture and plea bargaining», en *The Public Interest*, n°58 (Winter 1980), p. 43-61.

Esta tendencia del derecho penal a resolver los conflictos de la criminalidad sin atender a la intervención, protección y ponderación de los intereses de las víctimas, ha llevado en las últimas décadas a producir sostenidas transformaciones en las leyes procesales, para incluir de manera más firme la participación de éstas, en especial en los delitos considerados como de menor peligrosidad.

En este sentido, se han ampliado las posibilidades de escuchar a las presuntas víctimas antes de tomar decisiones que puedan vincularse con la terminación del proceso —ya sea por sobreseimientos, acuerdos con el fiscal, etc. —, imponer una reparación en la medida de las posibilidades del imputado en los casos de suspensión de juicio a prueba, disponer que los jueces pueden utilizar parte de los bienes decomisados como consecuencia del delito para resarcir los perjuicios de la víctima, o incluso darle autonomía, con mayor o menor intensidad, para que pueda continuar con el ejercicio de la acción penal en los casos en los que el fiscal decida no seguirla impulsando[55].

También han proliferado las legislaciones que permiten acuerdos directos entre víctima y victimario, respecto de los cuáles el fiscal sólo opina sobre la legalidad del acuerdo en cuanto a seguir los pasos y respetar los alcances establecidos por la ley, pero sin opinar sobre lo que las partes acuerdan. Ello permite el desarrollo de mecanismos de mediación penal que dan lugar a una conciliación entre los involucrados.

Sin embargo, por el momento la aplicación de estas soluciones es limitada, y sólo es admitida para delitos de escasa peligrosidad en términos de violencia física, y fundamentalmente para delitos de contenido económico. Además, no son formas de devolverle a las víctimas la titularidad de la acción para demandar en nombre propio, sino que

---

[55] Al respecto, Williamson M. Evers propone para el derecho anglosajón, siguiendo algunos ejemplos del derecho francés y alemán, que en los casos en que el fiscal ofreciera un acuerdo al procesado o manifestara su intención de no acusarlo por un hecho, la víctima pudiese proseguir por sus propios medios el caso como acusador (Evers, Williamson M., *Victim's rights, restitution and retribution*, The Independent Institute, 1996, p. 18). Las legislaciones procesales más modernas ya prevén esta alternativa, lo que permite distinguir de mejor modo los intereses del Estado —representados por el fiscal— de los intereses de las víctimas, y permitir que cuando el Estado no manifieste interés en seguir adelante con un caso, la víctima pueda continuar por sus propios medios en la búsqueda de una sanción que, de todos modos, será una pena estatal. Claro que esta posibilidad, si bien incrementa la participación de las víctimas, no quita la naturaleza pública al derecho penal.

son concesiones legislativas contenidas en ciertas normas procesales con la finalidad de descomprimir el sistema, pero que podrían ser modificadas en cualquier momento, toda vez que siempre se trata de normas de derecho público.

De todos modos, estas nuevas instituciones procesales muestran la preocupación por la falta de tutela a las víctimas que evidenció el derecho penal en el último siglo, lo que por una parte ha sido fuente de abuso de poder por parte del sistema legal, y por otro de desinterés de las personas por colaborar en la resolución de los crímenes. Es un camino que deberá ensancharse en el futuro, y una posible guía para la transformación del derecho penal, devolviéndole la legitimación a los verdaderos interesados.

1. LOS JUSTIFICATIVOS PARA EXPROPIAR LA ACCIÓN A LAS VÍCTIMAS

La base de una organización política liberal es el reconocimiento de que el individuo constituye el objeto de protección por el gobierno y las leyes. Pero como ya se ha dicho, el derecho penal ha sustituido al individuo por la sociedad, y por lo tanto, los derechos individuales fueron desplazados por los intereses colectivos en la justificación de la existencia del gobierno y su poder coactivo.

A partir de estas premisas se ha basado la existencia del derecho penal en la necesidad de protección social, considerando que ciertas conductas lesivas a derechos individuales exceden el marco de lo que es perjudicial simplemente para la víctima, y provocan un peligro común al resto de la comunidad que justifica organizar un sistema represivo que imponga penas como castigo, más allá del resarcimiento que la víctima pueda pedir a título individual en el ámbito del derecho civil.

Más modernamente, este justificativo de proteger los intereses de la sociedad se convirtió en la necesidad de garantizar los intereses del Estado, que se manifiestan a través de las normas que el gobierno sanciona. De este modo, el argumento de la protección a la sociedad se convirtió en una sanción por la violación de la legalidad.

Sobre estas bases, y al margen de las justificaciones basadas esencialmente en el poder autónomo del príncipe para castigar, se han intentado ofrecer otros justificativos para la existencia del derecho penal, entre los cuales me parece importante mencionar dos.

a. *Garantizar la paz*

Se ha considerado al derecho penal como un medio para garantizar la paz en la sociedad, al disuadir y perseguir las conductas violentas y canalizar en el gobierno el uso de la fuerza para solucionar los conflictos entre las personas. Esta idea hace hincapié en la función preventivo-general del sistema penal, que trata de evitar conductas agresivas y violatorias de derechos.

Tomando la tesis de Michael Levin[56], en la medida en que el gobierno es capaz de protegernos, podemos invertir menos recursos en nuestra propia protección, y «si yo me siento más seguro, tú te sentirás más seguro de no ser atacado por mí, y yo podré estar efectivamente seguro de que no sufriré un ataque tuyo». Este principio supuestamente tendría un efecto multiplicador en el resto de la gente, hasta lograr que las personas disminuyan el nivel de agresividad potencial hacia los demás.

En el terreno de la filosofía política, esta idea puede asociarse con la de «Estado-gendarme», desarrollada durante el siglo XIX, que limita las funciones del gobierno a la protección de la persona y los derechos de los individuos.

Partiendo de este argumento, se afirma que el poder punitivo del Estado se basa en la necesidad de garantizar la paz, cuyo carácter general le confiere la condición de bien público[57], que debe ser protegido aun con independencia del interés de eventuales víctimas individuales.

Pero a esta posición puede objetarse que la paz sólo se alcanza cuando los mecanismos para garantizarla están diseñados para actuar frente a violaciones concretas de derechos, y a requerimiento del interesado. De lo contrario, si en nombre del «derecho a la paz» el gobierno ejerce un poder punitivo *per se*, sin vincularlo con un reclamo concreto y más allá de la medida de dicho reclamo, el propio gobierno se convierte en el peligro más grande para la paz.

En tal caso quedaría librado al criterio de funcionarios del gobierno la determinación de lo que es bueno o malo para la «sociedad», y la consecuente respuesta punitiva, que pierde entonces su límite y razonabilidad, para convertirse en una forma de agresión.

---

[56] Levine, Michael, «A Hobbesian Minimal State», *Philosophy and public affairs*, vol. 11 n° 4, (Autumn 1982), pp. 338-353.

[57] Schultz, David, *The limits of government. A Essay on the public goods argument*, Westview Press, Boulder, 1991, pp. 46 y ss.

El incremento del estatismo, basado en la premisa tribal, ha sido en la historia del mundo el principal factor de la guerra entre países o de la violencia interna producida por los gobiernos a través de la represión penal para imponer determinados programas económicos, mensajes ideológicos o costumbres sociales[58].

Además, como se verá en el Capítulo XIII, el establecimiento de un mecanismo de resolución de conflictos que evite la violencia, puede lograrse más eficientemente a través de las reglas del derecho privado que aplicando el derecho público represivo.

b. *Proteger la tranquilidad y seguridad común como un «interés difuso»*

Un argumento que se puede desarrollar a partir del estudio de las decisiones de naturaleza económica, parte de que en muchos casos es difícil identificar tanto a las víctimas concretas, como la extensión del daño padecido por ellas. Incluso desde la justificación del derecho penal como forma de proteger a la sociedad frente al crimen, también se considera que la tentativa de cometer determinados delitos, aun cuando en definitiva no producen perjuicio directo a ninguna persona, debería merecer sanción penal debido al peligro que entraña esa conducta para la comunidad en general.

Estos argumentos permitieron justificar la existencia de un orden represivo que no esté basado exclusivamente en la producción de perjuicios concretos a personas determinadas, sino ampliar esa represión a casos en que los perjuicios no son fácilmente cuantificables ni las víctimas individualizables.

Podría encontrarse cierta similitud entre la forma de justificar la necesidad de que exista el derecho penal, y la explicación que más modernamente se ha dado a otras intromisiones estatales en cuestiones privadas, como por ejemplo la vinculada con la protección del ambiente.

En efecto, el creciente intervencionismo jurídico en materia ecológica y ambiental se ha fundado en la llamada «teoría de los intereses difusos». Según esta teoría, ciertas conductas, más allá de que pudieran eventualmente ocasionar perjuicios a personas determinadas, afectan intereses de la comunidad en su conjunto, sin que puedan discriminarse a todos los damnificados concretos. Ello justificaría la intervención del Estado, para proteger esos intereses que de otro modo no tendrían protección

---

[58] En este sentido se puede consultar el trabajo de Ayn Rand, «The roots of war», en *Capitalism: the unknown ideal*, New American Library, 1967, pp. 35-42.

en el estrecho ámbito del derecho civil, que se basa en la necesidad de demostrar la relación causal entre el hecho y el perjuicio y requiere el estímulo voluntario de quien se considere damnificado directo.

Ello ocurriría, por ejemplo, con quien contamina el aire o el agua, provocando daños que son difíciles de medir en términos de perjuicios concretos a individuos determinados, pero que evidentemente afectan al ambiente en el que viven miles de personas. Entonces se saltea la necesidad de probar causalmente la responsabilidad en un daño concreto, argumentando que se provoca un daño a un interés general de la sociedad, o «difuso».

Una visión amplia de «interés», nos lleva a afirmar que debe englobarse en su concepto a todo lo que es necesario para satisfacer una necesidad[59]. El derecho reconoce aquellos intereses que considera relevantes para obtener tutela jurídica, pero no se limita a ello, sino que en determinadas circunstancias también concede ciertas facultades o poderes de obrar para lograr la satisfacción de un interés reconocido. De allí deriva la noción de «derecho subjetivo»[60]. Una visión amplia como la de Rocco es lleva a considerar que no sólo los individuos tienen «necesidades» que generan intereses en los cuales luego se fundan derechos, sino que el propio Estado opera de la misma manera. Los intereses pueden ser tanto individuales como colectivos, y estos últimos, que no pueden identificarse o atribuirse exactamente respecto de personas determinadas, son considerados «difusos».

Los intereses difusos deben ser distinguidos de los intereses públicos. Los intereses públicos son propios del Estado como tal, y generalmente se vinculan con el cumplimiento de sus obligaciones fundamentales emanadas de la Constitución y las leyes. Los intereses difusos, en cambio, son aquellos que pertenecen a grupos de personas indeterminadas, entre las cuáles no existen vínculos jurídicos, sino que se encuentran ligadas por circunstancias de hecho genéricas, contingentes, accidentales y mutables (por ejemplo, habitar determinada región, ser consumidores del mismo producto, destinatarios de una campaña publicitaria, amenazados con un peligro común, etc.)[61]. Lo que convierte en «difuso» el interés es el

---

[59] Rocco, Ugo. *Tratado de Derecho Procesal Civil*, Editorial Depalma, Buenos Aires, 1976, p.16.

[60] *Ídem*, p. 20.

[61] Montero Aroca, Juan, «La legitimación en el Código Procesal Civil del Perú», *Revista de la Facultad y Ciencias Políticas de la Universidad de Lima*, N.°24. pp. 22-23. Pellegrini Grinover, Ada, «Acoes coletivas para a tutela do ambiente e dos consumidores», *Estudios en Homenaje al Doctor Héctor Fix Zamudio en sus 30 años como*

hecho de que no es posible determinar el alcance del grupo afectado, y la falta de un contrato, acuerdo o resolución de naturaleza jurídica que los pueda congregar para paliar el peligro o superar el perjuicio eventual[62].

Por supuesto que como lo que se protege es un interés «difuso» de la comunidad, el sujeto activo de las acciones legales finalmente es el Estado, como representante de ese interés, y las acciones que él interpone contra las agresiones a dichos intereses acaban teniendo naturaleza penal y no resarcitoria del daño ocasionado a las víctimas[63].

De un modo similar, se afirma que más allá de los eventuales perjuicios individuales que el delito pueda provocar, la necesidad de proteger la seguridad pública, como valor autónomo y «difuso», justifica la sanción al transgresor a través de la legislación penal.

Pero la lógica indica que si una conducta vulnera de algún modo derechos o intereses de personas determinadas, a quienes el sistema jurídico debe proteger, ellas deberían tener el derecho de actuar en su propio nombre e interés. La aparente dificultad para determinar el grado de la lesión o la identidad del lesionado no pueden justificar transferir la acción, de la víctima al Estado. Si se ocasiona un perjuicio, la acción debiera ser de la víctima; si no se puede demostrar la existencia de un perjuicio, no hay motivo para que el gobierno intervenga.

Este traspaso de la acción al Estado supone sustituir por coacción las dificultades probatorias, significa usar la fuerza para resolver aquello que sería más difícil de resolver por medios racionales, e incrementa considerablemente las facultades autoritarias del gobierno al permitirle, incluso, aplicar castigos a personas que no han alcanzado siquiera a consumar la conducta que se les reprocha, y por lo tanto no han provocado perjuicio alguno.

Pero si la coacción estatal fuese dejada de lado, seguramente la racionalidad plasmada en la inventiva y la creación de tecnología, segura-

---

investigador de las Ciencias Jurídicas. Tomo III. Derecho Procesal, Universidad Autónoma de México, 1988, p.2328.

[62] Una alternativa privada para enfrentar los peligros que pueden provocarse contra este tipo de intereses, se ha logrado por medio de los seguros. Lo eventual e indeterminado del peligro puede paliarse mediante el pago de una prima que se hará efectiva en caso de que el peligro eventual se vuelva actual, identificable y determinable en su magnitud.

[63] Para un enfoque de la responsabilidad por daños, el derecho penal y el tratamiento de intereses difusos como el caso de la contaminación ambiental desde una visión libertaria, puede consultarse el texto clásico de Murray N. Rothbard: «Law, Property Rights and Air Pollution», *Cato Journal* 2, N.°° 1 (Spring 1982), pp. 55-99.

mente encontraría los medios para solucionar las dificultades probatorias y de otro tipo, como lo ha venido haciendo a lo largo de los tiempos.

Sobre este tema regresaré cuando examine la alternativa que brinda un sistema de protección exclusiva de derechos individuales a través de acciones judiciales de las víctimas, frente al actual sistema de represión penal (Capítulo XII).

Lo que sí me parece importante remarcar ahora es que aquellos que reconocen el principio de que la función del gobierno es la protección de los derechos, deberían tener presente que el derecho penal pretende ser justificado en la necesidad de proteger a la «sociedad» en su conjunto frente a la delincuencia —entendida como aquellos que violan las normas impuestas por el Estado—, y no a las víctimas. La primera incongruencia que veo en el argumento radica en que la «sociedad» no existe como un ente real, sino que es un concepto abstracto que sólo tiene sentido lógico si se lo entiende como un conjunto de individuos interactuando. Es más, cada uno de tales individuos sostiene distintos valores, metas e intereses, y por lo tanto, no es posible afirmar que una conducta determinada los perjudicará a todos en conjunto, y mucho menos que tal conjunto constituya una persona independiente de sus integrantes, con intereses, motivaciones, necesidades y propósitos propios[64].

Ludwig von Mises ha sido muy claro al señalar que la sociedad no existe aparte de los pensamientos y las acciones de las personas. No tiene «intereses» y no desea alcanzar ningún objetivo[65]. La sociedad es la forma de expresar la idea de seres humanos interactuando. Tal interacción es fundamental para que cada persona alcance sus propios objetivos a través de la cooperación voluntaria con otros; pero no es más que un proceso o mecanismo de relación. Al respecto señalaba Hazlitt:

> La sociedad es el gran medio a través del cual los individuos persiguen y realizan sus fines, y dado que no es más que otro nombre con el que se designa la combinación de los individuos para cooperar entre sí, la sociedad es también el medio

---

[64] Como explicó claramente Mises, es un error estudiar los fenómenos sociales como fenómenos colectivos, desde que cada individuo forma parte simultáneamente de diversas organizaciones sociales, en cada una de las cuales se comporta de manera diferente, e incluso en algunos casos tiene intereses antagónicos, cuya singularidad y elementos se explican a partir del individualismo metodológico (Mises, Ludwig, *La Acción Humana*, Unión Editorial, Madrid, 2008, p. 53).

[65] Mises, Ludwig, *Los fundamentos últimos de la Ciencia Económica*, Unión Editorial, Madrid, 2012, p. 126.

con el que cada uno de nosotros promueve la consecución de los objetivos de otros como una forma indirecta de alcanzar los nuestros. En una mayoría abrumadora de casos esta cooperación es voluntaria. Son sólo los colectivistas quienes presumen que los intereses del individuo y de la sociedad (o el Estado) son fundamentalmente opuestos, y que el individuo solo puede ser llevado a cooperar en la sociedad mediante coacciones draconianas[66].

¿Quién puede decir que es mejor un parque que un rascacielos? Para los terceros que caminan por la zona puede ser más agradable el parque; para quienes buscan vivienda será mejor el edificio. La única manera de coordinar pacíficamente tantas escalas de valor diversas y contradictorias es definiendo los derechos de propiedad involucrados y estableciendo como límite que ninguna persona tiene derecho de agredir a las demás, sea físicamente o en sus derechos. El sistema jurídico debe estar diseñado para actuar cada vez que se traspase ese límite, siempre y cuando el presunto damnificado lo pida y demuestre el perjuicio sufrido.

El objeto de protección del gobierno son los individuos, no la sociedad. Por lo tanto, es ilógico pretender establecer una escala de valores colectiva, que decida a *priori* el castigo que cada supuesta violación a un bien jurídico abstracto debería merecer.

2. EL PELIGRO DE DEJAR EN MANOS DEL ESTADO EL MONOPOLIO DE LA PERSECUCIÓN DE LOS CRÍMENES

Cuando el derecho penal se convirtió en derecho público, los jueces dejaron de resolver demandas entabladas por las víctimas de crímenes concretos, para aplicar sanciones a quienes violaban una ley (o más precisamente a quienes la cumplían, al llevar a cabo la conducta descripta por el tipo penal). La finalidad de administrar justicia dejó de identificarse con la protección de los derechos lesionados, para transformarse en la mera aplicación de la ley.

Ello convirtió de algún modo al gobierno en juez y parte en los pleitos, pues a pesar de que —especialmente en la tradición anglosajona— el

---

[66] Hazlitt, Henry, *Los fundamentos de la moral*, Universidad Francisco Marroquín, Guatemala, 2012, p. 43.

Poder Judicial es definido como un órgano independiente del gobierno o administración, lo cierto es que sigue siendo un poder del Estado, cada vez más subordinado a los otros, desde que su función depende de las leyes dictadas por el Parlamento. Esto ocurre especialmente en materia penal, donde por obra de la idea continental-europea del principio de legalidad, los jueces circunscriben su labor cada vez más a descubrir si las personas realizan las conductas descriptas en las leyes, abstrayéndose de casi toda otra consideración.

De este modo, el circunstancial gobierno, que ejerce los poderes del Estado, dispone qué conductas deberán ser castigadas, qué castigo corresponderá, y finalmente impone dicho castigo. En este proceso, las víctimas no tienen participación, y lo que es peor, los imputados carecen de defensa efectiva, pues quien en teoría era el protector de sus derechos —el juez— se convirtió en parte del aparato estatal de represión.

Los llamados «crímenes sin víctimas» o delitos de peligro abstracto, surgen a partir de la concepción del derecho penal como derecho público, pues son la consecuencia de que el orden jurídico ha dejado de estar orientado a la protección de víctimas concretas, de lesiones jurídicas a derechos individuales, para convertirse en un mecanismo para perseguir las conductas que el legislador considere adecuado perseguir.

De hecho, la mayor proliferación de normas de naturaleza penal se ha dado en el área de las regulaciones estatales, pues el legislador debe reforzar sus regulaciones con amenazas de sanción penal a quien no las acata. De este modo, el derecho penal se convierte en una forma de incrementar el poder del Estado sobre los derechos de los individuos, en lugar de protegerlos, como se supone que debería hacer.

Esta identificación de la justicia con la discrecionalidad legislativa no se advierte con igual intensidad en la esfera del derecho civil, donde no existen condicionamientos al poder decisorio del juez tales como el principio de legalidad o la acción pública. En la esfera civil, la función del legislador se limita a establecer reglas procesales claras, objetivas y equitativas, que permitan a las partes hacer valer sus argumentos en igualdad de armas, frente a un juez que actúa, en teoría, subordinado a las peticiones y alegaciones de las partes, vinculadas con las pruebas que ellas mismas aportan, y libre de otros condicionamientos. No obstante ello, también en lo que se considera el «derecho privado» la injerencia del gobierno tiende a crecer considerablemente, con la incorporación de leyes de «orden público», el incremento de las facultades del juez para intervenir en el juicio, y cada vez más fuertes restricciones a la libertad contractual[67]. Pero de todos modos, la tarea del juez en los ámbitos del derecho privado, sigue siendo resolver una disputa vinculada a reclamos y conflictos entre personas.

En el proceso penal no hay dos partes y un juez imparcial entre ellas. Hay una sola, que es el procesado, enfrentado al sistema estatal de punición. El juez no actúa como un árbitro independiente y soberano que pretende administrar justicia, sino que se ha convertido en empleado cuya función es verificar formalmente que una persona ha realizado una conducta reprimida por la decisión de otro órgano del mismo sistema, el Congreso, y en tal caso le impone una pena a solicitud de otro empleado del Estado, como es el fiscal, que basa sus peticiones en un conjunto de evidencia colectada por otros empleados del mismo Estado, como son los policías y demás colaboradores.

3. EL DERECHO PENAL COMO PROTECCIÓN DE LA «LEGALIDAD»

Como corolario de esta visión de las funciones represivas del Estado, aun en los Estados Unidos las cortes han llegado a la conclusión de que no existe un derecho individual a ser protegido por el gobierno. Reynolds recuerda un precedente de la Corte Superior de New York de 1968, en el cual se resolvió que una víctima que había sido atacada luego de buscar infructuosamente la protección policial, que no estaba disponible en ese momento, no tenía un derecho jurídicamente tutelable a tal protección. La Corte se negó a reconocer tal derecho, afirmando que ello supondría imponer una insostenible carga económica al gobierno.

La mayoría de las cortes federales coinciden con esta idea. La Suprema Corte de Justicia federal sostuvo en un caso en 1856 que los oficiales públicos tienen un deber general de hacer cumplir las leyes, no de proteger a personas particulares[68]. En 1982, una corte federal de apelaciones sostuvo:

---

[67] Esta injerencia se viene produciendo, en el derecho argentino, en especial desde la segunda mitad del siglo XX, y ha quedado reflejada a fines de los años '60 con las reformas introducidas al Código Civil, especialmente por la ley 17.711 (Risolía, Marco Aurelio, *Soberanía y crisis del contrato*, Abeledo-Perrot, Buenos Aires, 1968).

[68] «*South vs. Maryland*» (1856); citada por Reynolds, Morgan O., *Using the private sector to deter crime*, National Center for Policy Analysis, Texas, march 1994, p. 6.

No hay un derecho constitucional a ser protegido por el Estado contra ser asesinado por criminales o malhechores. Es monstruoso si el Estado falla en proteger a sus residentes contra tales predadores, pero no viola la cláusula del debido proceso de la Enmienda XIV o ninguna otra provisión de la Constitución. La Constitución es un catálogo de libertades negativas: le dice al Estado que deje a la gente sola, no requiere al gobierno federal o estadual que provea servicios, aun tan elementales servicios como mantenerla ley y el orden[69].

En «*Warren vs. District of Columbia*»[70], se discutió el caso de tres mujeres, víctimas de violación, que demandaron al gobierno de Washington D.C. por negligencia policial. Las tres mujeres compartían una casa, y cierto día, mientras dos de ellas estaban en la parte superior, escucharon los ruidos y voces de hombres que entraban por la fuerza y atacaban a la tercera, que permanecía abajo. Mientras su amiga gritaba pidiendo auxilio, llamaron repetidamente a la policía, solicitando ayuda. Media hora después, como los gritos habían cesado, pensaron que finalmente la policía había llegado, y decidieron bajar. Pero al hacerlo, descubrieron que los asaltantes aun estaban en la casa, y fueron atacadas, violadas, golpeadas, y obligadas a tener relaciones sexuales con los atacantes y entre ellas.

Las mujeres demandaron a la ciudad de Washington por su negligencia en atender su pedido de auxilio. La policía argumentó haber perdido las grabaciones de sus llamadas telefónicas. La Corte de Distrito de Columbia absolvió a la policía y a la ciudad por el reclamo, sosteniendo que la policía no tiene una responsabilidad legal de proveer protección personal a los individuos.

Como señala Reynolds comentando el primero de los casos citados, estas reglas serían probablemente consistentes con el intento original de los Padres Fundadores, donde la protección de los derechos individuales quedaba reservada fundamentalmente a ellos mismos, como veremos en el Capítulo XII, y en manos del gobierno solamente la función de proveer los tribunales de justicia donde las víctimas pudieran hacer sus reclamos hacia los criminales.

---

[69] «*Bowers vs. De Vito*», U.S. Court of Appeals, Seventh Circuit, 686 F. 2d 616 (1982). Citado por Reynolds, Morgan O., *op. cit.*, p. 7.

[70] 444 A. 2d. 1 (D.C., Ct. of Ap., 1981); citado por Benson, Bruce, *To serve and protect*, New York University Press, 1998, p. 180.

El problema es que, al expropiar el Estado a los ciudadanos tanto los medios para defenderse frente al crimen como las acciones para buscar una reparación adecuada por la vía judicial, y al mismo tiempo negarle el derecho constitucional a ser protegidos por el gobierno, deja a las personas virtualmente indefensas y excluidas de una contienda que entonces pasa a ser exclusivamente entre los delincuentes y el gobierno.

Otro de los problemas que trae esta estatización de la protección de los derechos, se advierte en lo que Randy E. Barnett denomina el «dilema de vulnerabilidad»[71]. La concentración de poder por parte del gobierno para realizar estas tareas de protección, hace necesario establecer una serie de garantías constitucionales tendientes a evitar la tiranía gubernamental. Entonces se produce el siguiente dilema: o bien se aumentan las garantías individuales frente al derecho penal, a riesgo de disminuir la eficiencia en la persecución de los criminales y dejar desprotegidas a las víctimas; o bien se extreman las medidas de represión, lesionando los derechos de sospechosos que siguen siendo inocentes hasta que se demuestre su culpabilidad[72].

Para poner sólo un ejemplo de los múltiples conflictos que se producen entre los resguardos procesales y la averiguación de la verdad, se puede mencionar el famoso caso de «Miranda vs. Arizona», resuelto por la Corte Suprema de los Estados Unidos en 1966, a través de la opinión del juez Warren[73].

Ernesto Miranda fue detenido el 13 de marzo de 1963, bajo las acusaciones de secuestro y violación, y detenido en la estación de policía de Phoenix. Allí fue identificado por la víctima en rueda de personas. Mientras estaba detenido fue interrogado por la policía, y brindó una detallada confesión oral y escrita sobre su autoría en estos hechos, siendo condenado a pasar entre 20 y 30 años de prisión como autor de esos delitos.

---

[71] Barnett, Randy E., *The structure of liberty*, Clarendon Press, Oxford, 1998, p. 220.

[72] Este dilema fue reconocido por la Corte Suprema de Justicia argentina, al dictar el fallo «Montenegro» en 1981 (Fallos: 300:1938), en un caso donde se discutía los alcances de la regla de exclusión. Allí señaló la Corte que dicho caso sometía al tribunal «el conflicto entre dos intereses fundamentales de la sociedad: su interés en una rápida y eficiente ejecución de la ley y su interés en prevenir que los derechos de sus miembros individuales resulten menoscabados por métodos inconstitucionales de ejecución de la ley», según lo definiera la Corte Suprema de Estados Unidos ante un caso similar («Spano vs. New York, 360 U.S. 315-1958).

[73] 384 U.S. 436 (1966).

Apelada esta sentencia, la Suprema Corte de Arizona la confirmó, sosteniendo que no se habían violado las garantías constitucionales de Miranda, pues al declarar ante la policía se le hicieron conocer sus derechos. Sin embargo, la Corte Suprema federal revocó esta condena y absolvió a Miranda, sosteniendo que aun cuando el procesado no había sido forzado a confesar y se le explicó claramente que esa confesión podía ser usada en su contra, no se le había informado que podía designar un abogado defensor para que estuviera presente durante su declaración y con quien pudiera entrevistarse antes de prestar declaración o decidir no hacerlo. Por eso desechó la confesión, y relativizó la identificación hecha por parte de la víctima, considerándola un *testigo denunciante* («*complaining witness*»).

Si se examina esta sentencia desde la óptica del procedimiento penal, tal vez se podría discutir hasta dónde es razonable llevar las exigencias rituales, pero lo indudable es que una persona enfrentada a toda la maquinaria estatal de represión, debe contar con garantías suficientemente sólidas que le permitan defenderse y evitar que se cometan abusos o injusticias en su contra. Se llega entonces a la conclusión de que una sentencia penal tiene mucho menos que ver con lo que la persona realmente hizo, que con la forma en que su conducta puede ser adecuada a una serie de leyes penales y procesales.

A diferencia del esquema procesal penal, el procedimiento civil enfrenta a dos partes que actúan en igualdad de condiciones frente a un juez imparcial, permitiendo a cada uno ejercer sus propios derechos de un modo mucho más amplio y eficiente, sin necesidad de tales resguardos procesales, y sin elaborar principios protectores del imputado, que en una contienda entre pares no son necesarios. La víctima de Miranda, que en un proceso penal quedó aparentemente desamparada, hubiese tenido muchas más posibilidades de ejercer su derecho legítimo a la justicia en un proceso de carácter privado[74].

---

[74] Se puede recordar en este sentido el caso de O.J. Simpson, que fue absuelto por los crímenes que se le imputaron en el proceso penal, debido fundamentalmente a las dudas que generaron ciertos cuestionamientos a los procedimientos seguidos por la policía y el fiscal. Pero luego, en el proceso civil por los daños y perjuicios ocasionados por tales muertes, fue considerado responsable de los homicidios y condenado a pagar una fortuna como indemnización.

CAPÍTULO 5

UNA VISIÓN ECONÓMICA DEL TEMA: INCENTIVOS, EXTERNALIDADES Y DERECHOS DE PROPIEDAD

1. LA ECUACIÓN ECONÓMICA DEL CRIMEN

Durante el siglo XVIII, varios filósofos morales y pensadores que incursionaron en los rudimentos de la teoría económica, se ocuparon del análisis económico del crimen. Se puede mencionar en este sentido a Cesare Beccaria, Valentín de Foronda o Jeremy Bentham.

Estos autores observaron que en la decisión individual de cometer un crimen existen fundamentalmente tres elementos a ser ponderados, que se vinculan con costes y beneficios: de un lado, el «botín» o beneficio esperado con la comisión del crimen —que no es necesariamente monetario, sino que depende del tipo de delito de que se trate—; del otro lado, los costes, que no sólo se vinculan con el coste de preparación y ejecución del delito, sino con los riesgos involucrados a ser descubierto, encarcelado, y penado por su comisión.

En el cálculo de las probabilidades, varios de estos autores coincidieron en que parece más atractiva la alta expectativa de impunidad a la amenaza con una pena más baja. Se puede pensar en dos escenarios: en uno, es la casi segura imposición de un mes de prisión; en el otro, es casi segura la impunidad, aun cuando si se impone una pena de prisión será considerablemente superior al mes de prisión. Estos autores entendieron que era más eficiente para disuadir a la comisión de crímenes la aplicación de una pena, aun cuando fuera baja, que la alta probabilidad de impunidad.

Decía Cesare Beccaria hace más de doscientos cincuenta años:

> Uno de los más grandes frenos del delito no es la crueldad de las penas, sino su infalibilidad y, como consecuencia de ella, la

vigilancia de los magistrados y la severidad de un juez inexorable [...] La certidumbre de un castigo, aunque moderado, produce siempre impresión más honda que el temor de otro más terrible unido a la esperanza de impunidad[75].

Tal esperanza de impunidad puede incluso motivar la decisión «racional» de cometer un crimen aun en los casos en que el beneficio esperado sea pequeño. Si el costo es cercano a cero debido a la alta esperanza de impunidad, se vuelven atractivos botines menores, que en condiciones de mayores riesgos podrían ser descartados. De allí que la expectativa de impunidad sea un factor muy importante de incremento de la criminalidad.

Entre los estudios sobre el análisis económico del derecho que surgieron tras el trabajo liminar de Ronald Coase de 1960, descolló sin dudas el clásico de Gary S. Becker de 1968, vinculado al mercado de la criminalidad[76].

Siguiendo la ecuación tradicional en el análisis económico del crimen, se concluye que la decisión de cometerlo es tomada sobre la base de la información e incentivos que se generan en cada caso, siguiendo tres parámetros a partir de los cuáles es posible hacer un análisis de coste-beneficio: 1) la utilidad esperada con el delito; 2) el riesgo a ser detenido y castigado; 3) la severidad de la pena que podría aplicarse en este último caso[77].

Análisis de este tipo permiten enfocar el problema de la criminalidad desde una visión de mercado, y orientar las reformas legislativas hacia la disminución de los beneficios esperados por el crimen y el incremento de sus costes.

---

[75] Beccaría, Cesare, *De los delitos y de las penas*, [1764], Arayú, Buenos Aires, 1959, p. 249.

[76] Becker, Gary S., «Crime and Punishment: An Economic Approach», *Journal of Political Economy*, vol. 76, n.°. 3, 1968, pp. 169-217. Existe traducción al castellano como: «Crimen y castigo: un enfoque económico», en Andrés Roemer (compilador), *Derecho y Economía: una revisión de la literatura*, Fondo de Cultura Económica, México, 2000, pp. 383-436.

[77] Sobre el tema puede consultarse, además de la obra de Becker: Benson, Bruce L., *The Enterprise of law: Justice without the State*, Independent Institute, 2011, p. 161 y sus citas; y también el trabajo del propio Benson: «A note on corruption of public oficials: The black market for property rights», en *Journal of Libertarian Studies* 5 (Summer 1981), pp. 305-331), donde el autor explica la aplicación de estos mismos criterios al análisis de la corrupción de los funcionarios del gobierno.

En este último sentido, muchas veces frente al aumento de la delincuencia se piensa que una solución es incrementar las penas. Pero como han mostrado muchos autores, y en especial economistas del comportamiento, aquellas normas que imponen costes que llevan a la imposibilidad de cometer el delito o aprovechar su producto, suelen ser más efectivas que los incrementos en la promesa de un eventual castigo[78].

En este sentido, es importante recordar que el análisis del crimen no comienza una vez que ha sido cometido, sino antes. El primer criterio de eficiencia para combatir la criminalidad es evitar que los delitos se cometan. En las comunidades que se organizan razonablemente en este sentido, las estadísticas más importantes no son las que muestran un incremento en la cantidad de penas impuestas, sino las que verifican una disminución en la cantidad de crímenes cometidos.

2. LA PROTECCIÓN DE LOS DERECHOS FRENTE AL CRIMEN, CONSIDERADA COMO UN BIEN PÚBLICO

La idea de que la protección de los individuos frente a los crímenes cometidos en su contra es una tarea que compete al Estado, ha ganado fuerza especialmente a partir del impulso que tuvo la teoría de los llamados «bienes públicos» en la doctrina económica, por obra de ciertos escritos de Paul Samuelson publicados en 1954 y 1955[79].

Los impulsores de la teoría de los bienes públicos, entienden por tales a aquellos que producen efectos sobre quienes no han participado en una transacción determinada. Es decir, aquellos que producen externalidades que no pueden internalizarse[80]. Se dice que este tipo de bienes tiene dos características esenciales: por una parte, son bienes que, o bien se producen para todos sin discriminación, o bien no se producen, pues no

---

[78] Sobre el mercado de la criminalidad ver: Tullock, Gordon, «Does punishment deter crime?», *Public Interest* (Summer 1974), p. 103; Ehrlich, Isaac, «Participation in illegitimate activities: An economic analysis», en *Economics of crime and punishment* 68 (Gary Becker & William Landes [eds.], 1974); Stigler, George, «The optimum enforcement of laws», 78 *J. Pol. Econom.* 526 (1970).

[79] Samuelson, Paul A., «The pure theory of public expenditure», *Review of Economics and Statistics* 36 (November 1954), pp. 387-389; y «A diagrammatic exposition of a theory of public expenditure», *Review of Economics and Statistics* 37 (November 1955), pp. 350-356.

[80] Benegas Lynch (h), Alberto, «Bienes públicos, externalidades y los *free-riders*: el argumento reconsiderado», en *Libertas* n° 28, mayo de 1998, pp. 199-214.

son susceptibles de exclusión; y por otra, se sostiene que la pretensión de adquirir tales bienes no disminuye por el hecho de que los consuma un mayor número de personas. Estas características son conocidas como de «no exclusión» y «no rivalidad»[81].

El argumento central para colocar la producción de los bienes públicos en manos del Estado ha sido que, precisamente, esas dos características desalientan la producción privada, pues si su productor no tiene la facultad de excluir a quienes no pagan por él, todos tratarían de disfrutar de él sin pagar, colocándose en esa cada vez más famosa y menos comprendida categoría de *free-riders*. Se alega que ello desalentaría a los particulares a producir el bien, o los haría producirlo de manera deficiente, e incrementaría la demanda. Ello es consecuencia de que por su naturaleza, no pueden ser guiados por el sistema de precios (que en definitiva termina nivelando la oferta y la demanda); y por lo tanto el disfrute de estos bienes debe ser regulado por la intervención estatal[82].

Un ejemplo clásico de bien público es el del faro, empleado en el siglo XIX por John Stuart Mill y Henry Sidwick, y durante el siglo XX por Paul Samuelson, para justificar la intervención legal en este caso. Los faros fueron fundamentales para la navegación segura, pero en general no existían incentivos para construirlos, pues no es posible recuperar la inversión, al no poderle cobrar a cada barco que circule por el mar por el servicio que le presta. Por lo tanto, se afirmaba que para que existan los faros y sea segura la navegación, éstos debían ser construidos por el Estado con fondos públicos.

Precisamente los faros fueron el ejemplo principal que utilizó Samuelson en su presentación de la teoría de los bienes públicos, lo que motivó una respuesta por parte de Ronald Coase en un famoso artículo de 1974, en el que comenzó relatando la historia de la construcción de faros en

---

[81] Rojas, Ricardo Manuel, Schenone, Osvaldo, Stordeur (h), Eduardo, *Nociones de Análisis Económico del Derecho Privado*, Universidad Francisco Marroquín, 2012, pp. 39 y ss. Sobre la teoría de las fallas del mercado, ver: Cowen, Tyler (ed.), *The Theory of Market Failure. A Critical Examination*, George Mason University Press, 1988.

[82] El concepto original de «bienes públicos» se limita a aquellos que cumplen con los dos requisitos mencionados, pero de tal concepto se ha hecho una extensión irrazonable. Por ejemplo, es un abuso del lenguaje hablar de salud pública, educación pública, transporte público, etc., en relación con bienes y servicios que pueden ser eficientemente provistos por entes privados respetando el sistema de precios, porque no tienen las dos características típicas de los verdaderos bienes públicos. El carácter de «públicos» no deriva de que estén destinados a ser usados por muchas personas, sino de que se cumplan en ellos las dos condiciones mencionadas (Rojas, Schenone, Stordeur (h), *op. cit.*, p. 39, nota 58).

Inglaterra, que habían sido fundamentalmente privados durante un considerable lapso sin problemas de financiamiento[83].

Explicó que si bien el mar es un bien de dominio público y por lo tanto no se pueden definir derechos de propiedad privada sobre él, los puertos eran privados, de modo que los dueños de los puertos tenían interés económico en que los barcos pudieran llevar a salvo a sus costas, y por lo tanto existió un interés privado en la construcción de los faros para alentar de ese modo la concurrencia de barcos y el consecuente flujo comercial. De ese modo, la construcción y mantenimiento de los faros se pagaba con el mayor ingreso percibido por los dueños de los puertos.

Coase mostró que el problema de los bienes públicos en muchas ocasiones tiene que ver con una deficiente definición de derechos de propiedad y la falta de desarrollo tecnológico e instituciones adecuadas que permitan la exclusión a bajo costo[84].

El famoso trabajo de Coase sobre el costo social mostró que para que el proceso de mercado permita canalizar las decisiones humanas de manera eficiente, hace falta una correcta definición de derechos de propiedad, y bajos costos de transacción. Ambas cuestiones pueden ser fuertemente promovidas por el orden jurídico. Pero también admitió que cuando por las condiciones del propio mercado, existan problemas para definir los derechos o altos costos de transacción, la legislación puede sustituir a las decisiones personales y lograr acuerdos que de otro modo se volverían imposibles o demasiado onerosos[85].

Una lectura detenida de este trabajo de Coase muestra una preferencia a intentar —a través de ciertas reglas jurídicas— facilitar el funcionamiento del mercado; y que la intervención estatal a través de mandatos legislativos debería ser la excepción. El ejemplo de los faros va en esa dirección. Coase demostró que la legalidad no es indiferente, y según cuáles sean las reglas jurídicas escogidas, el derecho puede ayudar o perjudicar los acuerdos eficientes de mercado.

Sin embargo, parte de los lectores de Coase se quedaron con la justificación de la intervención legislativa como una opción válida en determinados casos en los que es difícil definir derechos. Ello vino como

---

[83] Coase, Ronald H., «The Lighthouse in Economics», *Journal of Law and Economics* 17 (2), 1974, pp. 357-376.

[84] Rojas, Ricardo Manuel, Schenone, Osvaldo, Stordeur (h), Eduardo, *Nociones de Análisis Económico del Derecho Privado, op. cit.*, pp. 40-41.

[85] Coase, Ronald H., «The Problem of Social Cost», *Journal of Law and Economics* 3 (1960), pp. 1-44. Una versión en castellano existe en la compilación de trabajos del autor: Coase Ronald H., *La empresa, el mercado y la ley*, Alianza Editorial, Madrid, 1998.

anillo al dedo a quienes consideran que los delitos son atentados contra la «sociedad», pues al ser la sociedad un ente incorpóreo y difuso, la protección frente al delito pasa a ser algo que no puede medirse en términos de individuos particularmente agredidos, sino de comunidad o conjunto. En otras palabras, la protección contra el crimen se convierte inevitablemente en un «bien público», donde no se pueden establecer precios y por lo tanto no existen soluciones de mercado.

A partir de este postulado, también se considera a la administración de justicia como un bien público, toda vez que, como servicio global, no sería posible excluir de su goce a ninguna persona, y con el mismo carácter, dicho servicio no dependería del número de personas que lo solicitan, ni se degradaría, en teoría, con el aumento de usuarios. El policía no podría dejar de proteger a una persona asaltada, porque no ha pagado por el servicio, ni el juez podría dejar de dar protección a los derechos de las víctimas, porque no estén al día con sus impuestos. Del mismo modo, no podría el fiscal dejar de investigar un caso aduciendo que ya se ha cumplido su cuota razonable, y por lo tanto el servicio se ha agotado.

Por lo tanto, los cultores de los bienes públicos entienden que no es posible financiar este servicio cobrando por su prestación a los usuarios concretos, pues éstos actuarían como *free-riders* de un servicio de cuyo goce no podrían ser excluidos en el caso en que decidan no pagar. Pero como la prestación del servicio tiene un costo, se correría el riesgo de una sobreexplotación del recurso, y que a la postre ya no pudiera ser prestado de ninguna manera. El corolario de ello es que la administración de justicia, al igual que otros «servicios públicos», debe ser suministrada por el Estado, y sostenida por el aporte compulsivo de todos los ciudadanos —de los que solicitan frecuentemente el servicio y de los que nunca lo harán— hecho a través de los impuestos.

De este modo se ha podido justificar, sobre la base de la noción de «bienes públicos», tanto la existencia de un derecho penal monopolizado por el Estado, como de un sistema judicial también monopólico y estatal, especialmente en materia penal.

Ello torna necesario, en primer lugar, hacer algunas aclaraciones sobre conceptos en los que se basa la idea de «bienes públicos»:

a. No existen bienes públicos

El concepto de propiedad está directamente relacionado con el concepto de persona, y por lo tanto no puede existir otra propiedad que la propiedad privada. El derecho sólo puede ser definido racionalmente en el contexto de sancionar la libertad de acción de un hombre frente a los demás.

Como sostuvo Ayn Rand:

> Todo grupo o «colectividad», grande o pequeña, es solamente una cantidad de individuos. Un grupo no puede tener otros derechos que los de sus miembros individuales. En una sociedad libre los 'derechos' de cualquier grupo dado se derivan de los derechos de sus miembros, a través de su elección individual y voluntaria y el acuerdo *contractual* que formalizó su agolpamiento, y son meramente la aplicación de esos derechos individuales a propósitos específicos comunes. Todo propósito de un grupo legítimo se basa en el derecho que tienen los participantes a la libre asociación y el libre comercio. (Por 'legítimo' entiendo: no criminal y libremente formado, es decir, un grupo donde nadie es *obligado* a participar)[86].

En otra parte de su obra, la misma filósofa explica:

> Si algunos hombres han de tener *derechos* sobre lo que produce la labor de otros, significará que a esos otros hombres se les quitarán los derechos y se los condenará a trabajar como esclavos.
>
> Todo aparente 'derecho' de un hombre que requiere que los derechos de otro sean violados, no es ni puede ser un derecho.
>
> Ningún hombre puede tener el derecho de imponer una obligación no elegida, un deber no recompensado o una servidumbre involuntaria sobre otro hombre. No puede haber tal cosa como *el derecho a esclavizar*.
>
> El derecho de un hombre no presupone que la materialización de ese derecho sea hecha posible por otros hombres; sólo incluye la libertad personal de lograr la puesta en práctica de ese derecho a través del esfuerzo personal[87].

La noción de bienes públicos supone colectivizar el esfuerzo humano, haciendo que algunos sirvan a los fines de otros. Existen tantas escalas

---

[86] Rand, Ayn, *La virtud del Egoísmo, op. cit.*, p. 114.
[87] *Op. cit.*, p. 110.

de valor como personas en el mundo, es imposible diseñar una escala colectiva, y por lo tanto, cada vez que en nombre de los bienes públicos se pretende que exista algún tipo de propiedad colectiva, en definitiva lo que se estará haciendo es usar la fuerza para servir a los valores de algunas personas, a expensas de los valores de otras.

Algo que existe, y está disponible libremente para cualquiera que lo quiera tomar, carece de relevancia económica hasta el momento en que es apropiado por alguien. Por ejemplo, alguien puede sostener que el agua de un río caudaloso en medio de una pradera deshabitada es un bien disponible libremente para cualquier viajante que desee beberla. Pero una vez que la persona tomó un cuenco de agua y se lo llevó para ser utilizado por él, deja de ser un bien libre para convertirse en parte de su propiedad.

De este modo, el análisis de los llamados bienes públicos se suele hacer en la medida en que tales bienes sean potencialmente disponibles. Pero una vez que pasan de esa situación a la de apropiación, funcionan los principios de la propiedad privada. En todo caso, hay un problema de falta de definición de derechos de propiedad.

b. El Estado no produce nada por sí mismo

Si bien todo el tiempo se habla de los bienes o servicios producidos por el Estado, el hecho es que este —o en realidad el gobierno, que es su forma existente— no produce nada por sí mismo. Todo lo que se alega que el gobierno hace, en realidad es producido por contratistas privados. Incluso los miembros de la estructura burocrática, tales como policías, fiscales o jueces, son personas privadas trabajando por contrato a cambio de un salario[88].

El hecho de que oficiales públicos tales como policías hagan huelgas por motivos laborales, supone que para ellos el salario es más importante que el servicio que prestan. Ello es razonable, y así sucede en toda actividad privada, incluida aquella a la que se considera un servicio público.

El proceso de mercado en el ámbito laboral permite maximizar los recursos gracias a la competencia y la información dada por el sistema de precios. Frecuentemente un empleado trata de mejorar la calidad de su servicio porque aspira a conservar su empleo o avanzar en su posición. Pero cuando se pretende abandonar el proceso de mercado, y estatizar servicios tales como la seguridad, investigación de crímenes

---

[88] Benson, Bruce, *To serve and protect*, *op. cit.*, p. 16.

o administración de justicia, se elimina ese mecanismo de señales del mercado y, como se verá más adelante, las decisiones serán tomadas siguiendo otros parámetros que conducen fatalmente a su inoperancia. La falta de los incentivos que genera la propiedad privada, lleva a la inercia y la disminución en la eficiencia.

c. La existencia de externalidades no es una «falla del mercado», sino una característica normal de dicho proceso

Todo lo que hacemos en un proceso de intercambio influye sobre los demás, tanto sobre los que contratan con nosotros, como respecto de otras personas. Tal proceso de intercambio no está exento a veces de complicaciones, fallas de conocimiento, de información, de soluciones institucionales para hacerlo más eficiente, de adecuada delimitación y protección de los derechos emergentes. Todo ello forma las características propias del proceso de mercado, y lo que habitualmente se denominan «fallas» en su funcionamiento, sólo lo son en la mente de quienes pretenden que el mercado sea algo que en realidad no es.

Como señala Alberto Benegas. Lynch (h):

> En verdad la mayor parte de los bienes y servicios producen *free-riders*, desde la educación hasta el diseño de las corbatas. David Friedman considera que sus libros han hecho mucho por la sociedad abierta, incluso para aquellos que no los han adquirido *(free-riders)* de lo cual no se desprende que el gobierno debe intervenir la industria editorial. El mismo autor muestra que en el caso de la protección privada, las agencias que quieren diferenciar a sus clientes colocan letreros en las casas de quienes pagan el servicio. Robert Nozick explica que las externalidades positivas derivadas de, por ejemplo, el lenguaje y las instituciones, no autorizan a que se nos obligue a pagar sumas de dinero por ello. Walter Block ridiculiza la pretensión de que el gobierno intervenga cuando hay externalidades, y ofrece un ejemplo de beneficios externos que se refiere a sonrisas atractivas, de lo cual concluye que no se desprende que se deba cobrar impuestos a los observadores y, para el caso, tampoco se justificaría que el gobierno compense a las personas a las que les resulta desagradable cómo se visten otros o el modo en que cultivan un jardín expuesto a la mirada de terceros.

Murray N. Rothbard señala la contradicción que se susci-
ta en torno al tema del *free-rider:* «Vamos ahora al problema
de los beneficios externos —la justificación que exponen los
economistas para la intervención gubernamental. Muchos
escritores conceden que el mercado libre puede dejarse fun-
cionar en aquellos casos en donde los individuos se benefician
a sí mismos por sus acciones. Pero los actos humanos pueden
frecuentemente, aun inadvertidamente, beneficiar a terceros.
Uno pensaría que este es un motivo de regocijo, sin embargo,
los críticos sostienen que esto produce males en abundancia»[89].

Pretender que las externalidades son una «falla» del mercado, es ver
en lo habitual algo excepcional. En realidad, toda conducta humana está
en condiciones de producir externalidades, y dichas consecuencias a
veces son buscadas y a veces no por los involucrados.

Para lograr que opere el mecanismo por el cual esas externalidades son internalizadas, los cultores de los bienes públicos invocan la
necesidad de que sea el Estado quien intervenga para solucionar este
supuesto problema que no es tal. En el otro extremo, en consonancia
con el proceso por el cual los seres humanos se relacionan entre sí, el
único modo racional de disminuir los efectos de las externalidades es
definiendo de la manera más específica posible los derechos de propiedad sobre los bienes.

Las externalidades son consecuencias para terceros de conductas
propias. La estricta definición de derechos de propiedad genera dos
efectos que permiten que el proceso de mercado funcione correctamente:

a. Por una parte, hace que los involucrados en una relación determinada lo hagan voluntariamente, conociendo lo que pueden
esperar de positivo y negativo, y tomando la decisión que mejor
les parezca. En el interior de mi casa, las reglas del juego son claras, y yo las establezco. Si una persona ingresa a mi casa, y tiene
como externalidad positiva la posibilidad de disfrutar de mis
libros y mis discos, ello no me perjudica, porque yo establezco
las reglas y estoy dispuesto a que ello ocurra, y tampoco a él,
porque en caso de no compartir mi gusto musical o literario,
puede optar por no ingresar en mi casa.

---

[89] Benegas Lynch (h), Alberto, «Bienes públicos, externalidades y los *free-riders*:
el argumento reconsiderado», *op. cit.*, p. 202 y sus citas.

b. En segundo lugar, se eliminan los conflictos que necesariamente genera la falta de propietario (porque no es otra cosa que eso la pretendida «propiedad pública»). Como se verá a continuación, la lucha por obtener una porción de algo que en realidad no tiene dueño, es precisamente el motivo generador de conflictos que se pretenden resolver mediante la intervención del Estado. Pero la solución más racional es otorgar derechos de propiedad. Mientras las calles sean públicas —no sean de nadie— parece lógico pensar que hace falta una autoridad —el gobierno—, que establezca reglas de convivencia y de goce pacífico de ese bien (normas de tránsito, semáforos, penalidades para los conductores imprudentes, etc.). La privatización de las calles eliminaría ese problema.

Hans-Hermann Hoppe explica de este modo lo que se pretende sostener al hablar de «fallas del mercado»:

> En realidad, los argumentos con los que se intenta probar las fallas del mercado son claramente absurdos. Si se prescinde de la jerga técnica, lo único que demuestran es esto: un mercado no es perfecto y se caracteriza por regirse por el principio de no agresión impuesto en condiciones asignadas por la escasez; de este modo, aquellos bienes o servicios que sólo podrían producirse si la agresión estuviera permitida, simplemente no se producen. Muy cierto. Ningún teórico de la economía de mercado se atrevería a negarlo. Pero, y esto es fundamental, esta «imperfección» del mercado es defendible, tanto en el aspecto moral como en el económico, mientras que las supuestas «perfecciones» de los mercados que preconizan los teóricos de los bienes públicos no lo son[90].

d. La mejor manera de aprovechar las externalidades positivas y evitar las negativas sin producir conflictos es definiendo los derechos de propiedad

Vimos cómo Ronald Coase respondió a la invocación de «bienes públicos» desarrollada por Samuelson, explicando cómo el problema de la necesidad de faros la resolvió el propio mercado mediante el ejercicio de

---

[90] Hoppe, Hans-Hermann, «Falacias de la teoría de los bienes públicos y la producción de seguridad», *Libertas* N° 24, mayo de 1996, pp.92-93.

derechos de propiedad, en la medida en que gran parte de los puertos eran privados y sus dueños tenían interés de que los barcos llegaran a salvo a ellos.

Pero la respuesta que se ha dado al ejemplo de los faros, sirve para otros casos similares:

> El faro es un bien público en la medida en que el mar en el que se encuentra es de propiedad pública (y no privada). Pero si se permitiera la privatización de algunos sectores del océano, tal como sucedería en un sistema puramente capitalista, sin duda sería posible excluir de los beneficios que proporciona el faro a los que no pagaran por ellos, porque su luz tiene un alcance limitado[91].

En el caso de los faros ni siquiera fue necesario establecer derechos de propiedad sobre partes del mar. Bastó con que los puertos fueran privados y sus dueños tuvieran incentivos económicos para que los barcos atracaran en ellos y contrataran sus servicios, para que la construcción de faros tuviera una justificación económica privada. Seguramente muchos barcos que no tenían como destino final el puerto que financió la construcción del faro, fue finalmente un *free-rider*. Pero esa externalidad imposible de internalizar estaba dentro de los cálculos del constructor del faro, y no fue un obstáculo para seguir adelante con su emprendimiento.

Distinto es lo que ocurre cuando los bienes se mantienen en la esfera pública, y por lo tanto resulta imposible ejercer derechos de propiedad privada sobre ellos. Si un recurso ha de ser mantenido en común —esto es, si todas las personas han de tener derecho igual para explotar el uso de esa propiedad—, entonces a ninguna persona se la podría excluir del uso del recurso. Pero sin ese derecho de exclusión que es característico de la propiedad privada, es imposible que los beneficios para el inversor en mantener el recurso superen a los esfuerzos.

En el campo de la protección de los derechos individuales, ello provoca dos consecuencias contraproducentes: *1)* nadie querrá invertir dinero en mantener la seguridad o administrar justicia en un lugar sobre el que no tiene derecho de exclusión que le permita establecer precios; *2)* cada persona tratará de maximizar su propio consumo de ese servicio, antes de que otros lo aprovechen primero, pues al no existir derecho de exclusión y ser escaso el bien, en algún momento se agotará, preci-

---

[91] Hoppe, Hans-Hermann, «Falacias de la teoría de los bienes públicos y la producción de seguridad», *op. cit.*, p. 84.

samente por la imposibilidad de establecer un precio que equilibre la oferta y la demanda.

Como explica Randy Barnett[92], el hecho de que los parques y calles sean bienes dejados a la disponibilidad de todos, afecta a la prevención del crimen en tres formas importantes:

1. Existen pocos incentivos para que los individuos usen sus propios recursos para prevenir la violación de derechos en lugares públicos. Entonces no queda otro remedio que crear un monopolio coercitivo inherentemente ineficiente para proveer protección «pública».

2. Cuando la propiedad es poseída y administrada por un gobierno central, se necesitan limitaciones constitucionales para que el gobierno no pueda excluir ciudadanos arbitrariamente del uso de la propiedad pública. Por esa razón, las personas peligrosas no pueden ser excluidas de la propiedad pública antes de que cometan un crimen.

3. En ausencia del derecho de exclusión de la propiedad pública, crece la importancia del encarcelamiento de los criminales, como único método eficaz de mantenerlos controlados cuando las demás formas de prevención y sanción muestran ser insuficientes, lo que genera efectos contraproducentes a los que me referiré en el Capítulo X.

Frente al problema que plantea la seguridad en los lugares públicos, la respuesta intervencionista fue la absoluta estatización de las actividades vinculadas con la protección de las personas y sus derechos en esos lugares. Sin embargo, esto no contribuyó a mejorar la situación en ese aspecto. En cambio, la respuesta liberal a los lugares públicos fue convertirlos en lugares privados, y ello ha demostrado una mayor eficiencia. Un ejemplo interesante en este sentido es traído por Bruce Benson, y se refiere a la privatización cooperativa de calles en Saint Louis y University City, en el estado de Missouri.

En varias zonas de clase media de estas ciudades, el gobierno, con el fin de controlar la criminalidad en aumento, pasó varias calles públicas a propiedad de los residentes, quienes obtuvieron un título de propiedad

---

[92] Barnett, Randy E., *The structure of liberty, op. cit.*, p. 218.

y el consiguiente derecho de exclusión de extraños. Estos títulos fueron otorgados a asociaciones de calles, integradas por los vecinos, quienes deben pagar cuotas para su mantenimiento, pero como contrapartida tienen derechos tales como el de cerrar la calle al tráfico para limitar la circulación de personas y automóviles tan sólo a los residentes y visitantes autorizados, y el de excluir el ingreso de quienes no justifican convenientemente su presencia en el lugar.

Como explica Benson, en 1982, el área metropolitana de Saint Louis tenía más de 427 organizaciones de calles privadas (esto es, 427 lugares reportados como privados, aunque el número definitivo es mayor). En dos áreas municipales de esa ciudad, más del 50 % de las calles son privadas. Los estudios estadísticos realizados por Newman sobre estas calles concluyeron que ese comportamiento cooperativo permitió una reducción sustancial del crimen en todas las categorías[93].

Ello se explica por el hecho de que la gente tiene capacidad e incentivo para defender sus espacios. La propiedad otorgó a los vecinos un más alto grado de unidad para cooperar en la prevención del crimen, y ese derecho de propiedad le permite a los residentes tomar decisiones que estaban vedadas cuando la calle era pública, como la de controlar e impedir el acceso de extraños o sospechosos, aun con el auxilio de la seguridad privada o de la policía. En efecto, la característica de no exclusión propia de los bienes públicos, impide que se prohíba a alguien el acceso a un lugar público hasta tanto no cometa un crimen; sin embargo, en una calle privada se pueden tomar medidas preventivas sobre la base del derecho emanado de la propiedad.

Como explica Benson, los incentivos para vigilar y cooperar en la prevención de crímenes son aparentemente mucho más fuertes cuando las calles son privatizadas, y se advierte especialmente la disminución de los crímenes contra las personas y los llamados crímenes de oportunidad, como hurtos, arrebatos, robos de automóviles, etc. La gente se muestra más dispuesta a denunciar los crímenes y a testificar en los juicios, porque aunque dichos crímenes no se cometan en su contra, sino contra un vecino, de alguna manera los afecta de un modo más personal[94].

Si bien estos mismos principios pueden ser aplicados a los barrios cerrados que son cada vez más frecuentes en el mundo, lo curioso del ejemplo de Saint Louis y University City es que se trata de calles que alguna vez fueron públicas y luego privatizadas, y consecuentemente en ellas fue posible

---

[93] Benson, Bruce, *To serve and protect*, op cit., p. 158 y sus citas. Newman, Oscar, *Community of Interest*, Anchor Press, N.Y., 1980, pp. 137-140.

[94] *Ídem*, p. 160.

advertir que la definición de derechos de propiedad, a la vez que mejoró la seguridad, hizo que las casas ubicadas sobre estas calles se valorizaran y los barrios en general mejoraran su nivel.

En los últimos años, he visto este fenómeno replicado en muchas ciudades del mundo, como por ejemplo en la ciudad de Guatemala, donde actualmente resido. En zonas residenciales de la ciudad, los vecinos han logrado autorización para cerrar el acceso a determinadas calles, colocan garitas con guardias de seguridad que controlan el acceso e identifican a los visitantes. Ello ha generado una mayor seguridad, incluso los vecinos se encargan de ciertos servicios que tradicionalmente son tarea del gobierno municipal, tales como el alumbrado, el arreglo de las calles o la recolección de residuos. Las propiedades al interior de estas áreas han incrementado su valor de mercado como consecuencia de la mayor seguridad.

e. El gobierno no puede asignar recursos de manera más eficiente que el mercado. Especialmente cuando es la protección de los derechos individuales lo que está en juego

Aun cuando se descarte al proceso de mercado como asignador de recursos en lo que tiene que ver con la protección de personas y bienes, la persecución de crímenes y la adjudicación de responsabilidad al criminal, no elimina el problema de que alguien deberá finalmente realizar este trabajo.

Una de las falacias de la teoría de los bienes públicos es la de pensar que ese pretendido carácter de «públicos» les confiere la condición de ser libremente gozados en igualdad de condiciones por todas las personas. Ello de ningún modo es así. Desde que los recursos son limitados y las necesidades tienden a ser ilimitadas, y desde que cada centavo que el gobierno gasta es quitado por la fuerza previamente a las personas, el traspaso de la seguridad, la acusación y la justicia al Estado tiene dos consecuencias fundamentales:

a. El coste de estos servicios será pagado en mayor proporción por algunas personas, que son las que pagan mayores impuestos. En consecuencia, es falaz afirmar que respecto de los bienes públicos no existen *free-riders*. Los evasores impositivos, las personas en tránsito por el país, los indigentes, y en general toda persona que por uno u otro motivo no paga impuestos, serán *free-riders* respecto de los servicios prestados por el gobierno con el dinero de los contribuyentes.

b. Como de todos modos el dinero no alcanzará para prestar un servicio completo a todas las personas, y como no funciona respecto de los bienes públicos el sistema de precios y la competencia para determinar el modo en que se asignarán los recursos, el gobierno deberá buscar algún mecanismo para determinar a quién beneficiará y a quién perjudicará al momento de provocar esa redistribución forzada.

Estas decisiones se toman en el terreno político, sobre la base de parámetros que poco tienen que ver con las decisiones voluntarias de las personas. La primera de esas decisiones políticas se produce al momento de discutir la ley de presupuesto. Allí el Congreso decidirá, en primer lugar, cuántos recursos habrá de recaudar, esto es, cuánto dinero le quitará a la gente por la fuerza, en forma de impuestos. En segundo lugar, decidirá cómo distribuir ese dinero entre las distintas funciones del gobierno, asignando partidas para la seguridad, para la justicia, para el ministerio público, para el servicio penitenciario y de ejecución de penas.

La segunda ronda de decisiones se tomará en el seno de cada poder que recibe el dinero del presupuesto, sea el Poder Ejecutivo respecto de la seguridad, sistema penitenciario y policía, sea el Ministerio Público y el Poder Judicial en sus respectivas áreas. Cada uno de esos poderes deberá decidir cómo asignará el dinero del presupuesto entre sus reparticiones, para cubrir las múltiples tareas que les competen.

De este modo, la policía deberá decidir si se colocan más oficiales en el barrio «a» o en el barrio «b», o a cuáles llamados de auxilio prestará preferente atención[95]. También deberá decidirse en qué zonas se instalarán nuevos tribunales, o cuántos fiscales se destacarán para la investigación y persecución de cuáles crímenes.

Ello provoca una disputa muchas veces encarnizada para obtener una mayor cantidad de atención gubernamental, que origina la aparición de grupos de presión. Al momento de decidir la asignación de recursos, los burócratas estarán más influenciados por determinadas presiones políticas, como por ejemplo la de quienes han contribuido a las campañas electorales, o la de los medios de prensa. Y por este mecanismo general-

---

[95] La admisión de que los recursos son escasos y que el gobierno no puede prestar un servicio eficiente de seguridad y justicia para todas las personas, es lo que ha llevado a la elaboración de la jurisprudencia mencionada al final del Capítulo anterior, respecto de la falta de responsabilidad del gobierno por las falencias en la efectiva protección de los derechos.

mente se llega a un resultado opuesto al que se busca evitar invocando la teoría de los bienes públicos: se dice que el Estado se hace cargo de prestar estos servicios fundamentalmente para que los pobres tengan acceso a ellos; pero al momento de discutir la asignación de los recursos públicos, aun en las democracias más cristalinas y «progresistas», tienen más influencia los ricos y poderosos que los pobres.

En muchos casos, el establecimiento de cuotas para cada sector puede conducir a una adjudicación de recursos tan deficiente que impida el cumplimiento del servicio. Por ejemplo, si al destinar las cuotas para la protección se adjudica muy poca policía a un barrio muy peligroso, o si se entregan muy pocos recursos para investigar crímenes muy complejos, probablemente el servicio no será cumplido en absoluto, y esa cantidad de recursos se habrá desperdiciado. En un sentido inverso, por cuestiones de imagen y exposición pública, tal vez se destinen cientos de policías para cubrir la seguridad de espectáculos públicos organizados por empresarios privados, tal como ocurre con los partidos de fútbol y los conciertos de rock, que están en condiciones de pagar su propia seguridad.

Por otra parte, los funcionarios tienen gran discrecionalidad al momento de emplear los recursos, y existen pocas probabilidades de un control efectivo de su gestión. Además, como no existe un sistema de precios de mercado, ni de decisiones individuales para la imputación de los recursos, y tanto la seguridad como la investigación y la administración de justicia constituyen monopolios artificiales estatales, es muy difícil poder extraer una conclusión valedera sobre los resultados de su labor. Como muestra la investigación de Lawrence Sherman, cerca de la mitad del tiempo de los oficiales de patrulla de los Estados Unidos se emplea simplemente en esperar que algo ocurra, aunque las estadísticas policiales indiquen que es tiempo destinado al patrullaje preventivo. La investigación de campo mostró que la mayoría de ese tiempo se emplea en charlas en las esquinas con otros oficiales o personas del lugar, o en permanecer sentados en las patrullas estacionadas[96].

Pero hay además un tercer nivel de decisión, que es el de la adjudicación de recursos en cada caso concreto. Cada departamento de policía, fiscal o tribunal, contarán con una cantidad limitada de recursos y tiempo, frente a número indeterminado de potenciales demandantes de sus

---

[96] Benson, Bruce, *To serve and protect, op. cit.*, p. 133. Con cita de Sherman, Lawrence W., «Patrol strategies for police», en *Crime and Public Policy*, James Q. Wilson (ed.), Institute for Contemporary Studies, San Francisco, 1993, p. 151.

servicios. Deberán decidir de qué modo emplear sus recursos limitados frente a una demanda creciente.

En tales condiciones, la falta de monitoreo y control efectivo sobre la inversión de los recursos, colocarán a los burócratas en mejor posición para discriminar entre los potenciales consumidores cuyas demandas deben satisfacer. Los policías, fiscales y jueces tienen considerable poder para elegir cuáles casos habrán de tratar y en qué orden.

Normalmente, el control del trabajo de estos funcionarios se hace a través de estadísticas de casos resueltos. Pero, en primer lugar, estas estadísticas muestran números que no tienen por qué corresponderse con lo que en realidad buscan los ciudadanos. En efecto, reflejan la persecución penal de los llamados «crímenes sin víctimas», lo que en verdad no significa proteger los derechos de nadie, y en los cuales muchas veces las verdaderas víctimas son los supuestos criminales. Incluyen también la persecución penal de casos en los que las víctimas concretas no tienen interés alguno en que se adjudique un castigo, sino que en la mayoría de los casos se conformarían con una restitución monetaria o de otro tipo, que jamás obtendrán en el contexto de una causa penal.

El control del trabajo a través de estadísticas, en rigor de verdad conduce a que los policías, fiscales y jueces se concentren en resolver los casos sencillos y desechen los complejos, que les demandarían más tiempo y recursos para su resolución.

En la policía incluso se ha llegado a generar la criminal costumbre de inventar sumarios, que generalmente son seguidos contra personas con antecedentes delictivos, a las que buscan periódicamente para cubrir la cuota de detenciones. En los fiscales, especialmente en los sistemas en los que disponen de la acción penal, aumenta la tendencia a buscar acuerdos *(plea bargaining)* y renunciar a la acción cuando no existe demasiada prueba, en lugar de profundizar las investigaciones. En los jueces, este problema se refleja en la tendencia a hacer lugar con injustificada amplitud a los planteos de incompetencia y de nulidades procesales por motivos meramente formales.

f. La protección de los derechos y la búsqueda de la justicia están entre los bienes más privados que posee una persona

La estatización de la protección de derechos y la persecución de crímenes desconoce que para cada persona, en cada momento y situación determinada, el ámbito de su seguridad y la protección de sus derechos es algo muy privado.

Considerar a la persecución de los criminales como un bien público, significa desconocer lisa y llanamente la posibilidad de que cada persona decida por sí misma, en primer lugar, si se considera víctima de un crimen o no; en segundo, si quiere o no perseguir al criminal, y por último, cuál será su reclamo concreto contra él. Esas decisiones íntimas y fundamentales son sustituidas por la imposición arbitraria y generalizada del gobierno a través de la legislación.

La importancia de garantizar el libre mercado para la seguridad y la justicia fue señalado ya en 1849 por el economista belga Gustave de Molinari, en estos términos que parecen premonitorios:

> Si existe en economía política una verdad bien fundamentada, es esta: En todos los casos, sean cuales fueren los bienes que satisfacen las necesidades materiales e inmateriales del consumidor, lo que más le conviene a este es que el trabajo y el comercio se desarrollen en libertad, porque esto tiene como consecuencia necesaria y permanente la máxima disminución del precio. Y esta: Sea cual fuere el bien de que se trate, el interés del consumidor debe prevalecer siempre por sobre los intereses del productor. La observación de estos principios lleva a esta rigurosa conclusión: Que la producción de seguridad debe someterse a la ley de la libre competencia, en interés de los consumidores de este bien intangible. Por consiguiente: ningún gobierno tiene el derecho de evitar que otro gobierno entre en competencia con él o de exigir a los consumidores de seguridad que acudan exclusivamente a él en procura de este bien [...]
>
> [...] Si el consumidor no tiene la libertad de comprar seguridad donde le parezca mejor, veremos de inmediato cómo se ponen en acción numerosos profesionales especializados en la arbitrariedad y en la mala administración. La justicia será cada vez más lenta y costosa, la policía, ofensiva, la libertad individual dejará de ser respetada, el precio de la seguridad se elevará en forma abusiva y se la impartirá injustamente, según el poder y la influencia de una u otra clase de consumidores[97].

---

[97] De Molinari, Gustave, «The production of security», publicado por The Center for Libertarian Studies, *Occasional Paper Series* n° 2, 1977, pp. 3 y 13-14. Existe versión en castellano, incluida en: Gustave de Molinari, *Controversia sobre la propiedad privada. Diálogos entre un economista, un socialista y un conservador*, Universidad Francisco Marroquín, Guatemala, 2019.

CAPÍTULO 6

LA LEGISLACIÓN PENAL COMO UN MEDIO DE LIMITAR EL PODER PUNITIVO DEL ESTADO: EL PRINCIPIO DE LEGALIDAD

Hoy en día se considera al principio de legalidad como uno de los pilares básicos del derecho penal liberal. Según este principio, tanto las conductas que constituyen delitos como las penas que podrán imponerse a quienes las cometan, deben estar previamente establecidas en una ley que tenga la posibilidad de ser conocida con anterioridad a la comisión del hecho.

La idea básica de este principio es que sólo cuando las personas tienen la posibilidad de saber que ciertas conductas son contrarias al orden jurídico y penadas por la ley, se las podrá considerar responsables por los delitos y aplicar dichas penas, pues la regla general es la libertad para hacer todo aquello que la ley no prohíbe, y tal prohibición debe ser excepcional y estar justificada de acuerdo con lo que sea razonable para cumplir la finalidad del gobierno. La violación a la ley penal debe ser consciente, y por ello se recurre a la ficción de considerar que toda prohibición, una vez sancionada y publicada en el boletín oficial, es conocida por todos.

El principio de legalidad ha sido invocado no sólo como una forma de proteger a los individuos ante su eventual desconocimiento de que una conducta determinada pueda merecer una pena, sino como un modo de limitar el poder de los jueces, pues de lo contrario quedaría a su libre arbitrio la aplicación de sanciones por conductas que al momento de ser realizadas no eran vistas por sus autores como una violación al orden legal.

Sin embargo, si se bucea en la historia del derecho, es posible advertir que, por ejemplo, en el derecho anglosajón o en el antiguo derecho romano, no existió el principio de legalidad concebido de ese modo, y tampoco existió en el derecho internacional, en el cual se entendió que las conductas contrarias al «derecho de gentes» debían ser castigadas en todos los países civilizados, y justificaban la extradición de criminales aun sin la existencia de tratados internacionales, cuando eran reclamados por haber cometido hechos que en cualquier sociedad civilizada deberían ser considerados crímenes.

El principio de legalidad apareció tal como lo concebimos hoy, en el derecho continental europeo, y se considera a Feuerbach como quien lo postuló explícitamente por primera vez. Puede sintetizarse el pensamiento de Feuerbach a través de estos párrafos de su *Tratado de derecho penal:*

Toda forma de lesión jurídica contradice el objetivo del Estado, o sea, *que en el Estado no tenga lugar ninguna lesión jurídica.* Por ende, el Estado tiene el derecho y el deber de hallar institutos mediante los cuales se impidan las lesiones jurídicas.

Las instituciones que requiere el Estado deben ineludiblemente ser instituciones coactivas, fincando en ello, primordialmente, *la coerción física* del Estado [...] Pero, de cualquier modo, la coerción física es insuficiente para impedir las lesiones jurídicas, dado que la coerción previa únicamente es posible cuando tiene como presupuesto hechos reales que permiten al Estado reconocer la certeza o probabilidad de la lesión.

[...] Si de todas formas es necesario que se impidan las lesiones jurídicas, entonces deberá existir otra coerción junto a la física, que se anticipe a la consumación de la lesión jurídica y que, proviniendo del Estado, sea eficaz en cada caso particular, sin que requiera el previo conocimiento de la lesión. Una coacción de esta naturaleza sólo puede ser de índole psicológica.

Todas las contravenciones tienen su causa psicológica en la sensualidad. Este impulso sensual puede ser cancelado a condición de que cada uno sepa *que a su hecho ha de seguir, ineludiblemente, un mal que será mayor que el disgusto emergente de la insatisfacción de su impulso al hecho.*

El mal conminado por una ley del Estado e infligido en virtud de esa ley es la pena civil (poena forensis). La razón general de la necesidad y de la existencia de la misma —tanto en la ley como en su ejercicio— es la necesidad de preservar la libertad recíproca de todos mediante la cancelación del impulso sensual dirigido a las lesiones jurídicas.

> [...] El *fundamento jurídico* de la pena es la causa de que depende la posibilidad jurídica de la pena. Fundamento jurídico: *1)* de la conminación de la pena, es la concordancia de la misma con la libertad jurídica del conminado, así como la necesidad de asegurar los derechos de todos es la razón que funda la obligación del Estado a conminar penalmente. *2)* El fundamento jurídico para infligir la pena es la previa conminación penal[98].

Feuerbach reconocía entonces dos funciones básicas al principio de legalidad: *1)* servir como disuasivo para que las personas no cometan delitos, al saber que si lo hacen serán castigadas; y *2)* proteger su libertad de acción, al advertirles previamente qué es lo que no deben hacer, pues de lo contrario serán pasibles de pena, y de ese modo garantizar su libertad para hacer todo lo demás.

A partir de estos principios, los teóricos del derecho penal consideraron necesaria la existencia de una ley previa que defina las conductas descriptas como delitos, y esta necesidad fue elevada al rango de garantía constitucional en la mayor parte de los ordenamientos jurídicos modernos. A ella se agregó la garantía de que la ley precise también la especie y monto de la pena que se podrá imponer a quien comete cada uno de los delitos.

El fundamento del principio de legalidad según Feuerbach es el «derecho y el deber» del Estado de evitar las lesiones jurídicas. Este principio se eleva al rango de garantía constitucional porque siendo el Estado quien ejerce esta potestad en su propio nombre y satisfacción, es necesario ponerle límites a su actividad punitiva. El primero de esos límites es exigir que una ley defina el área de lo punible, para que todos los individuos puedan conocer el riesgo esperable antes de actuar.

Por otra parte, existe una justificación moral a tal principio, pues si el derecho penal exterioriza un castigo por una acción voluntaria dolosa, realizada con la intención de provocar aquello que se considera delito, es necesario que la persona que actúa sepa que al actuar como lo hace, está haciendo precisamente algo que la legislación considera incorrecto. Por ello, en determinado contexto, el derecho penal admite formas de eliminación de la punibilidad de las conductas, cuando se verifica un error de tipo o un error de prohibición, o existe una causa de justificación.

---

[98] Feuerbach, Paul Johann Anselm, *Tratado de derecho penal común vigente en Alemania*, [1801] Ed. Hammurabi, Buenos Aires, 1989, p. 58.

1. *Cómo se entendió la legalidad en el derecho anglosajón*

El principio de legalidad fue entendido en el derecho continental europeo como un modo de ponerle límites al poder punitivo del Estado a través de leyes, y se basó en la idea de que la certidumbre del derecho se logra, en primer lugar, por medio de fórmulas escritas con precisión por un cuerpo legislativo, con anterioridad a los hechos y con el objeto de dar un marco a las decisiones judiciales.

En contraposición con esta idea, en el originario derecho anglosajón, donde no existía la tajante diferencia entre el derecho penal y el civil, los jueces castigaban aquellas conductas que suponían violaciones a derechos individuales, y para ello no necesitaban ninguna ley previa que definiera delitos. Todos sabían que matar, robar o estafar estaba mal, y si lo hacían, consideraban lógico que se les impusiera un castigo. Además, ese castigo se imponía como consecuencia de una demanda concreta de la víctima, que era el titular de la acción y la ejercía en su propio nombre.

Expresiones tales como *law of the land* o *rule of law*, hacían referencia a los principios de convivencia y respeto elaborados durante siglos, mantenidos a modo de costumbre y consagrados como reglas jurídicas por los tribunales; ellos constituían la ley de Inglaterra, y en ellos se basaban los jueces al momento de resolver las diputas presentadas por las partes.

Se suele considerar a la Carta Magna (1215) como la base del sistema constitucional y legal inglés, y el primer documento de importancia que sancionó los derechos individuales en ese país. Sin embargo, la Carta fue en gran medida sólo el reconocimiento real de un derecho ya elaborado y vigente en el reino desde tiempos a los que es difícil remontarse. Ello se advierte en sus frecuentes remisiones a costumbres o normas ya existentes, no surgidas de una imposición estatal, sino de una evolución espontánea[99].

Por ejemplo, tanto el art. 39 de la Carta Magna como el 31 de los Artículos de los Barones, firmados ese mismo año, consagraban el derecho de los comerciantes a comprar y vender, y trasladarse, entrar y salir de Inglaterra sin verse sometidos a ninguna injusta exacción, *«de acuerdo con las antiguas y justas costumbres»* (Artículos de los Barones) o *«según las costumbres antiguas y permitidas»* (Carta Magna).

Esas antiguas costumbres, a las que también se denominó «la ley de la tierra» fueron el origen del derecho anglosajón, y evolucionaron en el tiempo hasta convertirse en las distintas garantías constitucionales.

---

[99] Sobre los orígenes del derecho inglés, ver Rojas, Ricardo Manuel, «El orden jurídico espontáneo», en *Libertas* n° 13, ESEADE, octubre de 1990, pp. 187-238.

Así, el derecho al debido proceso en materia penal se origina en el art. 29 de la Carta Magna:

> Ningún hombre libre será arrestado o detenido en prisión, o desposeído de sus bienes, proscripto o desterrado, o molestado de alguna manera, y no dispondremos de él, ni lo pondremos en prisión, sino por el juicio legal de sus pares, o por la *ley del país (per legem terrae)*[100].

El Parlamento de 1350 parafraseó *per legem terrae* en el sentido de *par voie de lei*[101]; el Parlamento de1354 la convirtió en *par due process de lei*[102], de donde, probablemente a través de las Institutas de Coke, fue tomado por las Enmiendas V y XIV a la Constitución de los Estados Unidos[103].

En la Segunda Instituta, Coke explica que la expresión *legem terrae* significa el derecho consuetudinario, el derecho estatutario o la costumbre de Inglaterra[104]; un derecho independiente de la voluntad del Rey y del Parlamento, con autonomía respecto de cualquier disposición escrita, incluida la propia Carta Magna.

Como se puede ver, las principales instituciones jurídicas y los derechos y garantías fundamentales no fueron en Inglaterra el producto de normas jurídicas formales y escritas, sino de una evolución consuetudinaria y jurisprudencial.

Como explica Hayek, en Inglaterra se había desarrollado una especie de separación de poderes, no *porque tan sólo el legislador hiciese las leyes, sino porque no las hacía*, porque la ley era determinada por tribunales independientes del poder equivocadamente denominado «legislativo»[105].

---

[100] Pound, Roscoe, *The development of constitutional guarantees of liberty* (Versión en castellano: *El desarrollo de las garantías constitucionales de la libertad*, Ed. Agora, Buenos Aires, 1960, pp. 106 y ss.).

[101] 25 Edw. III, Stat. 5, c. 4.

[102] 28 Edw. II, c. 3.

[103] Mc Ilwain, C. H., «Due process of law in Magna Carta», 14 *Columbia Legal Review* 27, 1924. En «Puliese vs. Commonwealth», 355 Mass. 471, 1957, citando el artículo 12 de la Declaración de Derechos de Massachusetts, la Corte Superior de dicho Estado estableció que las palabras «la ley del país» que contenía esa declaración, tomadas de la Carta Magna, abarcan todo lo comprendido en las palabras «debido proceso legal» de la Enmienda XIV. Algo similar resolvió la Corte Suprema de los Estados Unidos en «Kennedy vs. Mendoza Martínez», 372 U.S. 144 (1963).

[104] Citado por Roscoe Pound, *op. cit.*, p. 126.

[105] Hayek, Friedrich A., *Derecho, legislación y libertad*, Centro de Estudios sobre la Libertad, Buenos Aires, 1978, vol. 1, p. 139. Los destacados son míos.

Por eso, es difícil elegir una traducción completamente aceptable para el principio de legalidad en la lengua inglesa. Si hubiese que traducirlo, posiblemente habría que utilizar la expresión *rule of law,* que en el lenguaje jurídico anglosajón tiene un significado en parte distinto y más amplio que el de «principio de legalidad».

El *rule of law* es el conjunto de principios que permiten establecer las condiciones de seguridad jurídica dentro de las cuales, los derechos pueden ser protegidos y los juicios llevados a cabo respetando la igual protección de los derechos y la búsqueda objetiva de la verdad. Pero *law,* en esta expresión, no es la «ley» escrita, previa y general a la que se remite la literatura jurídica continental, sino que es aquella ley emanada de la costumbre a la que me he referido más arriba[106].

La idea de leyes escritas dictadas por el Parlamento, de carácter general y previas a los hechos que se juzgan, fue considerada en la tradición continental como un principio que otorga certidumbre al derecho, pero ello no fue entendido así en Inglaterra. Es más, las leyes del Parlamento

---

[106] Una peculiaridad idiomática que diferencia al castellano del inglés es esencial para comprender cuál es el significado que se ha dado a las normas jurídicas en el sistema anglosajón. La palabra *law* tiene dos traducciones distintas a nuestro idioma: puede ser traducida tanto como «ley en el sentido técnico de la norma jurídica sancionada por la legislatura, como por «derecho», en una acepción más amplia, como el conjunto de todo el ordenamiento jurídico de distintas fuentes. Así, por ejemplo, si se habla de crimina law, se estará aludiendo tanto a la legislación en materia penal como a lo que nosotros llamaríamos «derecho penal», que incluye, además de la legislación, a la jurisprudencia y a la doctrina. Para hablar específicamente de leyes como sinónimo de legislación, se reserva la expresión «statute».

En el idioma inglés fue posible unir en una palabra ambos sentidos, precisamente porque el «derecho», en sus comienzos, no estaba regulado en «legislación», sino que era el producto de normas consuetudinarias asentadas a través del tiempo y recogidas en fallos judiciales que resolvían conflictos individuales. «*Law*», en la tradición del derecho anglosajón, no era la ley escrita sino el derecho aplicable al caso, que muy raras veces estaba plasmado en un texto sancionado por el Parlamento («*statutes*», subordinados en su validez al «*law*»).

En tal contexto, el principio de legalidad, más que un principio vinculado con el derecho penal de fondo definido con anterioridad al caso, es decir, al diseño de las figuras penales y el establecimiento de límites al poder punitivo, debería vincularse en el derecho anglosajón con la fijación de reglas de respeto al debido proceso, que eviten los abusos y consulten a la costumbre y los precedentes judiciales para interpretar y definir el derecho aplicable. Todo ello lo encontramos dentro del concepto de *rule of law.*

y hasta las disposiciones del Rey sólo eran consideradas válidas cuando se conformaban con el *common law*[107].

La tradición anglosajona del orden espontáneo hizo que los jueces trataran de mantener y mejorar un orden dinámico que no se debía al designio de nadie. Los jueces se hallaban al servicio de un orden que se formó sin intervención de la autoridad y a menudo en contra de su voluntad, escapando a cualquier intento de organización deliberada, y que no se basaba en el cumplimiento por los individuos de la voluntad de otra persona, sino en concordar de manera armónica las diferentes expectativas personales[108].

Hayek explicó que:

...ni siquiera la fórmula *nulla poena sine lege*, en la que Beccaria expresaba esta idea, es necesariamente parte del Estado de

---

[107] La identificación del derecho con una «ley» que estaba más allá del poder político fue reconocida en Inglaterra desde tiempo inmemorial. Antes mencionaba los ejemplos contenidos en la Carta Magna. Al año siguiente, la primera carta de Enrique III (1216), que era una suerte de repromulgación de la Carta Magna, en su artículo 5° sujetaba el poder del Rey a la ley, y concluía que: «no hay Rey donde gobierna la voluntad y no la Ley». Pasando por el alegato de Fortescue en favor del *common law* en su libro *De laudibus legum Angliae* (*De los Elogios a las leyes de Inglaterra*), escrito entre 1467 y 1471, posiblemente el hito fundamental en la historia judicial inglesa haya sido el período, a principios del siglo XVII, en que Edward Coke presidió el Tribunal Superior.

En tiempos de Coke se registraron fallos memorables que fortalecieron la supremacía del *common law* sobre el poder político. En «Darcy vs. Allen» (1603), el tribunal desconoció una patente monopólica para vender naipes en Inglaterra que había otorgado la Reina, sosteniendo que el monopolio estaba en contra del derecho consuetudinario, y no podía entenderse que la Reina quisiera violar la ley de Inglaterra. En el célebre caso «Bonham» (1610), en el que el Doctor Bonham impugnó la validez de una ley del Parlamento que le otorgaba al Real Colegio de Médicos la posibilidad de investigar y castigar a los médicos que realizaban actos que ofendieran a la profesión, el tribunal entendió que ello significaba ser juez y parte en un mismo pleito, lo que estaba en contra del derecho consuetudinario. Lo dijo en estos términos: «En muchos casos el derecho consuetudinario controlará las leyes del Parlamento, y a veces las juzgará enteramente nulas, porque cuando una ley del Parlamento es contraria al *common law* y a la razón, o antagónica o imposible de ser cumplida, el derecho consuetudinario la controlará y juzgará que tal ley es nula».

De este modo, el tribunal reforzaba la idea de que ni el Rey ni el Parlamento tenían el poder para elaborar el derecho, sino que por el contrario, sus decisiones debían adecuarse a él (un desarrollo de este tema puede verse en: Rojas, Ricardo Manuel, «El orden jurídico espontáneo», *op. cit.*).

[108] Hayek, Friedrich A., *Derecho, legislación y libertad, op. cit.*, vol. 1, p. 185.

derecho, si por ‹derecho› entendemos exclusivamente las normas escritas promulgadas por el legislador y no todas aquellas cuyo carácter vinculante sería inmediata y generalmente reconocido al ser expresadas por palabras. Es sintomático que la *common law* inglesa no haya reconocido nunca ese principio en el primer sentido, aun cuando lo aceptase siempre en el segundo. Aquí la antigua convicción de que puede existir una norma que todo el mundo observe aunque no haya sido nunca expresada en palabras ha persistido hasta hoy como parte del derecho[109].

A este respecto, incluso la afirmación de John Locke de que en una sociedad libre toda ley debe ser «promulgada» o «anunciada» de antemano se diría producto de la idea constructivista del derecho como producto siempre deliberado y es errónea en cuanto implica que al limitar al juez a la aplicación de normas ya articuladas aumentaremos la predictibilidad de sus decisiones. Lo promulgado y anunciado de antemano sólo será con frecuencia una formulación muy imperfecta de principios que la gente es más capaz de respetar en sus actos que de expresar con palabras. El anuncio previo sólo será condición indispensable para el mejor conocimiento del derecho si creemos que toda ley es expresión de la voluntad de un legislador, es decir, invento suyo, y no expresión de los principios que subyacen en un orden ya operativo. Pocos intentos judiciales de mejorar la ley habrán llegado a ser aceptados por otras personas si no los reputaron expresión de algo que en cierto sentido ya «sabían»[110].

Como explicó Bruno Leoni, un rasgo conspicuo del ideal de libertad que enarbolaron muchos países europeos, ha sido la certidumbre del derecho. Pero esta certidumbre se ha entendido de dos formas distintas, en último análisis incompatibles: la primera como la precisión de un texto escrito emanado del legislador; y la segunda como la posibilidad para los individuos de hacer planes para un futuro mediato, basados en una serie de normas legales adoptadas espontáneamente y en común

---

[109] *Op. cit.*, vo. 1, p. 183; con cita de Sir Alfred Denning, *Freedom under the law* (London, 1949).

[110] Hayek. Friedrich A., *op. cit.*, pp. 184-185.

por la gente; y llegado el caso, confirmadas por los jueces a través de sus sentencias[111].

La idea en el continente sobre la certidumbre del derecho es equivalente a la de la existencia de fórmulas escritas, redactadas con precisión. La certidumbre, en este contexto, se relaciona con un estado de cosas que se ve inevitablemente condicionado por la posibilidad de que la ley actual quede en cualquier momento reemplazada por una ley posterior. Mientras más intenso y acelerado sea el proceso por el que se dicta la ley, más incierto será que las actuales normas subsistan durante algún tiempo. Más aún, nada impide que una ley —cierta en el sentido al que nos venimos refiriendo— sea imprevisiblemente cambiada por otra, no menos cierta que la anterior[112].

De acuerdo con el principio inglés del *Rule of Law*, que se relaciona estrechamente con toda la historia del *common law*, las leyes no son propiamente el resultado de la voluntad arbitraria individual de los hombres. Son producto de una desapasionada investigación por parte de los tribunales judiciales, del mismo modo como las normas legales romanas eran producto de desapasionadas investigaciones por parte de los juristas romanos, a quienes los ciudadanos sometían sus casos. Por eso, Dicey entendía que el *Rule of Law* implicaba que las resoluciones judiciales formaban parte de la base misma de la Constitución inglesa, al contrario del procedimiento seguido en Europa continental, donde las actividades legales y judiciales se fundan en los principios abstractos de una Constitución de origen legislativo[113].

Esta evolución del derecho anglosajón llevó a que los tribunales no se consideraran atados completamente por el principio de legalidad tal y como se lo entendió en el continente, y que fuera frecuente que los jueces penales ingleses emplearan la analogía para castigar conductas que no estaban tipificadas precisamente por la legislación.

Esta recurrencia a la analogía o la integración, para crear tipos penales jurisprudencialmente, fue muy frecuente, pero también se ha advertido una tendencia en las últimas décadas a restringir esta práctica, en especial para adecuar la elaboración del derecho británico a las previsiones

---

[111] Leoni, Bruno, *La Libertad y la Ley*, Centro de Estudios sobre la Libertad, Buenos Aires, 1960, p. 141.

[112] Leoni, Bruno, *op. cit.*, p. 122.

[113] Leoni, Bruno, *op. cit.*, p. 130.

de la *Convención Europea de Derechos Humanos*, que prohíbe la analogía en materia penal (artículo 7°)[114].

El sistema jurídico anglosajón fue elaborado de abajo hacia arriba: de las conductas individuales, a los contratos donde se formalizaban esas decisiones, a las costumbres, a las sentencias dictadas para resolver conflictos concretos, y finalmente a los principios jurídicos abstractos y generales que conformaban la jurisprudencia. El sistema continental europeo tiene una formación inversa: del poder político, a la ley que es su instrumento y fue plasmado minuciosamente a través del proceso de codificación, a la aplicación concreta de esa ley en las sentencias judiciales, las que finalmente condicionan la conducta individual.

La idea de legalidad en el primer sistema se vincula con la necesidad de que exista un procedimiento que permita que desde las decisiones individuales se llegue a los principios jurídicos por un mecanismo cristalino y ausente de coacción; en el segundo, la idea de legalidad tiene que ver con la necesidad de garantizar que la decisión coactiva del poder político —instrumentada en la legislación— sea adecuada a los principios de la Constitución, y obedecida por los individuos en sus tratos personales.

En esta segunda visión, en la medida en que los gobiernos comenzaron a intervenir legalmente en la vida privada de la gente y aumentó su actividad de planificación, en especial en el área económica, ciertas conductas que originalmente no suponían violar los derechos de nadie —y que por lo tanto, en la esfera de un derecho primitivo de carácter privado no tendrían la posibilidad de constituir el objeto de una demanda— comenzaron a ser castigadas penalmente. Así, por ejemplo, si una persona viaja al país vecino y trae de él ciertas mercancías que compró legítimamente, pagando a su dueño anterior un precio pactado de común acuerdo, y las introduce al país, puede cometer el delito de contrabando, a pesar de que con su acto no haya violado ningún derecho individual.

Precisamente esta extensión de los hechos considerados delictivos, urgió a de que los ciudadanos tuvieran alguna forma de conocer con anticipación

---

[114] Se puede consultar sobre este tema: Ambos, Kai, *Temas de Derecho Penal Internacional y Europeo*, Marcial Pons, Madrid, 2006. Por ejemplo, el Comité Judicial de la Cámara de los Lores —antiguo tribunal superior que fue luego reemplazado por la Corte Suprema del Reino Unido—, aplicó por analogía el delito de asociación ilícita (*conspirancy*) a una conducta que no estaba tipificada expresamente en la ley británica (*Shaw case*, 1962). Ello generó una gran controversia, que provocó que la misma Cámara desechara la aplicación de la analogía en un caso posterior (*Knuller case*, 1972). Sobre el tema, se puede consultar: Nino, Carlos Santiago, Límites de la responsabilidad penal, Ed. Astrea, Buenos Aires, 1980.

cuáles son las conductas que el Estado sancionará con un castigo penal. Nació entonces la necesidad de que exista una ley previa que defina los delitos. Del mismo modo, como el castigo no tiende a reparar un perjuicio particular y por lo tanto no guarda sino una proporción formal con el daño supuestamente producido, también se hizo indispensable que una ley previa estableciese topes a los montos de las penas aplicables a los delitos.

Probablemente el problema se debió solucionar eliminando la intromisión penal del Estado en materias que no constituyen violaciones a derechos individuales, en lugar de crear una coraza de nuevas garantías constitucionales para mitigar los efectos de tal intromisión. De no haber ocurrido esta invasión del Estado en los asuntos particulares, el principio de legalidad y sus derivaciones no hubiesen sido necesarios.

Al convertirse el derecho penal en derecho público e imponer penas en nombre y para satisfacción de los supuestos intereses del Estado, la manifestación visible de ese Estado, que es el gobierno, lo utilizó como herramienta de poder para hacer cumplir todas sus nuevas atribuciones y funciones, y entonces los principios y garantías constitucionales se convirtieron en los paliativos necesarios para proteger la libertad individual frente a los peligros de un eventual «terrorismo penal».

Cabe destacar que tampoco el derecho internacional tuvo un principio de legalidad internacional, hasta que se generalizaron los tratados. La cooperación en la represión de crímenes y la extradición de criminales se hizo tradicionalmente sobre la base del «derecho de gentes», del «derecho natural», de las prácticas de las «naciones civilizadas», del «derecho consuetudinario internacional» o de principios similares. Todas estas expresiones se identificaban con la idea de que quien agrede la vida o los derechos de otro, debe pagar las consecuencias de su conducta, y para ello no era necesaria una ley previa o un tratado internacional. Por el contrario, se consideraba un gesto de civilización colaborar con la persecución de quienes violaban derechos en un país y trataban de esconderse o asilarse en otro.

2. LA LEGALIDAD COMO LÍMITE A LA AUTORIDAD DEL JUEZ

Al margen de las razones históricas y filosóficas que dieron como producto final el principio de legalidad convertido en una de las principales garantías del individuo frente al gobierno, se ha sostenido que este principio tiene una indudable ventaja práctica, que es la de fijarle límites al juez respecto del alcance de su sentencia, y evitar de ese modo eventuales abusos de su parte.

Si no existiesen límites en cuanto al diseño de los tipos penales y las penas aplicables, toda determinación quedaría librada a la discrecionalidad del juez. Una pretensión ridícula o irrazonable de un fiscal podría entonces recibir acogida por un juez, que aplicaría entonces una sanción arbitraria o desproporcionada. También podría argumentarse que la falta de límites al poder decisorio del juez aumentaría a su vez las posibilidades de corrupción judicial.

No obstante estos razonables argumentos, las limitaciones al juez a través del principio de legalidad podrían convertirse en un arma de doble filo, porque suponen trasladar la decisión sobre si una conducta es criminal o no, a la voluntad no menos arbitraria del Parlamento, que diseña los tipos penales y las escalas punitivas de acuerdo con criterios generales, que no tienen que ver con el perjuicio efectivamente producido en el caso concreto.

Precisamente esa calidad de general y previa al hecho que caracteriza a la ley penal, ha sido vista como su principal virtud, al despersonalizarla y quitarle la carga «subjetiva» que tendría una decisión específica para cada caso librada a la mera discrecionalidad de un juez. Pero ello es así en el contexto de un derecho penal concebido como derecho público, que no tiende a proteger derechos individuales concretos, sino los intereses de la «sociedad» y fundamentalmente la violación de la legalidad estatal. Visto de ese modo, necesariamente alguien deberá definir cuáles son esos intereses y decidir sobre la tipificación de los delitos y las penas correspondientes[115].

---

[115] En este punto resulta interesante recordar que el derecho penal, por ser derecho público, se elabora y justifica a partir de la ficción de la «sociedad» como ente especial con personalidad propia y capacidad única de decisión. Se pretende justificar esta función legislativa de definir delitos y penas con el argumento de que los legisladores son, en última instancia, los «representantes de la sociedad». Más allá de que en los tiempos modernos se va advirtiendo cada vez con mayor nitidez que los legisladores responden a incentivos que pocas veces tienen que ver con los intereses de los votantes, lo cierto es que resulta lógicamente imposible unificar millones de escalas de valor distintas en una ley, y por lo tanto dicha ley siempre será la expresión de la voluntad arbitraria de las personas que la sancionan. La «sociedad» jamás podrá tener una «voluntad», «interés» u «opinión» unificada, porque sólo los seres humanos los tienen.

Como señaló Ayn Rand: «Un proceso de pensamiento es un proceso enormemente complejo de actos de identificación y de integración, que sólo puede ser ejecutado por una mente individual. No existe nada semejante a un cerebro colectivo. Los hombres pueden aprender unos de otros, pero el aprendizaje requiere un proceso mental por parte de cada estudiante individual. Los hombres pueden trabajar en conjunto para

En cambio, un sistema jurídico basado en una acción cuyo titular fuese la víctima y su objeto resarcir los perjuicios con un criterio más amplio que el del derecho civil, tendría un límite fundamental, que es la magnitud del daño efectivamente producido a una víctima concreta, que pueda ser acreditado en un juicio. Ese daño puede ser calculado, en primer lugar, en dinero. Por eso es que en el derecho civil no existe nada parecido al principio de legalidad. También podría ser medido en trabajo en favor de la víctima, o en ciertos servicios o restricciones que el juez pueda imponerle al criminal, de acuerdo con las particularidades de cada caso.

La naturaleza propia de los procesos civiles, hace imposible de prever legalmente un tope para la sanción que el juez pueda imponerle al demandado. Existirá siempre como regla la proporcionalidad, que se vincula con el daño producido y las características del hecho, pero más allá de esta referencia genérica, no se establecen legalmente tipos y montos resarcitorios, tal como sí ocurre con el derecho penal, que por ser un modo unilateral de castigo desvinculado —en términos generales— de los daños efectivamente sufridos por la víctima, necesita algún parámetro objetivo como límite.

Los principios que se han desarrollado en el derecho penal para justificar la imposición de penas estatales, son fundamentalmente los de razonabilidad y proporcionalidad. Las penas deben ser razonables en lo que respecta a la relación entre el monto de la pena y la conducta realizada. Si bien como se dijo resulta imposible calcular con exactitud cuántos años de prisión equivalen a quitar la vida a otra persona, o cómo mensurar monetariamente la integridad o la libertad personal, con el tiempo y la recurrente acción de los jueces se pueden buscar criterios que permitan encontrar una razonabilidad en las escalas penales, así como una proporción en la relación de las penas previstas para los distintos delitos.

---

descubrir nuevos conocimientos, pero esa cooperación requiere que cada investigador individual ejercite independientemente su facultad racional» (*Capitalism: The unknown ideal, op. cit.*, p. 16). De allí que: «Un grupo como tal no tiene derechos. Un hombre no puede adquirir nuevos derechos por el hecho de unirse a un grupo, ni pierde por ello los derechos que de por sí son suyos. El principio de los derechos del individuo es la única base moral de todos los grupos o asociaciones. Todo grupo que no reconozca este principio no es una asociación sino una pandilla o turba» (*La virtud del egoísmo, op. cit.*, p. 115).

Por otra parte, es importante analizar la tesis según la cual la falta de límites a la decisión de los jueces alentaría la posibilidad de sentencias «injustas»[116] o la corrupción judicial.

En primer lugar, debo decir que la posibilidad de error judicial o corrupción es imposible de evitar completamente, aun cuando un sistema republicano de gobierno pueda, en principio, reducir los riesgos de la mala elección de jueces y mejorar los mecanismos de control sobre su acción.

El problema de la corrupción está directamente vinculado con el poder, de modo que allí donde exista un funcionario con facultades para imponer decisiones al resto, esa prerrogativa tendrá un precio, que aumentará en la medida en que el poder del funcionario aumente. De allí que la única forma efectiva para disminuir la posibilidad de corrupción, arbitrariedad y abusos del gobierno es limitando su poder, y en esa lucha estuvo empeñada toda la doctrina liberal examinada en el Capítulo XI[117].

En este sentido, no hay que olvidar que la jurisdicción de los jueces es limitada: sólo pueden actuar cuando un caso determinado es llevado ante sus estrados, dentro de la esfera de su competencia específica, sometido al control de las partes, la publicidad, las normas procesales vinculadas con el debido proceso legal y las posibles apelaciones. Su poder de decisión se limita a lo discutido y pedido por las partes, y su resolución final sólo a ellas afecta. Pero los jueces no tienen el poder de dictar disposiciones o decretos generales y obligatorios para todos —como son las leyes o decretos— que a *priori* impongan determinadas conductas o prohíban otras, ya no a las partes de un juicio concreto, sino a todos los habitantes de una región, conminando su cumplimiento con la amenaza de un castigo.

---

[116] El examen del concepto de «justicia» excede el objeto de este trabajo, pero como hipótesis para abordar el punto, utilizo el vocablo «injusto» en el sentido de «violatorio a un derecho individual». Esta definición merece una explicación suplementaria que intentaré dar en otro lado, pero con ese sentido la uso aquí.

Asimismo corresponde una segunda aclaración: en varias partes de este trabajo hablo de «derecho individual» a sabiendas de que es una tautología, pues sólo un ser humano, un individuo, puede tener derechos. Lo hago por motivos de claridad, teniendo en cuenta la confusión filosófica que envuelve el estudio sobre lo que es un derecho y la vulgarización de la expresión «derechos sociales», que aunque carece de sentido lógico, se ha vuelto muy popular.

[117] Ver también: Rojas, Ricardo Manuel, «Algunas consideraciones filosófico-políticas en torno al problema de la corrupción», en *Foro Político*, Universidad del Museo Social Argentino, 1993, pp. 61-82.

El poder de la legislatura —órgano que establece la legislación penal en cumplimiento del principio de legalidad— es cualitativa y cuantitativamente muy superior al de los jueces, y por lo tanto, es más peligroso desde el punto de vista de las posibilidades de arbitrariedad y corrupción.

En el mismo sentido, me parecen muy atinadas las críticas que se hacen en los últimos tiempos a la existencia de cortes supremas o tribunales superiores que, so pretexto de unificar jurisprudencia, de evitar decisiones contradictorias o extender su criterio a los tribunales inferiores, se convierten en legisladores, con un poder similar a aquel que se critica[118].

Por lo tanto, pienso que la principal salvaguardia tendiente a evitar arbitrariedad o excesos de los jueces es procesal e institucional, como la que se produjo con los principios del *Rule of Law* y del *Due process of Law* del derecho anglosajón.

Entre estas salvaguardias podrían mencionarse las siguientes:

a. Un adecuado sistema de selección de jueces.

b. Un control de esos jueces por el órgano político correspondiente, respecto de su conducta y capacidad (Parlamento, Consejo de la Magistratura, tribunal de enjuiciamiento de magistrados, etc.).

c. Que sólo el impulso de las partes y la invocación de un perjuicio concreto a una persona concreta pueda poner en marcha el aparato judicial.

d. Un sistema procesal que garantice el derecho a ser oído, a defenderse y a producir prueba con la amplitud necesaria para sustentar cada posición, de manera igual para ambas partes. También que garantice la publicidad de los juicios, de las peticiones de las partes y de las decisiones judiciales.

e. El procedimiento debe garantizar al menos dos instancias judiciales, dentro de un esquema no piramidal o jerárquico, y que exija que las sentencias sean fundadas adecuadamente, tanto en

---

[118] Al respecto, pueden consultarse los argumentos esgrimidos por Bruno Leoni (*La Libertad y la Ley*, Unión Editorial, Madrid, 2010). En el mismo sentido se puede consultar: Rojas, Ricardo Manuel, *La decisión judicial y la certidumbre jurídica*, Unión Editorial, Madrid, 2018, pp. 187 y ss.).

lo que hace a la prueba del hecho, la responsabilidad del demandado y el tipo y monto de la sanción a imponer.

En definitiva, dentro de este marco, si el Estado no impusiera conductas a los individuos bajo la amenaza penal, si las acciones judiciales fuesen devueltas a los particulares y las sentencias tuviesen por finalidad responder a pretensiones resarcitorias y de protección de los derechos de las víctimas, pienso que el principio de legalidad no sería necesario, y las posibilidades de autoritarismo y corrupción judicial disminuirían considerablemente.

CAPÍTULO 7

LOS TIPOS PENALES ESTÁN DESVINCULADOS DE LA PROTECCIÓN DE DERECHOS INDIVIDUALES CONCRETOS

Si bien hasta ahora he venido examinando una posición contraria al reconocimiento de la legislación penal, voy a ubicarme por un momento en la aceptación de su existencia, para advertir que la sola enunciación del principio de legalidad tampoco es suficiente garantía para evitar que, a través de leyes penales, el gobierno vaya más allá de sus funciones específicas y se convierta en opresor. Es esencial examinar el contenido de la ley penal, para discriminar cuáles conductas se justifica que sean punibles y cuáles no.

En este sentido, si lo que da fundamento a la existencia del gobierno en una visión liberal es la protección de los habitantes, los bienes jurídicos tutelados por las leyes penales deberían coincidir y circunscribirse a los derechos individuales. Los tipos penales deberían describir conductas que violen derechos concretos o que atenten contra el normal funcionamiento del gobierno en el cumplimiento de su obligación de protección, y abstenerse de punir hechos que excedieran de esos asuntos. Sólo a partir de este límite podría tratar de justificarse la intervención del gobierno para imponer penas.

Pero ello habitualmente no ocurre, y la legislación penal castiga conductas que no siempre se vinculan con la necesidad de proteger derechos concretos, sino que cada vez más se refieren a la defensa de intereses propios del gobierno.

1. UNA POSIBLE REDEFINICIÓN DE LA DIFERENCIA ENTRE CRÍMENES Y DELITOS

En el desarrollo de este punto, me parece ilustrativo tomar una antigua clasificación doctrinaria y legislativa entre *crímenes* y *delitos*, para darle un nuevo sentido en la búsqueda de un contexto limitativo del derecho penal.

En el derecho francés se estableció esta distinción sobre la base de la diferencia en la magnitud de la lesión, es decir, que el crimen suponía una conducta más grave que el delito y por lo tanto recibía una pena mayor: la pena aflictiva e infamante para el crimen, la correccional para el delito. Concordemente intervenían distintos tribunales: la corte de Asises en los crímenes y los tribunales correccionales en los delitos[119].

También la clasificación se utilizó para distinguir los crímenes, de creación jurisprudencial, de los delitos, de exclusiva creación legal. En el derecho alemán, como señala Maurach, se produjo a principios del siglo XIX un cambio terminológico en esta ciencia, que pasó de derecho criminal a derecho penal, lo que se debió especialmente a la aparición del principio de legalidad, que dio un vuelco a la mecánica propia del derecho penal.

En efecto, según Maurach, con el derecho penal se abandonó el derecho consuetudinario, basado en el poder ilimitado del juez, y se sujetó al derecho penal a una elaboración primordialmente legal[120]. Así se pretendían limitar los alcances de la punición a aquello que las leyes dispusieran. El derecho criminal se basaba en lo que los jueces consideraban un crimen, mientras que el derecho penal, por obra del principio de legalidad, pasó a ser lo que las leyes definían como delito.

En el derecho internacional se vio una evolución similar. Las fuentes clásicas del derecho internacional contienen la noción de «delito internacional» (*delicta iuris Gentium*), entendiéndolo como un concepto genérico que comprende toda violación al derecho de gentes. En este contexto, la clasificación «crimen-delito» no tuvo mayor trascendencia[121].

Sin embargo, esta distinción parece tener una nueva trascendencia en el derecho internacional más recientemente, donde se tiende a diferenciar los crímenes internacionales, de especial gravedad y que atentan contra la humanidad, de los simples delitos internacionales[122].

---

[119] Soler, Sebastián, *Derecho Penal Argentino, op. cit.*, T. 1, p. 222. El Diccionario de la Real Academia Española parece acordar con este significado general, en tanto define al «crimen» como un «delito grave».

[120] Maurach, Reinhart, *Derecho Penal —Parte General, op. cit.*, T. 1, p. 5.

[121] Cerda Acevedo, Carlos Alberto, *Características del Derecho Internacional Penal y su clasificación entre Crimen y Simple Delito*, Centro Argentino de Estudios Internacionales, Working paper n° 64, p.24.

[122] La Comisión de Derecho Internacional de las Naciones Unidas ha definido al crimen internacional como «una violación por un Estado de una obligación interna-

Las obligaciones infringidas por los crímenes internacionales serían obligaciones erga omnes, hacia todos los Estados de la comunidad internacional, de manera que cualquiera de ellos podría exigir su cumplimiento. Por su especial gravedad y lesión a la conciencia jurídica de la humanidad, el crimen internacional estaría sometido a un régimen de responsabilidad particularmente severo: todo Estado podría hacer efectiva la responsabilidad internacional por la infracción y la reparación por este tipo de crímenes. Por otra parte, los hechos internacionalmente ilícitos que no tuvieran carácter de crímenes, serían considerados «delitos internacionales», regidos por las reglas generales sobre responsabilidad internacional[123].

Retomando esta clasificación, pero dándole un sentido renovado, pienso que el crimen, como un hecho filosófico, puede ser definido como la violación a un derecho individual concreto; es decir que cada vez que una persona entre en contacto con la vida, la integridad física o el patrimonio de otra en forma ilegítima, comete un crimen. Mientras que el delito, como concepto jurídico, se vincula con una acción típica, antijurídica y culpable, esto es, con una conducta respecto de la cual, una ley prevé una pena para su autor. De tal modo que el concepto de crimen es más amplio, pues abarca derechos humanos universalmente reconocidos como la vida, libertad y propiedad, así como sus derivados directos, mientras que los delitos remiten a conductas que la legislatura de cada país incluye dentro de las infracciones punibles por sus propias instituciones.

Ambos conceptos no necesariamente tienen que coincidir. Es posible que existan violaciones a derechos individuales que no hayan sido sancionadas como delitos por la ley, y por otro lado, que existan delitos que no constituyan violaciones a derechos individuales.

Una visión liberal del derecho penal debería buscar una coincidencia entre ambos, de modo tal que ninguna conducta que implique violar un derecho quede impune, y que sólo las conductas que suponen violaciones de derechos individuales concretos sean penadas. Posiblemente eso

---

cional tan esencial para los intereses fundamentales de la comunidad internacional que su violación está considerada como un crimen por esa comunidad en su conjunto». Entre los crímenes internacionales, se incluyen: la agresión, el establecimiento o mantenimiento por la fuerza de una dominación colonial, el genocidio, la esclavitud, el apartheid y la contaminación masiva de la atmósfera o los mares (ver Cerda Acevedo, Carlos Alberto, *op. cit.*).

[123] Benadava, Santiago, *Derecho Internacional Público*, Lexis Nexis, Santiago de Chile, 2001, pp. 162-163.

es lo que los jueces buscaban en los inicios de la vigencia del «derecho criminal», de naturaleza consuetudinaria, antes de que la aparición del principio de legalidad identificara a la conducta criminal con la conducta delictiva sancionada por la ley penal.

Sin embargo, se advierte que la falta de identificación entre lo que acabo de definir como crimen y delito existe y está bien marcada. Muchos delitos habitualmente tipificados en las leyes penales no presuponen violaciones a derechos individuales concretos, y esto se ve, sobre todo, en lo que se ha dado en llamar el derecho penal económico, convertido en una herramienta al servicio del poder del gobierno para llevar adelante ciertas políticas económicas, cuyo cumplimiento asegura con la amenaza de una pena para acciones particulares que, en definitiva, no significan violar los derechos de nadie[124].

Esa proliferación de leyes reguladoras de la vida privada, que ha llegado hasta el punto, tolerado generalizadamente sin resistencia, de amenazar con prisión a quienes realicen conductas que no afectan ningún derecho, hace recordar aquella frase de Benjamin Constant, al decir que es indudable que no hay libertad cuando las personas no pueden hacer todo lo que las leyes no prohíben; pero que podrían las leyes prohibir tantas cosas, que el resultado sería la falta absoluta de libertad[125].

Uno de los límites fundamentales que se pueden poner a la facultad punitiva del Estado debería ser, entonces, que por vía de la legislación penal sólo se admitiera el castigo de conductas que impliquen agresiones concretas a los derechos de personas concretas, para así cumplir con la función básica del gobierno, que es la protección de los derechos[126]. A

---

[124] Por ejemplo, quien no respeta un precio máximo, no llena ciertos formularios, introduce al país mercaderías sin el control estatal, etc., está violando leyes que, en muchos países, prevén penas de multa o prisión para quienes realizan esos actos.

Sin embargo, dichas personas no han violado el derecho de nadie, y sólo han infringido decisiones del gobierno de cuestionable legitimidad para intervenir en el proceso de mercado en procura de intereses estatales. Es decir, en la clasificación antes sugerida son delincuentes pero no son criminales.

Por el contrario, todos los funcionarios públicos que, aplicando dichas leyes, impiden o entorpecen el comercio o violan el ejercicio de derechos de propiedad, cometen crímenes que no han sido definidos legalmente como delitos, y por lo tanto sus autores no son pasibles de castigo. Esos funcionarios son criminales, pero no son delincuentes.

[125] Constant, Benjamin, *Cours de Droit Constitutionel*, Paris, 1851, vol. 1, p. 178.

[126] A ello se refieren los principios de reserva y razonabilidad, en tanto exigen que las leyes que reglamentan el ejercicio de los derechos se justifiquen en la finalidad propia de la existencia del gobierno.

ellos se podrían sumar aquellos crímenes tendientes a impedir el funcionamiento de los órganos legítimos del gobierno, lo que constituye indirectamente una forma de proteger a los derechos individuales, pues esa es la función de tales órganos.

Esto se lograría sin problemas en un esquema jurídico en el que la acción penal estuviese en manos de los particulares y la naturaleza de la sanción a aplicar por los jueces tuviese por receptor o beneficiario a la propia víctima, como ocurría en el derecho anglosajón hasta hace un par de siglos, porque en tal caso debería acreditarse desde el inicio del proceso la existencia de un perjuicio concreto que justifique la demanda.

Pero al haber sustituido el Estado a la víctima en el rol de sujeto de protección, la lista de bienes jurídicos tutelados ha crecido casi sin límites, con los consecuentes peligros para la libertad individual. Muchos de estos nuevos bienes jurídicos que gozan de la protección penal se vinculan exclusivamente con meros intereses del gobierno, cuya satisfacción supone, además, violar derechos individuales concretos.

Aparecen entonces los llamados «crímenes sin víctimas», como son por ejemplo los delitos de peligro abstracto (tenencia de armas, tenencia de drogas, apología del delito, asociación ilícita, etc.), los delitos contra ciertos cánones de una supuesta «moral pública» (prostitución, exhibiciones obscenas, juego, etc.),contra la planificación económica del gobierno (leyes de abastecimiento, precios máximos, controles de cambio, contrabando, etc.), o algunos delitos políticos vinculados con el sosteni-

---

La base de este principio está expresada en la Constitución Argentina, en parte en el artículo 19 que exime de la autoridad de los magistrados a las acciones privadas que no perjudiquen a un tercero, aunque al permitir su intervención en los casos en que se ofenda el orden y la moral pública (concepto este último de difícil o imposible comprensión), deja una puerta abierta para la injerencia del gobierno en la vida privada. La otra norma constitucional involucrada es el artículo 28, que sostiene que los principios, garantías y derechos reconocidos por la Constitución no podrán ser alterados por las leyes que reglamentan su ejercicio.

Al respecto, Alberdi señalaba: «No basta que la Constitución contenga todas las libertades y garantías conocidas. Es necesario, como se ha dicho antes, que contenga declaraciones formales de que no se dará ley, que con el pretexto de organizar y reglamentar el ejercicio de esas libertades, las anule o falsee con disposiciones reglamentarias. Se puede concebir una Constitución que abrace en su sanción todas las libertades imaginables; pero que admitiendo la posibilidad de limitarlas por la ley, sugiera ella misma el medio honesto y legal de faltar a todo lo que promete» (Alberdi, Juan Bautista, *Bases y puntos de partida para la organización política de la República Argentina*, Jorge M. Mayer (ed.), Sudamericana, Buenos Aires, 1969, p. 418).

El derecho penal es la herramienta ideal para canalizar esa intervención legislativa que, en nombre de la «reglamentación del ejercicio de los derechos», en realidad los anula.

miento de determinadas ideas (especialmente las contenidas en aquellas leyes «antiterroristas» o «antisubversivas» que reprimen la tenencia de «bibliografía subversiva» o la propalación de «consignas subversivas»).

Peter Mc Williams, en un sentido similar, habla de «crímenes consensuales», a los que define como toda actividad —actualmente ilegal— en la cual personas adultas eligen participar, y que no lesionan físicamente la persona o propiedad de otro. Entre estos crímenes, para los cuales se prevén penas o sanciones contravencionales, menciona: el juego, el uso de drogas, la prostitución, la pornografía y obscenidad, las violaciones al matrimonio (adulterio, fornicación, bigamia, poligamia, cohabitación), la homosexualidad, la sodomía, las prácticas religiosas no convencionales, las visiones políticas impopulares, el suicidio y asistencia al suicidio, el travestismo, el no uso de implementos de seguridad (como cascos o cinturones de seguridad), la ebriedad pública, la vagancia, etcétera[127].

En la clasificación antes propuesta, éstos no podrían ser llamados «crímenes», porque si un crimen es la violación de un derecho, no puede haber crímenes sin víctimas. Sólo son delitos, es decir, conductas reprimidas con penas, de acuerdo con leyes que no tienen en miras la protección de derechos concretos, sino la satisfacción de los intereses del Estado según la decisión del legislador.

Al examinar este tema, llego nuevamente a la conclusión de que si la función del gobierno es proteger derechos individuales, no se justifica que ello se busque a través de un procedimiento que ponga la acción judicial en cabeza del Estado y que no pretenda la reparación efectiva del perjuicio ocasionado a una víctima concreta, sino el castigo o resocialización del criminal con independencia de los intereses o peticiones de los damnificados, por haber cometido conductas que la «política criminal» rechaza. Estos «crímenes sin víctimas» desaparecerían si se devolviese la acción judicial a las verdaderas víctimas.

2. La conveniencia de revalorizar el concepto de antijuridicidad, como expresión de la legalidad y límite a la tipicidad

El delito es definido como un hecho típico, antijurídico y culpable. Esta definición marcó un orden de prelación en el examen de sus distintos elementos y la teoría del delito, poco a poco, ha ido centrando su estudio alrededor de la tipicidad. Así, lo primero que debe examinarse es el hecho,

---

[127] Mc Williams, Peter, *Ain't nobody's business if you do*, Prelude Press, 1993, pp. 3-4.

aunque no cualquier hecho, sino solamente aquel que sea típico, que es el único que interesa al derecho penal desde que se vincula directamente con el principio de legalidad.

Ese hecho típico ha de ser antijurídico. Antijuridicidad significa «contradicción con el derecho»[128]. Pero esa contradicción con el derecho, en la tradición continental europea, se entiende exclusivamente como contradicción con una o varias normas jurídicas. Así, se habla de una antijuridicidad en sentido formal, para referirse a la violación del deber de actuar o de omitir que establece una norma jurídica, entendiendo a la antijuridicidad como la contradicción de la acción con el mandato de la norma. Y se habla de una antijuridicidad en sentido material, vista en relación con el menoscabo que se produce en el bien jurídico protegido por la norma correspondiente. Ello es así, porque la lesión del bien jurídico protegido por la ley supone un daño para la comunidad que justifica la caracterización del delito como «comportamiento socialmente dañoso»[129].

La antijuridicidad ha quedado relegada a la tarea de contribuir a delinear aquellos bienes jurídicos que la norma habrá de proteger a través de los tipos penales, y en todo caso, a marcar ciertas excepciones de conductas típicas que, debido a circunstancias especiales, no se consideran como contrarias al derecho, como son aquellas contenidas en las causas de justificación.

La tipicidad se ha convertido entonces en el elemento principal del delito, alrededor del cual giran los demás, sin que la dogmática haya puesto demasiado énfasis en la necesidad de controlar o restringir el poder del legislador para diseñar los bienes jurídicos tutelados por el derecho penal.

En efecto, si antijuridicidad es sinónimo de «contradicción con el derecho», este derecho ha sido entendido, en la tradición continental, exclusivamente como la norma jurídica establecida por el legislador, y aparece como un complemento de la tipicidad, para marcar excepciones en las cuales la cruda aplicación de la ley aparece tan injusta que genera reacciones de la propia ley para limitar su poder. Sin embargo, una visión del derecho menos positivista permitiría encontrarle límites a esta potestad de establecer tipos penales, y posiblemente una revaloración de la antijuridicidad permitiría considerar a este elemento como anterior a la tipicidad y controlador de esta. Si lo antijurídico es lo contrario al

---

[128] Jescheck, Hans-Heinrich, *Tratado de Derecho Penal – Parte General*, Bosch, Barcelona, vol. 1, p. 315.
[129] Jescheck, Hans-Heinrich, op. cit, p. 316.

derecho, y se admite que por encima de las leyes hay un principio básico que es aquel según el cual la función del gobierno es la protección de los derechos individuales, entonces sólo podría ser antijurídico lo que perjudica derechos concretos.

En este sentido, al examinar la relación entre tipicidad y antijuridicidad, Carlos Creus ha sostenido:

> En las elaboraciones del derecho penal de los últimos tiempos, quizás ha pesado negativamente el criterio de consustanciar lo típico con lo prohibido, como si la prohibición de la conducta del autor proviniera del tipo penal mismo. Este criterio, que surge de pensar que la asignación de la pena implica prohibir la conducta (que no hemos dejado de utilizar nosotros) —aun reconociendo que el derecho penal, en cuanto tal, es puramente sancionador— no es, en sí, inexacto, pero puede llegar a ocultar la circunstancia de que el derecho penal trabaja con conductas ya prohibidas por el ordenamiento jurídico, a las que «circunstancia», no para prohibirlas (que ya lo están), sino para declararlas dignas de pena. La complejidad de muchas relaciones estructurales de la teoría del delito reconoce su origen, precisamente, en la insistencia de esa simbiosis de lo típico con lo prohibido[130].

Me parece esencial establecer una prelación de lo antijurídico sobre lo típico, que es lógica si se parte de una filosofía liberal: se considerará en general como contraria al orden jurídico, cualquier conducta que suponga una violación a derechos individuales, y en todo caso, a la tipicidad tocará darle una forma concreta a la actuación del gobierno para proteger esos derechos afectados. La importancia de esta prelación radica en que le pondría límites muy concretos al legislador a la hora de diseñar los tipos penales. En este sentido Mezger, tras sostener que el delito es acción antijurídica, agregó:

> [...] pero si no fuera más que esto, cualquier precepto del sistema jurídico podría ejercer influjo decisivo en esta fundamental característica del hecho punible. El derecho penal se hallaría entonces en una situación extremadamente desagradable y peligrosa: el más importante presupuesto de la pena

---

[130] Creus, Carlos, *Derecho Penal – Parte General*, Astrea, Buenos Aires, 1990, p. 126.

(la antijuridicidad) sería dependiente de manera inmediata de la multitud inabarcable con la vista y el constante cambio, de las normas jurídicas en el total ámbito del derecho. El derecho penal, que lleva en sí, por definición, los ataques más sensibles y profundos en el patrimonio, en la libertad, en el honor, incluso en la vida de los ciudadanos, caería en un estado insufrible de incertidumbre por falta de seguridad. Por ello, resulta imprescindible que él mismo se procure el adecuado remedio y la claridad indispensable para que en su ámbito la antijuridicidad, por lo menos en lo que concierne a la fundamentación del delito, aparezca determinada de manera precisa e inequívoca. El derecho penal ha creado esta necesaria claridad mediante un medio extraordinariamente ingenioso: mediante el tipo[131].

De este modo, queda clara la relación directa entre la antijuridicidad y el tipo, donde una vez consagrada la antijuridicidad, el diseño de los tipos penales acotan el ámbito de la aplicación del derecho penal. Pero si no se verifica la antijuridicidad, los tipos penales creados por el legislador carecerían de sustento.

Un pensador que hizo un gran aporte en este sentido fue el filósofo alemán Gustav Radbruch, quien luego de la segunda guerra mundial dejó de lado su posición positivista y relativista original, para afirmar que lo legal y lo jurídico no siempre están unidos.

Radbruch, discípulo de von Liszt, tuvo una prolífica producción en el campo de la filosofía del derecho y del derecho penal. En un discurso pronunciado en Lyon en 1934[132], basaba la fuerza del positivismo jurídico en el relativismo, como oposición a la validez *a priori* de cualquier principio o norma que no emanara de la ley. Lo decía con estas palabras:

> El relativismo es la única base posible de la fuerza obligatoria del derecho positivo. De existir un derecho natural, esto es, una verdad jurídica evidente, reconocible y comprobable, sería

---

[131] Mezger, Edmund, *Tratado de derecho penal*, Ed. Revista de Derecho Privado, Madrid, 1955, Tomo I p. 339.

[132] Radbruch, Gustav, «El relativismo en la filosofía del derecho», publicado en *Archives de Philosophie du Droit*, n° 1/2, 1934. Editado en español en la recopilación de trabajos del autor publicadas bajo el título de: *El hombre en el derecho*, Depalma, Buenos Aires, 1980, pp. 95 y ss.

imposible concebir por qué el derecho positivo, que estuviere en contradicción con esa verdad, absoluta, pudiese tener fuerza obligatoria; debería desaparecer como el error puesto al desnudo frente a la verdad al descubierto. La fuerza obligatoria del derecho positivo puede ser fundada, precisamente, sobre el hecho de que el derecho justo no es ni conocible ni comprobable... Dado que es imposible establecer lo que es justo, se debe establecer al menos lo que es conforme al derecho. En lugar de un acto de verdad, que resulta imposible, se impone un acto de autoridad. El relativismo desemboca en el positivismo[133].

El establecimiento del régimen nazi y los procesos penales realizados al acabar la Segunda Guerra, generaron en Radbruch una profunda reflexión y cambio de opinión, en el sentido de que las leyes pueden ser injustas *a priori* e inclusive criminales, y que entonces hay principios absolutos por encima de ellas, que limitan su contenido. Si bien Radbruch no lo admitió, tal vez la mayor impresión que el régimen dejó en él estuvo fundada en el hecho de que expresiones como la reproducida en el párrafo anterior, de neto corte kantiano, vinieron como anillo al dedo a quienes justificaron el totalitarismo legal y a través de él cometieron todo tipo de abusos imaginables[134].

Fue así como en su primera toma de posición después de la guerra, manifestada en un discurso que dio con motivo de la reinauguración de la facultad de derecho de Heidelberg en 1946, Radbruch dijo:

Una orden es una orden, tal cosa vale para los soldados. La ley es la ley, dice el jurista. Mientras que para el soldado el deber y el derecho cesan de requerir obediencia cuando él sabe que la orden persigue un crimen o una falta, no conoce el jurista, desde que hace unos cien años se extinguieron los últimos jusnaturalistas entre los juristas, ninguna excepción respecto de la validez de la ley y la obediencia de los sometidos a la ley. La ley vale porque es la ley, y es ley cuando ella, en la generalidad de los casos, tiene el poder de imponerse.

---

[133] Radbruch, Gustav, *op. cit.*, p. 97.
[134] En este sentido, consultar: Peikoff, Leonard, *The Ominous Parallels*, Stein&Day, New York, 1982.

Esta concepción de la ley y su validez (nosotros la llamamos doctrina positivista) ha vuelto tanto a los juristas como a los pueblos indefensos frente a las leyes, por más arbitrarias, crueles o criminales que ellas sean[135].

Poco después publicó un brillante ensayo titulado: *Arbitrariedad legal* y *derecho supralegal*[136], donde para reforzar la conclusión anterior citó varios ejemplos de procesos criminales iniciados con motivo de las atrocidades cometidas por aplicación del orden jurídico nazi.

Mencionó el caso del comerciante Góttig, denunciado por un tal Puttfarken por haber escrito en un baño público: «Hitler es un asesino de masas y culpable de la guerra». Góttig fue detenido, juzgado y condenado a muerte. Un año después de terminada la guerra, el fiscal general de Turingia acusaba a Puttfarken como cómplice del homicidio de Góttig, y como autores a los jueces que lo condenaron. Sostuvo el fiscal que en la justicia penal, durante la época de Hitler, no existía ni legalidad, ni búsqueda de la justicia, ni seguridad jurídica, y que quien en esos años denunciaba a otro debía saber que no entregaba al acusado a un procedimiento judicial legal con garantías jurídicas para el esclarecimiento de la verdad y para un juicio justo, sino a la arbitrariedad y la muerte. Puttfarken fue finalmente condenado a prisión perpetua por el Jurado de Nordhausen en 1946.

Citó también otros casos. Dos verdugos del régimen nazi fueron condenados a muerte por su participación en numerosas ejecuciones dispuestas por un tribunal de Halle, sobre la base de que no podían considerar que su trabajo fuese el cumplimiento de una legislación que debiera ser acatada. Un soldado desertor de las filas alemanas, que fue posteriormente atrapado y que mató a un guardia con alevosía para poder escapar, fue sobreseído después de la guerra por un tribunal de Sajonia, pues se consideró que actuó en un estado de necesidad para sobrellevar una situación que no reconocía justificación válida en la legislación nazi, en la que corría peligro su vida.

Estos procesos traían aparejada la idea de que no cualquier cosa que el Parlamento sancione puede tener fuerza de ley, que el derecho es algo más que la mera disposición legislativa, y ello tiene especial importancia en materia penal, por su vinculación con el principio de legalidad. Como sostuvo Radbruch, se entabló en todas partes una lucha contra el posi-

---

[135] Radbruch, Gustav, *op. cit.*, p. 121.
[136] «Süddeutsche juristenzeitung», en *El hombre en el derecho, op. cit.*, pp. 127 y ss.

tivismo, desde el punto de vista de la arbitrariedad legal y del derecho supralegal, frases ambas contradictorias en un sistema positivista[137].

El ejemplo del régimen nazi, del mismo modo que el de la Rusia soviética, tal vez aparezcan como evidentes por su brutalidad y extremismo, pero sin necesidad de llegar a ellos, es posible poner la voz de alerta sobre la cada vez más frecuente intromisión del positivismo jurídico —incluso utilizando al derecho penal como herramienta—, en la vida y derechos de las personas, invocando el principio de que la voluntad del legislador es la «voluntad del pueblo».

En este sentido, un concepto más firme de antijuridicidad, previo y jerárquicamente superior al de tipicidad, fundado en la idea de un gobierno con poderes circunscriptos a la protección de los derechos, podría impedir la sanción de normas penales que autorizaran al gobierno a violar derechos individuales, al poner un límite concreto al contenido de los tipos penales.

---

[137] Radbruch, Gustav, *op. cit.*, p. 134

CAPÍTULO 8

LAS JUSTIFICACIONES AL PODER PUNITIVO DEL ESTADO

La pena es la manifestación del poder estatal de juzgar conductas y castigarlas. Sea como modo de pacificar, de imponer ciertos valores o de proteger los derechos, la pena ha sido considerada como la principal herramienta del Estado para lograr sus objetivos. Por eso es tan importante examinar cuál es el fin que persigue esa coerción unilateral del Estado sobre un individuo.

Siguiendo una antigua clasificación escolástica, se han dividido las teorías sobre la justificación de las penas en absolutas y relativas. Las teorías absolutas se identifican con las retribucionistas, que conciben a la pena como un fin en sí mismo, como un castigo, compensación, reacción, reparación o retribución del delito, justificada por su valor axiológico intrínseco. Las teorías relativas o utilitaristas, por su parte, consideran y justifican a la pena sólo como un medio para la realización de un fin utilitario de la prevención de futuros delitos.

Las teorías relativas quedan divididas, a su vez, en las doctrinas de la prevención especial, que vinculan el fin preventivo con la persona del delincuente, y doctrinas de la prevención general, que lo vinculan, por el contrario, con la generalidad de los asociados[138].

Según Ferrajoli, la distinción entre las justificaciones absolutas o retribucionistas y las relativas o utilitarias, se halla expresada del modo más nítido en la explicación de Séneca: las justificaciones del primer

---

[138] Ferrajoli, Luigi, *Derecho y razón. Teoría del garantismo penal*, Trotta, Madrid, 1995, p. 253 y sus citas.

tipo son *quia peccatum*, es decir, miran al pasado; las del segundo son *en peccetur*, esto es, miran al futuro[139].

Dejando por un momento de lado las posiciones abolicionistas que niegan sentido a las penas, a las que me referiré luego, es conveniente examinar por separado las tres tesis tradicionales de justificación de la pena, no obstante los esfuerzos de algunos autores modernos, como Roxin, por elaborar teorías integrativas:

1. *Tesis de la retribución*

Según la tesis retribucionista, el sentido de la pena radica en que la culpabilidad del autor sea compensada mediante la imposición de un mal penal, justificado en el mal del delito.

La retribución fue históricamente la primera justificación de la pena, en sus inicios con un contenido religioso, basado en la premisa moral de que era justo devolver mal por mal. Como señala Ferrajoli:

> [...] presente ya en forma de precepto divino en la tradición hebraica, transmitida a pesar del precepto evangélico del perdón a la tradición cristiana y católica desde San Pablo, San Agustín y Santo Tomás, hasta Pío XII, esta concepción gira en torno a tres ideas elementales de corte religioso: la de la «venganza» *(ex parteagentis)*, la de la «expiación» *(ex parte patientis)* y la del «reequilibrio» entre pena y delito[140].

Más modernamente, esta tesis absoluta fue sostenida en especial por Kant, quien justificó la imposición de la pena en el libre albedrío, desconociendo cualquier fundamento en razones de utilidad social. Para Kant, el autor de un delito debía responder porque tenía la libertad de comportarse de otro modo, y sin embargo eligió delinquir, teniendo por lo tanto la pena la calidad de una *retribución ética*, justificada por el valor moral de la ley penal infringida por el culpable y del castigo que consiguientemente se impone. De este modo, el autor del delito se aprovecha

---

[139] Séneca, De Ira, lib. 1, cap. XIX, traducción al español de E. Otón Sobrino, *De la Cólera*, Alianza, Madrid, 1986, p. 63; citado por Ferrajoli, Luigi, *Derecho y razón. Teoría del garantismo penal, op. cit.*, p. 254.

[140] Ferrajoli, Luigi, *Derecho y razón. Teoría del garantismo penal, op. cit.*, p. 254

injustamente del cumplimiento generalizado de normas justas, y debe ser castigado por ello[141].

Por su parte, Hegel veía en la pena una *retribución jurídica* justificada por la necesidad de reparar al derecho con una violencia contraria que restableciese el orden legal violado[142].

Se ha sostenido que la teoría retributiva es la que más tiene en cuenta el perjuicio producido efectivamente a la víctima, aun cuando, en definitiva, por ser el derecho penal una manifestación del derecho público, el castigo al autor de un delito siempre se fundará en la necesidad de preservar los intereses de la sociedad frente a quien ha decidido cometerlo; y según las doctrinas retribucionistas más modernas, la retribución no es por el daño producido a la víctima, sino por la violación del orden jurídico.

2. *Prevención general*

Según las teorías que se engloban bajo el nombre genérico de prevención general, la pena debe evitar los delitos, mediante la producción de efectos psicológicos sobre la generalidad de las personas.

Estas teorías suelen ser identificadas con el aspecto intimidatorio de las penas, pues su justificación se hallaría en la finalidad de evitar la comisión de delitos respecto de sus potenciales autores, quienes quedarían disuadidos al advertir la aplicación efectiva del castigo prometido.

La prevención general actúa no sólo con la conminación general de penas, sino que adquiere su mayor efectividad con su imposición y ejecución. La ejecución de la pena tiene lugar «para que la amenaza de la ley sea una verdadera amenaza». Se entiende que la conminación penal debe intimidar y la ejecución penal debe confirmar la seriedad de la amenaza[143].

Según Enrique Gimbernat Ordeig:

> El derecho penal tiene que acudir a la pena para reforzar aquellas prohibiciones cuya observancia es absolutamente necesaria, para evitar, en la mayor medida posible, la ejecu-

---

[141] Murphy, Jeffrie, «Kant's theory of criminal punishment», en Murphy, Jeffrie, *Retribution, Justice and Therapy*, Drodrecht, Boston, 1979, p. 83.

[142] *Ibid.*

[143] Stratenwerth, Günther, *Strafrecht Allgemeiner Teil-Die Strafta*; citado por García, Luis M., *Reincidencia y punibilidad*, Ed. Astrea, Buenos Aires, 1992, p. 43.

ción de acciones que atacan las bases de la convivencia social, para conferir, en fin, a tales prohibiciones —con la amenaza y con la ejecución de la pena cuando no sean respetadas— un especial vigor que eleve en la instancia de la conciencia su efecto inhibidor[144].

La prevención general puede entonces ser examinada desde dos argumentaciones distintas:

a. Una versión de la prevención general es la que se basa en la eficacia disuasoria del *ejemplo* ofrecido con la imposición de la pena, y está presente en los postulados de Grocio, Hobbes, Locke, Pufendorf, Thomasius, Beccaria, Bentham y, en general, en los pensadores iusnaturalistas de los siglos XVII y XVIII[145]. Así, por ejemplo, Locke definía a la pena como un mal negocio para el ofensor, para darle motivos para arrepentirse y disuadir a los demás de hacer lo mismo[146].

b. Otra versión de la prevención general ve la función disuasoria del derecho penal, no ya en el carácter ejemplificador de la pena, sino de modo mediato a través de la *amenaza* contenida en la ley penal. Desde este punto de vista se ve en la ley penal un efecto ya no sobre el propio delincuente, sino sobre el resto de los integrantes de la sociedad, a quienes se pretende desalentar en la comisión de delitos y convencerlos de que es preferible no delinquir.

El argumento de la prevención general para justificar la amenaza o imposición de una pena, ha sido seguido especialmente por quienes hicieron análisis económicos respecto de la decisión de cometer un crimen, tales como Beccaria y Bentham, y más modernamente Becker, tal como vimos en el Capítulo V.

3. *Prevención especial*

Desde el punto de vista preventivo-especial, sólo es indispensable aquella pena que se necesita para evitar la reincidencia de cada autor en concreto. La prevención especial no pretende retribuir el hecho pasado,

---

[144] Gimbernat Ordeig, Enrique, *¿Tiene futuro la dogmática jurídico-penal?*, pp. 1243; citado por García, Luis M, *op. cit.*, pp. 43-44.

[145] Ferrajoli, Luigi, *Derecho y razón. Teoría del garantismo penal, op. cit.*, p. 276.

[146] Locke, John, *Segundo Tratado sobre el gobierno civil*, Cap. II, 12, p. 42; cit. Por Ferrajoli, Luigi, *op. cit.*, p. 259.

no mira al pasado, sino que ve la justificación de la pena en que debe prevenir nuevos delitos del autor.

Según lo postuló Von Liszt, la prevención especial actúa de tres maneras: a) corrigiendo al corregible (resocialización); *b)* intimidando al intimidable, y *e)* haciendo inofensivos a quienes no son corregibles ni intimidables[147].

Se ha hablado de varias corrientes contenidas dentro de la prevención especial, entre las cuales se pueden mencionar:

a. Doctrinas pedagógicas de la enmienda

Estas doctrinas ven en la pena una forma de corrección educativa del criminal. Como explica Ferrajoli, la idea de la *poena medicinalis* fue ya formulada por Platón y luego recogida por Santo Tomás. Según ella, los hombres que delinquen pueden ser no sólo castigados, sino también constreñidos por el Estado a hacerse buenos.

No estuvo ausente en el derecho romano (Paulo, 18 ad Plautium: *Poena constitur in emendationem hominum*) e informó el derecho penal canónico. En los umbrales de la Edad Moderna, Tomás Moro la usó como base de su proyecto penal, viendo a la privación de la libertad personal como pena orientada a la reeducación, a tal efecto indeterminada en cuanto a su duración, conmutable por la pena de muerte cuando el reo se muestre irrecuperable, y al mismo tiempo utilizable como medida de prevención y de orden público.

Esta concepción pedagógica y benéfica de la función represiva va acompañada de una idea represiva de la función pedagógica. Por eso, no es casual que en este tema las doctrinas de la enmienda se combinen con las de la retribución moral, que conciben analógicamente el dolor como medicina del alma y factor de redención[148].

---

[147] Von Liszt, Franz, *Strafrechliche Aufscitze und Vortráge*, t. 1, p. 126 y ss. Otros autores reducen estos fines a una función de seguridad y resocialización (Otto, *Grundkurs*, pp. 18-19, 1, II, 7) o fines de educación y de seguridad (Naucke, *Strafrecht Eine Einführung*, p. 47) o coacción psíquica y remoción de las disposiciones psíquicas que llevan a la delincuencia (Stratenwerth, *Strafrecht Allgemeiner Teil-Die Strafta*, p. 20); citados por García, Luis M, *op. cit.*, p. 38.

[148] Ferrajoli, Luigi, *Derecho y razón. Teoría del garantismo penal, op. cit.*, pp. 265-266.

b. Doctrinas terapéuticas de la defensa social

Estas teorías persiguen la prevención especial de los delitos, asignando a las penas y a las medidas de seguridad el doble fin de curar al condenado, en la presuposición de que es un individuo enfermo, y/o de segregarlo y neutralizarlo, presuponiendo que también es peligroso.

Estas teorías fueron elaboradas en Italia por la Escuela Positiva de Ferri, Garófalo, Florian y Grispigni, tuvieron expresiones en toda Europa y América latina, así como en la Rusia Soviética por impulso de Lenin, si bien con premisas distintas, a través de Eugenii Pasukanis y Petr I. Stucka. Al respecto, dice Ferrajoli:

La idea central de esta orientación es que el delincuente es un ser antropológicamente inferior, más o menos desviado o degenerado, y que el problema de la pena equivale por tanto al de las defensas más adecuadas de la sociedad frente al peligro que representa. En esta perspectiva, las penas asumen el carácter de medidas técnicamente apropiadas para las diversas exigencias terapéuticas u ortopédicas de la defensa social: medidas higiénico-preventivas, terapéutico-represivas, quirúrgico-eliminativas, según los tipos de delincuentes ocasionales, pasionales, habituales, dementes o natos, así como de los factores sociales, psicológicos o antropológicos del delito. Los principios del nuevo sistema defensivo son la segregación por tiempo indeterminado con revisión periódica de las sentencias y adaptación de los medios defensivos a las categorías antropológicas de los delincuentes más que a las jurídicas de los delitos.

En contraposición a las doctrinas pedagógicas de la enmienda, que como las retribucionistas y las de la intimidación general suponen el principio del libre albedrío, estas teorías son la versión penal y criminológica del determinismo positivista, es decir, de una concepción opuesta pero igualmente metafísica del hombre, considerado como entidad animal carente de libertad y completamente sujeta a las leyes de la necesidad natural[149].

---

[149] Ferrajoli, Luigi, *Derecho y razón. Teoría del garantismo penal, op. cit.*, p. 267 y sus citas.

Estos tres fundamentos o justificativos de la imposición de penas han sido criticados con argumentos muy razonables, tal como veremos en el punto siguiente. Por ello muchos autores han evitado enrolarse en alguno de ellos con exclusividad, y en cambio entender que la pena se justifica por un conjunto de motivos interrelacionados.

Así, por ejemplo ya von Liszt, en su Programa de la Universidad de Marburgo en 1882, asignó a la pena privativa de libertad una triple función: a) Mejoramiento de los delincuentes necesitados de recuperación y susceptibles de lograrla. b) Mera disuasión de los que no necesitan ser corregidos. c) Neutralización o inocuización de los delincuentes irrecuperables[150].

Del mismo modo Roxin concluye en una visión unificadora de los fines de la pena, pero basado en la premisa de que dicho fin sólo puede tener un sentido preventivo:

> El punto de partida de toda teoría hoy defendible debe basarse en el entendimiento de que el fin de la pena sólo puede ser de tipo preventivo. Puesto que las normas penales sólo están justificadas cuando tienden a la protección de la libertad individual y a un orden social que está a su servicio, también la pena concreta sólo puede perseguir esto, es decir, un fin preventivo del delito. De ello resulta además que la prevención especial y la prevención general deben figurar conjuntamente como fines de la pena. Puesto que los hechos delictivos pueden ser evitados tanto a través de la influencia sobre el particular como sobre la colectividad, ambos medios se subordinan al fin último al que se extienden y son igualmente legítimos[151].

1. Críticas a los tres justificativos de la pena

a. Retribución

Se ha visto a la retribución como una forma de supervivencia de antiguas creencias mágicas que derivan de una confusión entre derecho y naturaleza. Al respecto dice Ferrajoli que estas creencias se vinculan con:

---

[150] Von Liszt, Franz, *La idea de fin en el Derecho Penal*, Granada, 1990.
[151] Roxin, Claus, *Derecho Penal – Parte General*, *op. cit.*, Tomo 1, p. 95.

[...] la idea de la pena como restauración, remedio o reafirmación del orden natural violado; las religiosas del talión o de la purificación del delito a través del castigo; o las no menos irracionales de la negación del derecho por parte del ilícito y de la simétrica reparación de este a través del derecho. La única diferencia reside en que mientras en las concepciones arcaicas de tipo mágico-religioso la idea de la retribución está ligada a la objetividad del hecho sobre la base de una interpretación normativista de la naturaleza, en las cristiano-modernas, tanto de tipo ético como jurídico, está conectada a la subjetividad perversa y culpable del reo sobre la base de una concepción naturalista y ontológica tanto de la moral como del derecho[152].

Ferrajoli concluye que la irreparabilidad sería lo que distingue los ilícitos penales de los civiles (Carrara, vol. 1, p. 39 y 613; vol. II, p. 67); de manera que la pena, a diferencia del resarcimiento del daño, no es una «retribución», ni una «reparación», ni una «reintegración», sino en el sentido mágico y metafísico antes señalado[153].

La tesis retributiva ha sido sostenida tradicionalmente como la más adecuada y compatible con la idea de un gobierno cuya función sea mantener el orden y proteger los derechos, basando el castigo exclusivamente en la retribución por el mal provocado a los derechos de una persona, como exteriorización de un perjuicio a los intereses de la sociedad en su conjunto.

Por ser la doctrina que normalmente sostuvieron los liberales, voy a desarrollar las objeciones que encuentro a su respecto con más extensión en el capítulo siguiente.

No obstante ello, entiendo conveniente hacer aquí una observación importante. La identificación de la retribución con la revalorización de la víctima como objeto de tutela no resulta correcta, desde que la retribución de naturaleza penal no tiene vinculación con la reparación del perjuicio a la víctima.

En efecto, puede decirse que según las tesis predominantes, el reproche penal se basa en el quebrantamiento de la norma y no en el daño causado a la víctima, de modo que en tal visión no sólo la Ley del Talión no sería un buen ejemplo, sino que quedaría excluido: no se trata del mal causado a la víctima sino del quebrantamiento de la confianza de las

---

152 Ferrajoli, Luigi, *op. cit.*, p. 254.
153 *Ídem*, p. 255.

personas en el seguimiento de normas aceptables para todos. El reproche penal es un asunto público, y el fundamento de la pena también lo es.

Se puede mencionar en tal sentido el debate en la doctrina penal norteamericana respecto del movimiento en favor de los derechos de las víctimas. En tal debate, un autor enrolado con el retribucionismo como Jeffrie Murphy se mostró partidario de un cierto grado de institucionalización de venganza por parte de la víctima[154]. Pero al hacerlo, el propio Murphy debió reconocer que este giro conlleva un debilitamiento de la justificación propiamente retribucionista de la sanción penal.

Por ello Murphy debió apartarse de la tesis retribucionista, pues en ella la víctima no puede tener injerencia en la decisión de si se va a imponer una pena y de qué tipo será. En definitiva, la retribución exige que la víctima sea ignorada en el diseño del sistema penal[155]. Si bien la víctima es relevante desde el punto de vista de la justificación del reproche, la imposición de la pena resulta del quebrantamiento de una norma, es decir, que tiene una entidad distinta y que no se relaciona con el eventual reclamo de ella.

En definitiva, la víctima sólo es relevante desde el punto de vista de la estructura de la norma cuyo quebrantamiento es merecedor de reproche. La infracción del deber en que se concreta la norma se corresponde con la lesión de un derecho correlativo, del cual la víctima es titular[156]. Pero la pena no tiene como justificativo esa lesión.

b. Prevención general

La primera objeción que puede hacerse a esta doctrina utilitaria es aquella según la cual «el fin no justifica los medios», y en consecuencia ninguna persona puede ser utilizada como un medio para fines que le son ajenos, por loables que parezcan. Si se parte de la aceptación de este principio moral, la prevención general por sí misma es una justificación del derecho penal expresamente inmoral. Además, una justificación de este tipo legitimaría intervenciones punitivas guiadas por la máxima

---

[154] Murphy, Jeffrie, «Getting even: The rol of the victim», en Murphy, Jeffrie, *Retribution Reconsider*, Dodrecht, Boston, 1992, pp. 61-85.

[155] Moore, Michael, «Victims and retribution: A reply to professor Fletcher», *Buffalo Criminal Law Review* 3 (2000), pp. 66 y ss.

[156] *Ídem*, pp. 70-71. La ponderación de los derechos lesionados se advierte en los casos de concurso material de delitos, en el que la magnitud de la pena se hará cargo de tal pluralidad de lesiones. Pero en sí la pena no se funda en la protección o satisfacción de intereses de las víctimas.

severidad y sobre todo desprovistas de cualquier certeza y garantía: no sólo la pena «ejemplar» sino incluso el «castigo al inocente», divorciado de la culpabilidad y de la averiguación misma del delito, tal y como sucede cuando se diezma o ejecutan represalias[157].

Pero aun sin llegar a esos extremos, una práctica penal informada por la función disuasoria de la imposición de una pena puede desembocar en castigos discrecionales y desiguales, dependiendo de la «alarma social» o de las conveniencias políticas, en relación con las cuales el condenado está destinado a servir de chivo expiatorio. El resultado práctico, como advirtió Radbruch, siempre termina siendo el «terrorismo penal»[158]. Como explicó Carrara:

> La intimidación lleva a un incremento perpetuamente progresivo de las penas, ya que el delito cometido, mostrando a las claras que ese culpable no ha tenido miedo de esa pena, demuestra que para infundir temor a los demás es necesario aumentarla[159].

Tal pensamiento parte, además, de la errónea pretensión de que todas las personas responderán a la amenaza penal de la misma manera, y que por lo tanto, si esa amenaza no sirvió para amedrentar a una persona en particular, quien de todos modos decidió cometer un delito, eso significa que también será insuficiente para todos los demás, por lo que se justifica aumentar las penas en general.

En suma, la prevención general a través de la efectiva imposición de la pena puede devenir en terrorismo judicial, y si se la emplea a través de la amenaza legal de la pena, puede desembocar en terrorismo legislativo, pues siguiendo este razonamiento, la prevención resultaría tanto más

---

[157] Ferrajoli, Luigi, *Derecho y razón. Teoría del garantismo penal*, *op. cit.*, p. 276. Una manifestación muy común de este peligro se advierte con los postulados que proponen impedir la excarcelación de procesados, o mejor dicho, eliminar o restringir el derecho a la libertad de toda persona que aun no ha sido condenada por cometer un delito. Esta pretensión suele basarse en el impacto negativo desde el punto de vista preventivo general que tiene la liberación de quien *a priori* se presume culpable. Pero ello lleva muchas veces a infligir un castigo anticipado que no se justifica a quien, a la postre, podría resultar absuelto.

[158] Radbruch, Gustav, *Rechtsphilosophie*, E. Wolf, Koehler, Stuttgart, 1956, pp. 267-268; citado por Ferrajoli, Luigi, *op. cit.*, p. 277.

[159] Carrara, Francesco, *Programa de derecho criminal, Parte General*, vol. II, p. 70; citado por Ferrajoli, Luigi, *op. cit.*, p. 279.

eficaz cuanto más elevadas y severas sean las penas que se imponen o con las que se amenaza. Como decía Bettiol:

> En la lógica de la prevención general hay un trágico punto de llegada: la pena de muerte para todos los delitos[160].

Pienso que en el contexto de una organización política destinada a proteger derechos individuales, no puede admitirse la prevención general como forma autónoma de justificación de la pena. Si bien la amenaza de sanción, y la efectiva aplicación de una pena, pueden tener un efecto disuasorio respecto de otras personas que han pensado en violar derechos, y también para el mismo criminal al que se ha condenado, no es aceptable justificar la aplicación de una pena meramente en esa función disuasoria.

La prevención general ha tenido mucha influencia en lo que se conoce como la «política criminal», es decir, el conjunto de decisiones estatales respecto de las estrategias a seguir para la persecución penal, lo que incluye establecer cuáles delitos han de perseguirse preferentemente, cuáles conductas merecen mayor castigo, y cuáles conviene despenalizar o tolerar, en un momento y un lugar determinados; todo ello con la intención de dar ciertas señales a la comunidad respecto de cuál es la conducta esperada por el gobierno en cada caso.

Por ejemplo, supongamos que se generaliza el robo de estéreos de automóviles en las calles de una ciudad. La política criminal —basada en este caso en ideas que provienen de la teoría de la prevención general— indicaría que conviene aumentar la pena del robo de estéreos. Ello llevaría a justificar que en un caso concreto, quien realiza una conducta idéntica, o tal vez menos gravosa que otro, merecerá una pena superior como un modo de disuadir al resto de la sociedad de que no repita su ejemplo[161].

---

[160] Bettiol, Giussepe, *Diritto penale*, p. 523; citado por Ferrajoli, Luigi, *op. cit.*, p. 279

[161] En Argentina, por ejemplo, para establecer una protección especial a los automóviles, a los que en aquella época se consideraba bienes muy valiosos y al mismo tiempo desprotegidos, en 1958 se establecieron penalidades especialmente altas para el robo de automotores, llegándose al caso en que, el robo de un automotor con armas preveía una pena mínima superior a casi todas las figuras del Código Penal, incluida la del homicidio simple.

De este modo, a una persona que robaba un maletín con un millón de dólares le correspondía una pena que va de un mes a seis años de prisión, mientras que quien robaba un automóvil viejo, que no valía más de mil dólares, merecía una pena que

Si el fundamento de la pena es la violación de un derecho individual concreto, la procedencia de un castigo y su magnitud deberían estar vinculadas con la entidad de la lesión concreta producida, y no con el interés del Estado en dar una señal a la sociedad para que no se repitan conductas de ese tipo. Bajo el rótulo de prevención general, la política criminal del gobierno usa a la pena como herramienta para desalentar ciertas conductas que no necesariamente han de vincularse con la violación de derechos individuales, y de este modo lograr que la gente se comporte como el gobierno pretende.

En definitiva, se reafirma la idea de que la pena se funda en la violación al orden jurídico, en el desprecio a las normas establecidas, y por ello el Estado tiene especial encono con quienes demuestran mayor desprecio por su legislación.

De todos modos, el efecto preventivo del orden jurídico existe, es uno de sus elementos distintivos y cumple una función muy útil, como han observado especialmente quienes estudian al derecho desde la mirada económica. Pero como se verá en el Capítulo XIII, la prevención general como efecto secundario del orden jurídico, no se logra solamente a través del derecho penal, y en un sistema con una mayor participación de víctimas que actuaran en nombre propio y buscando el resarcimiento de los perjuicios sufridos, este efecto podría alcanzarse posiblemente de un modo más eficiente que a través del derecho penal.

c. Prevención especial

Tampoco encuentro justificación adecuada al sistema penal en la prevención especial. La idea de la «resocialización» supone, por una parte, establecer un patrón de lo que es una persona socialmente apta para convivir con los demás, y un código colectivo de valores que el «reso-

---

iba de tres a diez años de prisión, y si el delito era cometido con el uso de arma, se elevaba a una sanción de nueve a veinte años de prisión. Entre los fundamentos de este aumento en las penas estuvo el propósito de desalentar los robos de automóviles, con una clara intención de prevención general.

En su momento decidí como juez declarar la inconstitucionalidad de esta norma, por violar el principio de razonabilidad en cuanto a su vinculación con todo el espectro de penas previsto en la legislación. Finalmente, en 1996 este decreto-ley fue derogado por una ley del Congreso, que redujo las penas por estos delitos a un nivel proporcional con el resto del orden jurídico.

Pueden citarse en este mismo sentido muchas leyes especiales, que con la finalidad de prevención general, disponen la inexcarcelabilidad de ciertos delitos.

cializador» tendrá en cuenta para aplicar o no algún tipo de sanción o «tratamiento» a quien viole un derecho ajeno. Ello implica convertir a un funcionario del gobierno en una especie de «Regente Moral» que establezca los patrones de la «adaptación social» y los mecanismos más aptos para la «resocialización», y poner en sus manos todo el poder del Estado para que someta a los individuos a su proceso de educación, adaptación o terapia.

Si el justificativo de la existencia del gobierno es la necesidad de proteger derechos individuales concretos, sólo puede actuar el sistema judicial para evitar la lesión o en todo caso para paliar sus consecuencias y resarcir a las víctimas, pero no se justifica el rol del gobierno como un «terapeuta» o «educador», lo que implica una intromisión terriblemente peligrosa en la esfera de libertad individual, que debe ser respetada aun respecto de quien ha cometido un crimen. Además, la práctica ha demostrado que detrás de todo intento «resocializador» existe un trasfondo ideológico explícito o implícito, que hace más peligrosa todavía su aplicación.

Una de las consecuencias de la prevención especial es la justificación de las medidas de seguridad como soluciones correctivas y curativas, pero no sólo las que se aplican con posterioridad y como consecuencia de la comisión del delito, sino aun de las predelictivas, que son aplicadas en los regímenes totalitarios como un modo de control de la población y de persecución a los opositores, so pretexto de cumplir una función resocializadora[162].

---

[162] Esto es lo que ocurría en los países del bloque comunista, y que continúa ocurriendo en aquellas zonas del mundo que lamentablemente siguen siendo sometidas a regímenes totalitarios. Por ejemplo, el Código Penal cubano de 1987 contiene un capítulo expreso con las medidas de seguridad, una de cuyas secciones está dedicada a las medidas de seguridad predelictivas.

De acuerdo con este Código, se considera «estado peligroso» a la especial proclividad en que se halla una persona para cometer delitos, demostrada por la conducta que observa en contradicción manifiesta con las normas de la *moral socialista* (art. 72). Entre las pautas que permiten apreciar que un sujeto se encuentra en estado peligroso, están practicar una conducta antisocial o tener *vicios socialmente reprobables* (art. 73.2).

El art. 75 prevé la situación de «aquellas personas que sin haber realizado conductas que las coloquen directamente en un estado peligroso, por sus vínculos o relaciones con personas potencialmente peligrosas para la sociedad, las demás personas y el orden social, económico y político del Estado socialista, puedan resultar *proclives al delito*». Ellos serán objeto de advertencia por la autoridad policíaca competente, en prevención de que incurran en actividades socialmente peligrosas o delictivas.

LAS CONTRADICCIONES DEL DERECHO PENAL

El elemento resocializador de las sanciones se identificó con la idea de «peligrosidad» demostrada por el delincuente, lo que condujo a considerarla como un elemento autónomo para la aplicación de normas penales. Esta idea fue desarrollada a principios del siglo XX por la Escuela Positiva de Ferri, a partir del convencimiento de que los delincuentes debidamente clasificados podían llegar a constituir tipos psico-físicos lo suficientemente precisos como para predecir y prevenir su conducta.

Esta idea vino como anillo al dedo a los regímenes totalitarios de la primera mitad del siglo XX, como el soviético, nazi y fascista, que emplearon estos criterios pseudo-científicos para perseguir a sus opositores. Así, el artículo 6° del Código Penal soviético de 1926 sostenía que «se reputará peligrosa toda acción u omisión contra la estructura del Estado Soviético, o que lesione el orden jurídico creado por el régimen de los

---

Quien es declarado en *estado peligroso*, puede ser sometido a medidas de seguridad predelictivas, que pueden ser *terapéuticas, reeducativas, o de vigilancia* por los órganos de la Policía Nacional Revolucionaria (art. 78).

En esos tiempos llamaba la atención de los turistas que llegaban a Cuba, ver que los policías que abundaban en las calles de La Habana llevaban, además del equipo normal de todo policía, unas carpetas y bolígrafos. Una de sus tareas era la de tomar los datos personales de cualquier ciudadano cubano que se encontrara en una situación dudosa, que pudiera considerarse *antisocial*. El contacto con extranjeros era uno de los principales motivos por los cuales la policía tomaba los datos de un ciudadano, aplicando una contravención conocida como de «asedio al turismo».

Un cubano o cubana que acompañara a un extranjero, podría ser interrogado, de un modo sutil para que el visitante no advirtiera la opresión. Simplemente se le pedía su identificación, se tomaban sus datos en la carpeta, los que posteriormente se volcaban en los registros. Automáticamente, ese ciudadano tenía un antecedente. Si en el futuro su detención fuera importante por algún motivo, se podrá aducir que la mujer era *jinetera* (prostituta) o que el hombre intentaba realizar transacciones en el mercado negro o asediar a los extranjeros, no importa si existen pruebas o no de ello, siendo colocados en estado peligroso, pudiendo ser recluidos como medida de seguridad.

Otro vicio moralmente reprobable según la moral socialista en Cuba es el de no trabajar («vivir como parásito social, del trabajo ajeno», art. 73.2 del Código Penal). Como el único empleador en Cuba es el Estado, cualquier falta de colaboración, ausencia en las movilizaciones en favor del régimen, no «donar» días de trabajo a la Revolución u otra manifestación de rebeldía serán causales de despido. Automáticamente esa persona pasa a ser peligrosa y pasible de una medida de seguridad predelictual. Estas medidas se aplicarán con la excusa de propender a su resocialización, a través de medidas terapéuticas o reeducativas. La realidad es que será enviado a una cárcel común, hacinado con otros detenidos, para neutralizar así su peligrosa oposición hacia el régimen dictatorial que lo gobierna.

trabajadores y campesinos para la época de transición a la organización social comunista»[163].

Al defender los principios del derecho penal liberal en pleno auge de estos sistemas totalitarios, Sebastián Soler escribió:

> La peligrosidad general, único criterio científicamente accesible, es o puede ser excelente para organizar internamente un manicomio, pero es muy evidente su inconveniencia para organizar una sociedad. Es decir que, al trasladarse ese criterio al plano de lo social, muestra en primer término su contenido político indeterminado e indeterminable, dando al término *político* el significado de valorativo. A ello, pues, contraponemos, como base de organización pacífica de la sociedad, el contenido político concreto, y preestablecido en las incriminaciones específicas o figuras delictivas [...][164].

Pero la intervención de la justicia penal so color de considerar como «enfermos sociales» a quienes cometen delitos no se limita a los países totalitarios. Como señala tan gráficamente Thomas Szasz:

> Irónicamente, cuando los encarcelamientos psiquiátricos eran usados en la Unión Soviética, ello provocaba la condena indignada de los observadores occidentales. Por ejemplo, en su libro: *Warning to West,* Alexander Solzhenitsyn escribió: «En Odessa, Vyacheslav Grunov ha sido detenido por poseer literatura ilícita y confinado en un manicomio».

> Si se reemplaza libros ilícitos por drogas ilícitas y ponemos la escena en los Estados Unidos, la oración de Solzhenitsyn diría: «En Chicago, John Jones ha sido detenido por poseer drogas ilícitas y puesto en un manicomio»[165].

---

[163] Rojas, Ricardo Manuel, *Los Derechos Fundamentales y el orden jurídico e institucional de Cuba,* Buenos Aires, CADAL, 2005, p. 98.

[164] Soler, Sebastián, «El elemento político de la fórmula del estado peligroso», en *Revista de Criminología, Psiquiatría y Medicina Legal* n° 121, Buenos Aires, enero-febrero de 1934, p. 11.

[165] Szasz, Thomas, S., «Psychiatric diversion in the criminal justice system: A critique», en *Assessing the Criminal, op. cit.,* p. 101.

Tras mencionar a algunos autores tales como Ludwig von Mises, que muestran cómo los libros, en ciertas condiciones, pueden ser más peligrosos que las drogas, el profesor Szasz concluye:

> No veo cómo se puede sostener la proposición de que el uso de drogas peligrosas en América constituye una forma de enfermedad mental y que tal problema puede ser controlado apropiadamente por medio de sanciones psiquiátricas, y al mismo tiempo rechazar la proposición soviética relativa a los libros peligrosos[166].

En definitiva, sea cual fuere el justificativo que se le dé, no es función de un gobierno limitado encargarse de la curación o educación de los habitantes, sino de velar por la protección de sus derechos, a menos que se discuta la situación de personas en absoluto desamparo. Y nuevamente aquí puede advertirse que, si bien la aplicación de un sistema jurídico que proteja a las personas puede tener un efecto educativo importante respecto de quien padece sus consecuencias, ello no necesariamente se logra a través de las sanciones penales, como veremos más adelante con mayor detenimiento.

Contrariamente a lo que sostiene la idea de prevención especial, el encierro en un sistema carcelario conduce a una desocialización de la personalidad del individuo, que se intensifica a partir de los 15 años de encierro, debido al distanciamiento con el mundo real, tal como han señalado algunos estudios. La liberación de estas personas tras largos períodos de encarcelamiento, en general las devuelve al entorno social que propició y facilitó la comisión de los delitos por los que fueron condenadas[167].

---

[166] *Ibid.*
[167] Morenoff, Jeffrey, Harding, David James, «Incarceration, Prisoner Reentry, and Communities», *Annual Review of Sociology* (40), 2014, pp. 411-429.

2. EL «DERECHO PENAL DEL ENEMIGO» Y LA TRANSGRESIÓN A LOS LÍMITES DEL DERECHO PENAL[168]

Hemos visto que la justificación del sistema penal se basa en formas de sanción a quienes violan el orden jurídico, y vimos también, por un lado, la necesidad de reconocer límites al poder punitivo del Estado y las consecuentes garantías fácticas y legales a las personas sometidas a proceso penal, y por otro lado en qué casos y bajo cuáles principios y limitaciones, se ha admitido la imposición de penas.

El desarrollo del llamado «derecho penal liberal» fue muy celoso en el sostenimiento de la protección de los individuos frente a un eventual abuso de autoridad por el Estado. En la noción liberal del orden político, que justifica la existencia del gobierno precisamente en la protección de los derechos individuales; por ese motivo, el abuso del poder o el empleo de la fuerza más allá de los casos en que se justifica, fue siempre un motivo de preocupación.

El principio de legalidad, de culpabilidad, de inocencia, y sus derivaciones procesales, han estado presentes en todo momento en el diseño de la legislación penal y procesal penal. Sin embargo, la proliferación de determinadas formas de criminalidad organizada que operan con especial poder y recursos, hizo que la versión «liberal» del derecho penal fuera vista como insuficiente o inadecuada para enfrentar a organizaciones delictivas tales como las vinculadas con el terrorismo, el narcotráfico o la corrupción.

Esto produjo preocupación entre los doctrinarios penales, que veían el peligro de que los principios básicos del derecho penal pudieran ser subvertidos o distorsionados por las nuevas exigencias de la defensa social. Algunos pensaron que tal vez sería conveniente separar el derecho penal tradicional de los casos de la criminalidad organizada, que requerían otro tratamiento.

Esta tesis fue planteada originalmente a mediados de los años 90 por el penalista alemán Günther Jakobs, sin recibir demasiada atención en

---

[168] Este punto no estaba incluido en la primera edición de este libro, que se publicó en 2000. A partir del año siguiente, a raíz del atentado en New York, la teoría del «derecho penal del enemigo» cobró renovada vigencia y ha sido el fundamento de muchas reformas legislativas y políticas de Estado. Por ello he decidido hacer una referencia al tema en esta nueva edición.

el ambiente académico[169]. Sin embargo, el atentado a las torres gemelas en Estados Unidos en 2001 y la escalada de actos terroristas en distintas partes del mundo, revitalizaron los conceptos de Jakobs y le dieron nueva entidad[170]. Ha señalado su principal crítico, Manuel Cancio Meliá en la obra conjunta de ambos autores, que «el concepto de 'Derecho penal del enemigo fue (re) introducido de un modo bastante macabro *avant la lettre* (de las consecuencias) del 11 de septiembre del 2001 recientemente por Jackobs en la discusión»[171].

La tesis de Jakobs fue difundida rápidamente por sus talentosos discípulos en los países dominantes del ámbito jurídico de la Europa continental[172], lo que unido a la vigencia y gravedad del tema, rápidamente trascendió el ámbito académico para ser ponderado como fundamento de muchas reformas legislativas tendientes a introducir mecanismos para la persecución de este tipo de delitos.

El planteo de Jakobs parte de mostrar que en general, el que comete un delito es una persona que integra la sociedad y respeta ciertas reglas fundamentales de convivencia. Alguien puede cometer un robo, pero luego respeta las reglas de tránsito, frena en los semáforos, paga las cuentas, es decir, lleva la vida normal de un ciudadano normal, salvo que de vez en cuando comete un delito. Es más, incluso muchas veces tendrá interés en no transgredir inútilmente normas jurídicas para no tener problemas legales que puedan delatar su actividad criminal.

Pero junto a estos ciudadanos que cometen delitos pero conviven civilizadamente el resto del tiempo, existen otras personas que directamente están al margen de las reglas, que cometen hechos de una gravedad inusitada, dispuestos a reincidir permanentemente, en abierta desconexión con la convivencia civilizada. Por ejemplo, alguien que está

---

[169] Jakobs, Günther, *Sociedad, norma y persona en una teoría de un Derecho penal funcional*, Editorial Civitas, Madrid, 1996, pp. 43-49.

[170] Para una explicación de primera mano del concepto, puede verse: Jakobs, Günther, Cancio Meliá, Manuel, *Derecho Penal del Enemigo*, Civitas, Madrid, 2003. El profesor Cancio Meliá utilizó la beca von Humbolt a la que se hizo acreedor, para estudiar esta posición de Jakobs desde una perspectiva crítica, y el profesor alemán luego aceptó la publicación de esta obra conjunta, donde se expresan ambas posiciones. Con posterioridad, el propio Cancio Meliá junto con Carlos Gómez-Jara Diez, coordinaron una enorme obra en dos volúmenes que contienen ensayos de autores de todo el mundo sobre el tema, bajo el título de: *Derecho Penal del Enemigo. El discurso penal de la exclusión*, Edisofer, Madrid, 2006.

[171] Jakobs, Günther, Cancio Meliá, Manuel, *Derecho Penal del Enemigo, op. cit.*, p. 60.

[172] Ambos, Kai, «Derecho Penal del Enemigo», en Cancio Meliá y Gómez-Jara Diez, *op. cit.*, Volumen 1, p. 119.

dispuesto a pararse en la puerta de un colegio con un chaleco lleno de explosivos, para inmolarse con el propósito de asesinar la mayor cantidad de personas —incluso niños— que pudieran pasar por el lugar; o alguien que manda a otros a vender drogas a los niños en la puerta del mismo colegio, es una persona para la cual, las reglas habituales del derecho penal parecen insuficientes y hace falta otro tipo de reglas.

Esas personas son consideradas enemigos de la sociedad, y a su respecto es necesario desarrollar un derecho penal especial, un derecho penal del enemigo. Jakobs inicia su desarrollo recordando el pensamiento de cierta tradición retribucionista, con citas de autores como Kant, Hobbes y Rousseau, para concluir que estos delincuentes, a su entender, ya no deben ser tratados como personas, sino como enemigos[173].

Va un paso más allá, y entiende que el derecho penal del ciudadano es el Derecho de todos, mientras que el derecho penal del enemigo es el de aquellos que se forman contra el enemigo; frente al enemigo es sólo coacción física, hasta llegar a la guerra[174]. En un ámbito caótico no se puede hablar de delitos, los delitos sólo se cometen en el ámbito de un orden jurídico en pleno funcionamiento, en una comunidad ordenada. En ese contexto, en el Estado moderno no se ve al que comete un delito como a un enemigo que hay que destruir, sino como a un ciudadano común[175].

Ejemplos de esta nueva categoría, según Jakobs, ya estaban siendo objeto de regulaciones especiales en muchas legislaciones, que incluso invocaban abiertamente la lucha contra determinadas conductas, incluyendo en tales reformas a ciertos tipos de criminalidad económica, el terrorismo, el crimen organizado, los delitos sexuales y otras infracciones penales peligrosas[176].

Ya no se trata de compensar el daño producido a la vigencia de la norma jurídica que es transgredida, sino de eliminar el peligro que constituye la perpetración de estos actos. Ello lleva a revitalizar instituciones vistas con recelo por el derecho penal, tales como las medidas de

---

[173] Sostiene al respecto: «Por consiguiente, Hobbes y Kant conocen un Derecho penal del ciudadano —contra personas que no delinquen de modo persistente, por principio— y un Derecho penal del enemigo contra quien se desvía por principio; este excluye, aquél deja incólume el *status* de persona» (Jakobs, Günther, Cancio Meliá, Manuel, *Derecho Penal del Enemigo, op. cit.*, p. 32).

[174] *Ídem*, p. 33.

[175] *Ídem*, p. 35.

[176] Ibid, p. 38-39.

seguridad, y avanzar sobre actos preparatorios o situaciones de mero peligro, pero sin relevancia típica directa.

Jakobs señala el peligro de confundir o integrar las normas básicas del derecho penal del ciudadano, con las que deberían regir respecto del enemigo. Tras señalar que, por ejemplo, el terrorista rechaza por principio la legitimidad del ordenamiento jurídico y por ello persigue la destrucción de ese orden, hace la siguiente aclaración:

> Ahora bien, no se pretende poner en duda que también un terrorista que asesina y aborda otras empresas puede ser representado como delincuente que debe ser penado por parte de cualquier Estado que declare que sus hechos son delitos. Los delitos siguen siendo delito aunque se cometan con intenciones radicales y a gran escala. Pero sí hay que inquirir si la fijación estricta y exclusiva en la categoría del delito no impone al Estado una atadura —precisamente, la necesidad de respetar al autor como persona— que frente a un terrorista, que precisamente no justifica la expectativa de una conducta generalmente personal, sencillamente resulta inadecuada. Dicho de otro modo: quien incluye al enemigo en el concepto del delincuente ciudadano no debe asombrarse si se mezclan los conceptos «guerra» y «proceso penal». De nuevo, en otra formulación: quien no quiere privar al Derecho penal del ciudadano de sus cualidades vinculadas a la noción de Estado de Derecho —control de las pasiones; reacción exclusivamente frente a hechos exteriorizados, no frente a meros actos preparatorios; respeto a la personalidad del delincuente en el proceso penal, etc. — debería llamar de otro modo aquello que hay *que* hacer contra los terroristas si no se quiere sucumbir, es decir, lo debería llamar Derecho penal del enemigo, guerra refrenada.

Por lo tanto, el Derecho penal conoce dos polos o tendencias de sus regulaciones. Por un lado, el trato con el ciudadano, en el que se espera hasta que este exterioriza su hecho para reaccionar, con el fin de confirmar la estructura normativa de la sociedad, y por otro, el trato con el enemigo, que es interceptado muy pronto en el estadio previo y al que se le combate por su peligrosidad.[177]

---

[177] *Ídem*, p. 41-43.

Pone como ejemplo del trato al ciudadano el caso del homicida que actúa solo, en el que el hecho comienza a ser punible en el momento en que se dispone a realizar el tipo. Por el contrario, en el caso de quien participa en una asociación terrorista, a quien por sus actos no le correspondería pena o sólo penas leves, podría ser perseguido por el sistema penal por el mero hecho de formar parte de la asociación y mucho antes de que se produzcan crímenes graves. En tal caso la pena que se le aplique sería una suerte de custodia de seguridad anticipada, debido a su peligrosidad potencial[178].

Esta discusión tiene claramente una derivación fundamental en el derecho procesal. Las garantías procesales, la libertad durante el proceso, todo lo que deriva de los principios de legalidad, culpabilidad e inocencia, se aplican fundamentalmente para los ciudadanos que cometen delitos. Pero en el caso de los enemigos, esas garantías ya no tienen la misma vigencia, lo que se ha venido advirtiendo a partir del episodio del 11 de septiembre de 2001 en la legislación antiterrorista de muchos países centrales.

Todas estas diferencias son admitidas por Jakobs, bajo la idea de que la personalidad no se puede presumir en el derecho penal. No todos se comportan como personas según las expectativas. Por lo tanto, sólo respecto de aquellos que respetan las normas básicas se pueden invocar las exigencias del derecho penal en cuanto a limitaciones y garantías. Pero de ello no deben extraerse conclusiones adversas hacia el derecho penal del enemigo, porque también forma parte del ordenamiento jurídico, fundamentalmente para proteger a los verdaderos ciudadanos.

> Quien no presta una seguridad cognitiva suficiente de un comportamiento personal, no sólo no puede esperar ser tratado aún como persona, sino que el Estado no *debe* tratarlo ya como persona, pues de lo contrario vulneraría el derecho a la seguridad de las demás personas. Por lo tanto, sería completamente erróneo demonizar aquello que aquí se ha denominado Derecho penal del enemigo; con ello no se puede resolver el problema de cómo tratar a los individuos que no permiten su inclusión en una constitución ciudadana. Como ya se ha indicado, Kant exige la separación de ellos, lo que

---

[178] *Ídem*, p. 43.

no significa otra cosa que hay que protegerse frente a los enemigos[179].

De este modo, concluye Jakobs que mientras que el derecho penal se concentra en la solución al problema de quien contradice el orden jurídico, el derecho penal del enemigo se orienta a eliminar a un peligro encarnado por la clase de acciones producidas por quienes no se comportan como personas. Estos últimos no pueden ser tratados como ciudadanos, sino combatidos y excluidos como enemigos.

En tales condiciones, considera Jakobs que un Derecho penal del enemigo que esté claramente delimitado es menos peligroso para el estado de derecho, que cuando se junta y entremezcla con las normas penales comunes[180]. Su preocupación es que las normas dispuestas para los enemigos no contaminen a las normas establecidas para los ciudadanos.

De este modo, Jakobs justificó estas normas, que debían ser claramente establecidas y mantenerse apartadas del derecho penal común, para no distorsionarlo. La bondad de este concepto, según el autor alemán, era que precisamente tales normas de eliminación y exclusión de determinadas personas que no se comportan como tales, permitiría mantener al derecho penal de los ciudadanos dentro de los cánones de limitaciones y garantías que se han desarrollado a lo largo del tiempo.

A su turno, Manuel Cancio Meliá se encargó de hacer su primera crítica a esta formulación de Jakobs. Comenzó señalando que el concepto de derecho penal del enemigo constituye un instrumento idóneo para describir un determinado ámbito, de gran relevancia, del actual desarrollo de los ordenamientos jurídico-penales. Sin embargo, en cuanto derecho positivo, el derecho penal del enemigo sólo forma parte nominalmente del sistema jurídico-penal real: «Derecho penal del ciudadano» es un pleonasmo, y «Derecho penal del enemigo» una contradicción en términos[181].

En este sentido señaló que en el análisis de la política criminal en los distintos países se advierte una expansión del sistema penal, lo que se materializa en la ampliación de tipos penales y la aparición de nuevas áreas de regulación jurídica que contienen normas penales. Se advierten tipos penales que, vistos desde la perspectiva de los bienes jurídicos clásicos, constituyen supuestos de «criminalización en el estadio previo» a

---

[179] *Ídem.*, p. 47-48.
[180] *Ídem*, pp. 55-56.
[181] *Ídem.*, p. 61.

lesiones de bienes jurídicos, cuyos marcos penales, además, establecen sanciones desproporcionadamente altas. Advierte la proliferación tanto en el derecho penal como en el procesal penal de previsiones legislativas de características anti-liberales[182].

Advierte en propuestas como la del derecho penal del enemigo una renovada versión del llamado Derecho Penal simbólico, esto es, aquel que se desarrolla con la intención de «dar la impresión tranquilizadora de un legislador atento y decidido»[183]. Pero más allá de ello, junto con la proliferación de normas destinadas a producir tranquilidad y no a ser efectivamente aplicadas, existe una intensificación de la criminalización «a la antigua usanza», es decir, un crecimiento del punitivismo a través de normas nuevas que sí son aplicadas o el endurecimiento de las ya existentes. Para este autor, los elementos simbólicos y punitivos del derecho penal muchas veces no pueden separarse nítidamente.

Recuerda que, en la concepción de Jakobs, el derecho penal del enemigo se caracteriza por tres elementos: en primer lugar, se constata un amplio adelantamiento de la punibilidad, más orientada hacia el hecho futuro que hacia el ya cometido, como ocurre con el derecho penal tradicional. En segundo lugar, las penas previstas son desproporcionadamente altas; y en tercer lugar, determinadas garantías procesales son relativizadas, o incluso suprimidas[184]. Con este instrumento, el Estado no habla con sus ciudadanos, sino que amenaza a sus enemigos[185].

En este sentido, señala Cancio Meliá, en primer lugar, que parece claro que en todos los campos importantes del Derecho penal del enemigo (como los cárteles de droga, terrorismo y otras formas de criminalidad organizada, no parece que se dirijan con prudencia y se comuniquen con frialdad operaciones de combate, sino que se desarrolla una cruzada contra malhechores archimalvados. Se trata más de «enemigos» en sentido pseudorreligioso, más que en la acepción tradicional-militar del término. Consecuentemente, la carga genética del punitivismo (la idea del incremento de la pena como único instrumento de control de la criminalidad) se recombina con la del Derecho penal simbólico (la

---

[182] *Ídem*, p. 64.
[183] Silva Sánchez, Jesús María, *Aproximación al Derecho Penal contemporáneo*, J.M. Bosch Editor, Barcelona, 1992, p. 305.
[184] Jakobs, Günther, «La ciencia del derecho penal ante las exigencias del presente», en *Estudios de Derecho Judicial*, Galicia, 1999, p. 138 y ss.
[185] *Ídem*, p. 139.

tipificación penal como mecanismo de creación de identidad social), dando lugar al código del Derecho penal del enemigo.

En segundo lugar, la base de la tipificación del Derecho penal del enemigo no es sólo un determinado «hecho», sino que incluye otros elementos, en tanto sirvan a la caracterización del autor como perteneciente a la categoría de los enemigos. En forma correspondiente, en el plano técnico, el mandato de determinación derivado del principio de legalidad y sus complejidades ya no son un punto de referencia esencial para la tipificación penal[186].

Entiende que el derecho penal del enemigo no estabiliza normas (prevención general positiva) sino que demoniza determinados grupos de infractores; en consecuencia, no es un derecho penal del hecho sino del autor.

Por otra parte, los fenómenos frente a los que reacciona el «Derecho penal del enemigo» no tienen esa especial «peligrosidad terminal» (para la sociedad) que se predica de ellos. Representan un riesgo simbólico, pero no fáctico, en especial si se compara la dimensión cuantitativa de las lesiones a bienes jurídicos personales sufridas por tales conductas, con otro tipo de infracciones que se cometen de modo masivo, y que no obstante se las consideran dentro de la criminalidad normal.

En definitiva, la audaz tesis de Jakobs generó un debate acalorado que ha llevado más de dos décadas, enderezado fundamentalmente a discutir si aquellas normas destinadas a combatir formas de criminalidad organizada que sobrepasan las previsiones del derecho penal tradicional deberían considerarse como un cuerpo normativo diferenciado de la legislación penal, o integrarla.

Como sea, lo que parece no estar en discusión es que, ya sea por dentro o por fuera del derecho penal, los Estados van encaminados a incrementar su poder represivo sobre la población.

3. DEL DERECHO PENAL DEL ENEMIGO AL TERRORISMO DE ESTADO O «TERRORISMO PENAL»

Uno de los peligros de eliminar los límites al derecho penal con la excusa de perseguir determinadas formas graves de criminalidad, radica en que se inicia de ese modo un proceso de acumulación de poder que puede

---

[186] Jakobs, Günther, Cancio Meliá, Manuel, *Derecho Penal del Enemigo, op. cit.,* pp. 87-89.

desembocar en formas de criminalidad institucional muy peligrosas y difíciles de controlar, que han permitido acuñar el concepto de «terrorismo de Estado».

En su crítica a la noción de derecho penal del enemigo, sostenía Ferrajoli:

> La fórmula escandalosa del «derecho penal del enemigo» es una contradicción en los términos que representa la negación del derecho penal, en la medida en que el enemigo pertenece a la lógica de la guerra, y esta es la negación del derecho. Hay dos usos diversos para tal expresión: uno descriptivo de una perversión del derecho penal, y otro de tipo teórico que presenta o recomienda al derecho penal del enemigo como nuevo modelo de derecho penal: el del «terrorismo penal», o del derecho penal terrorista y criminal, entendido «criminal» como rasgo no de los hechos perseguidos sino del propio «derecho», a causa de las formas abiertamente terroristas que este asume. La confusión entre derecho penal y guerra que así se produce, lleva a una «suerte de perversa legitimación cruzada: de la guerra, rehabilitada como instrumento penal de mantenimiento del orden público internacional; del derecho penal del enemigo, a su vez legitimado en sus formas terroristas con la lógica de la guerra».
>
> [...] El esquema del derecho penal del enemigo no es otra cosa que el viejo esquema del «enemigo del pueblo» de estaliniana memoria y, por otra parte, el modelo penal nazi del «tipo normativo de autor» (*Tätertyp*). Y enlaza con una tradición antigua y recurrente de despotismo penal inaugurada con los *crimina maiestatis*. Con la agravante de que aquél se ha perfeccionado mediante su abierta identificación con el esquema de la guerra, que hace del delincuente y del terrorista un enemigo a suprimir y no a juzgar[187].

Por definición, el Estado detenta tres monopolios: el de la fuerza, el de la legalidad y el de la percepción de tributos. Ello le permitiría tener un poder irresistible, si no fuera por los límites que la Constitución y las leyes le imponen para tratar de contenerlo.

---

[187] Ferrajoli, Luigi, «El derecho penal del enemigo y la disolución del derecho penal», *Nuevo Foro Penal* n° 69, enero-junio de 2006, pp. 13-31.

Dentro de ese poder, el de sancionar y aplicar la legislación penal es uno de los más importantes, y si se justifica el uso de dicho poder más allá de lo que corresponde para cumplir con la tarea de proteger derechos de los ciudadanos, se corre el riesgo de caer en formas de autoritarismo o dictadura extremadamente peligrosos.

Por ello la ampliación sin límites del poder punitivo del Estado ha llevado a derivaciones como las recordadas por Ferrajoli, y a la deformación del derecho penal en terrorismo penal. Precisamente el surgimiento de regímenes totalitarios que ejercieron esta forma de terrorismo de Estado, produjo la reacción de la comunidad internacional luego de la Segunda Guerra Mundial, que se plasmó en la sanción de varias convenciones y tratados internacionales que tuvieron por objeto tratar de evitar los crímenes cometidos por los Estados.

Es curioso que mientras en el ámbito de las Naciones Unidas se elaboraran tratados como la *Convención para la Prevención y la Sanción del delito de Genocidio*, del 9 de diciembre de 1948, o la *Convención contra la Tortura y Otros Tratos o Penas Crueles, Inhumanos o Degradantes*, que entró en vigor el 26 de junio de 1987, entre otros documentos internacionales tendientes a evitar el uso abusivo de la fuerza por los Estados, al mismo tiempo se alentó la producción de reformas a las normas penales y procesales internas para combatir la criminalidad organizada, que va en una dirección contraria y alienta todo aquello que las Convenciones han tratado de evitar.

No sólo se sancionaron tratados especiales para detener el avance de formas de criminalidad del Estado, sino que los principales documentos de derechos humanos han incluido entre las garantías de los habitantes, una serie de resguardos a la libertad y derechos de las personas detenidas, perseguidas o enjuiciadas ante la jurisdicción penal[188]. Muchas de estas garantías corren serios riesgos de ser anuladas por la legislación destinada a combatir al enemigo.

Por su parte, el Estatuto de Roma culminó una larga aspiración iniciada al fin de la Primera Guerra Mundial (cuando no pudo establecerse

---

[188] Se pueden mencionar, entre los documentos mundiales y regionales de derechos humanos que contemplan garantías y limitaciones tanto dentro del derecho penal como del procesal penal, a la propia Declaración Universal de Derechos Humanos de 1948 (artículos 5 y 8 a 11); la Declaración Americana de los Derechos y Deberes del Hombre de 1948 (artículos 25 y 26); la Convención Europea de Derechos Humanos de 1950 (artículos 5 a 7); el Pacto internacional de Derechos Civiles y Políticos de 1966 (artículos 7 y 9 a 11); la Convención Americana sobre Derechos Humanos de 1969 (artículos 7 a 10).

un mecanismo adecuado para enjuiciar al régimen del Kaiser Guillermo por los crímenes de guerra), y que siguió con los juicios de Nuremberg y Tokio tras la segunda guerra, y los demás tribunales ad-hoc creados para juzgar otras situaciones de crímenes contra la humanidad, como ocurrió por ejemplo, en Ruanda y la ex Yugoeslavia.

El Tribunal Penal Internacional y el catálogo de normas penales establecido en el Estatuto para resguardar el principio de legalidad, tienen por objeto la persecución internacional de los actos de terrorismo de Estado, fundamentalmente a través de crímenes de guerra, genocidio y crímenes de lesa humanidad.

Pero mientras la comunidad internacional se ha preocupado por ponerle límites al poder represivo del Estado, la doctrina popularizada a partir de los trabajos de Jakobs de los años 90 se expandió rápidamente para justificar nuevas leyes represivas tendientes a combatir las formas de criminalidad organizada a las que poco a poco se fue integrando al concepto de derecho penal del enemigo.

CAPÍTULO 9

¿QUÉ RETRIBUYE LA PENA?

Para muchos defensores del modelo filosófico que ve en el gobierno la institución encargada de proteger derechos de los individuos, probablemente la tesis retributiva del fin de la pena sea la más aceptable, porque es la que tiene en cuenta en mayor medida el daño provocado a la víctima, como fundamento de la sanción[189].

Sin embargo, la propia naturaleza del derecho penal como derecho público, invalida cualquier intento de elaborar una noción racional de retribución. La tesis retributiva apareció como una forma de limitar y racionalizar a la venganza, al relacionar el monto del castigo con la magnitud de la lesión producida. Las leyes del Talión y similares estuvieron enderezadas a establecer estos límites. Pero en el derecho primitivo en el que surgieron, estos principios se aplicaban en el contexto de reclamos de las víctimas individuales o clanes contra el criminal o su clan; es decir, se partía de la base de una petición concreta del ofendido, circunstancia que desapareció al adquirir el derecho penal la calidad de derecho público.

En efecto, si el orden jurídico es el medio de garantizar la coexistencia pacífica entre las personas, y pretendemos que el derecho penal sea el instrumento para retribuir a los que cometen ciertas conductas violatorias de derechos individuales, veremos que esa retribución, en primer lugar, no se aplica en nombre de la víctima sino del Estado, que es el titular de la acción en la inmensa mayoría de los casos, y en segundo lugar, no supone ningún tipo de reparación específica para la víctima,

---

[189] Es interesante al respecto examinar las posiciones de pensadores libertarios que, aunque con reservas similares a las que se comparten en este trabajo, han defendido una teoría de la retribución del derecho penal, como es el caso de John Hospers en «Retribution: The ethics of punishment», y Murray N. Rothbard en «Punishment and proportionality»; ambos publicados en *Assessing the Criminal*, Harvard University, 1977.

sino simplemente la satisfacción de una prerrogativa del Estado frente al individuo al que se castiga. Como ya se dijo, el fundamento último de la potestad de imponer penas es una respuesta del orden jurídico a la vulneración de dicho orden. El delincuente es castigado por violar la ley, no por violar derechos ajenos (esto último es fundamento del castigo sólo en tanto la ley lo considere así).

En la medida en que la «sociedad» sustituye a la víctima individual del crimen como sujeto de protección jurídica, la idea de «retribución» pierde sentido.

Esta circunstancia ha sido una de las objeciones más fuertes enunciadas por los críticos a las tesis retribucionistas, al sostener, como ha hecho Roxin, que «...considerándolo racionalmente, no es posible comprender cómo se puede borrar un mal cometido, añadiendo un segundo mal, sufrir la pena»[190]. Hemos visto en el capítulo anterior, al efectuar una crítica a la retribución como fundamento de la pena, que aquellos autores originalmente retribucionistas como Jeffrie Murphy tuvieron serios problemas para mantener su posición cuando quisieron incorporar a la discusión el valor de la protección a la víctima.

Es que, precisamente, la única manera de concebir a la retribución como fundamento de la pena, es a través de la ficción de suponer que la conducta del imputado está afectando los intereses y derechos de un ente ideal, que es la sociedad o el Estado, es decir, admitiendo la existencia de un derecho penal subjetivo del Estado, y concibiendo a la pena como una forma de retribuir los perjuicios ocasionados por la violación de ese derecho.

La distorsión de ciertos conceptos por obra del colectivismo filosófico ha influido directamente en el derecho penal. Así, el concepto de «retribución», que lógicamente debería vincularse con la acción llevada a cabo por alguien que fue agredido en su persona o sus derechos, se convierte en la acción del gobierno frente a quien realiza determinadas acciones prohibidas. En definitiva, la pena «retribuye» la violación al orden jurídico.

Por ese motivo, como señala Randy E. Barnett, no existe una conexión racional entre un período de encarcelamiento y la violación de una ley penal. Entonces, la imposición de un sufrimiento al criminal tiende a causar un sentimiento de simpatía hacia él, pues como el período de prisión evidentemente no debe ser placentero, parte de la gente comienza

---

[190]   Roxin, Claus, *Problemas básicos del derecho penal*, Reus, Madrid, 1976, p. 14.

a ver al criminal como una víctima, por obra de esa falta de racionalidad en la pena[191].

1. *LA RETRIBUCIÓN Y EL DERECHO CIVIL*

Como vimos, los críticos a la tesis retribucionista sostienen que no es posible retribuir por medio de una pena, pues el derecho penal es derecho público que está desvinculado de la satisfacción de los perjuicios concretos sufridos por la víctima. Por el contrario, encuentran que la reparación o la verdadera retribución sólo queda reservada a aquélla en el ámbito del derecho civil.

Ello en cierto modo es así. Aun cuando se recurriese a la ficción de sostener que la pena es una «retribución» por la alteración del orden jurídico, tanto la modalidad de la sanción como su intensidad no pueden medirse racionalmente ni en términos del daño concreto provocado por el delito, ni del que se produce por la violación de la ley.

Es imposible encontrar una escala objetiva que permita justificar que un robo debe ser «restituido» con cierta cantidad de tiempo en prisión; es mucho más grosera la desconexión cuando se trata de delitos de peligro abstracto, donde ni siquiera hay víctimas de carne y hueso ni daños computables. En este contexto es compatible la objeción de quienes ven a la idea de retribución penal como irracional.

Pero aun dentro del ámbito de la responsabilidad civil, la idea de retribución se topa con serios obstáculos. Si se concibiese al orden jurídico como el mecanismo de protección de derechos de los individuos, tal vez tendría más sentido hablar de una finalidad retributiva como fundamento de la acción del juez, pero entonces aparecen al menos dos cuestionamientos a la idea de la retribución que podrían elaborarse en el derecho privado:

a. La retribución no puede tener por objeto volver las cosas exactamente a como estaban antes del crimen, ni resarcir a la víctima de modo exacto a como fue dañada, ni infligir al criminal un perjuicio equivalente al que ocasionó. Me parece importante tener en cuenta esto para no caer en simplificaciones tales como decir que la retribución puede resolverse

---

[191] Barnett, Randy E., «Restitution: A new paradigm of criminal justice», en *Assessing the Criminal, op. cit.*, p. 359.

adecuadamente en sumas de dinero que los jueces civiles determinen en cada caso.

Desde que a finales del siglo XIX la Escuela austríaca de economía mostró el carácter subjetivo e individual del valor económico, se entiende por qué es imposible establecer parámetros exactos para traducir en dinero el valor que una cosa puede tener para una persona determinada, en un lugar y un momento determinados.

Es que como sólo en las mentes individuales pueden existir escalas de valores, no hay sino escalas parciales que son, inevitablemente, diferentes y a menudo contradictorias entre sí[192]. Además, dichas escalas son alterables en cualquier momento y están sujetas a preferencias que tienen que ver con circunstancias de tiempo, lugar y modo, vinculadas con la utilidad y la escasez de cada uno de los bienes en cada situación particular.

Un caso frecuentemente debatido en el derecho civil es cuánto vale una vida humana. Cuando el juez civil establece el monto de una indemnización en favor de los familiares de la víctima, esa suma de dinero podrá ser aceptable, en algunos casos más que aceptable, y en la mayoría insuficiente, a la luz de la valoración que los familiares tenían del muerto, pues es muy difícil retribuir, resarcir o reparar la muerte de un familiar directo con una suma de dinero.

Por eso, pienso que la retribución o reparación que los críticos de la teoría retributiva entienden que es la que corresponde en el ámbito del derecho civil, en realidad muy difícilmente sea adecuada tampoco en ese campo, si lo que se pretende es volver las cosas al estado en que se encontraban antes de producirse el hecho desencadenante del conflicto. Y así como se puede decir que probablemente la pena de muerte o la prisión perpetua no pueda retribuir la vida de la víctima, tampoco lo podrían hacer uno o cien millones de dólares.

Entiendo que como este problema valorativo es insoluble para el derecho, no se debe ver a la retribución o a la restitución como algo matemático o exactamente medible en dinero, y sólo tendrá sentido si se la ve como el único mecanismo racional para tratar de preservar la esfera de derechos de los individuos, resarciendo del mejor modo posible a la víctima, dadas las circunstancias y el contexto en que se produjo la lesión.

b. Esa retribución o reparación que los críticos encuentran adecuada en el derecho privado, pero no en el penal, podría ser lograda más efi-

---

[192] Hayek, Friedrich A., *Camino de servidumbre, op. cit.,* p. 62.

cazmente si no estuviese limitada al aspecto monetario, como ocurre en el área del derecho civil.

Por ejemplo, ciertas inhabilidades o prohibiciones tendientes a evitar que se repitan daños o agresiones; ciertos servicios o trabajos en favor de la víctima, la interdicción de circular por determinados lugares o tener contactos con determinadas personas, son medidas que podrían tender a una más integral retribución, resarcimiento, y protección por los perjuicios ocasionados a las víctimas. Sin embargo, todas estas medidas en general son ajenas al derecho civil. Incluso, como veremos más adelante (Capítulo XIV), hasta la prisión podría discutirse como modo de retribución, no en nombre de la sociedad, sino de la víctima, en casos de hechos violentos.

Pero en el ámbito de esta dualidad de derecho civil y derecho penal en la que se desenvuelven los ordenamientos jurídicos modernos, las alternativas frente a la violación de un derecho individual se limitan a dos:

a. La del derecho civil, que sólo le permite a la víctima perseguir una compensación económica, en el caso improbable de que el criminal tenga bienes disponibles que puedan ser embargados para hacer frente a la demanda.

b. La del derecho penal, en la que el Estado aplica una pena al criminal, ya sea como castigo por el mal causado, para evitar conductas similares o para resocializarlo.

En el primer caso, los límites propios del derecho civil, que impiden buscar formas de retribución o restitución adecuadas para satisfacer a la víctima, normalmente lo tornan inoperante. En el segundo supuesto, la víctima no tiene participación alguna, y no obtiene ninguna reparación por el daño sufrido.

2. LA POSICIÓN DE LA VÍCTIMA ANTE EL DERECHO PENAL

Normalmente, la víctima se ve sometida a varias cargas, como las de concurrir a la comisaría y a los tribunales para prestar declaración, no poder disponer de los bienes de su propiedad involucrados en la causa hasta que esta se resuelva, etc.; pero no obtiene a cambio nada más que la eventual satisfacción de saber que la persona que violó sus derechos será condenada a una pena de prisión.

LAS CONTRADICCIONES DEL DERECHO PENAL

Esta presunta satisfacción que la aplicación de una pena al criminal daría a la víctima, o en una visión más amplia a la sociedad, en los tiempos modernos se está poniendo en dudas por dos circunstancias:

a. El avance de la civilización hace que la gente tienda a sentir cada vez menos satisfacción por el sufrimiento ajeno, incluso por el de quien ha violado algún derecho[193].

En este sentido, me parece fundamental abandonar el argumento de la venganza, para mitigar la cual se justificó en su momento la intervención estatal en la solución de los conflictos. La experiencia cotidiana muestra que el ejercicio del poder y la fuerza estatal parece innecesario para evitar la generalización de la venganza. El sistema penal sólo interviene en un reducido número de crímenes que efectivamente se cometen, y de ellos

---

[193] Mi experiencia personal de muchos años como magistrado en distintos tribunales, me permitieron advertir que muy frecuentemente las víctimas que concurren a las audiencias de los juicios como testigos, especialmente respecto de delitos de escasa peligrosidad y que no han llegado a consumarse, no tienen mayor interés en que el enjuiciado vaya a la cárcel. En muchas ocasiones incluso hacen manifestaciones concretas durante su declaración, en el sentido de que no quieren que esas personas sean encarceladas —sino más bien que reconozcan que hicieron mal y reparen de algún modo el daño ocasionado—. Aparentemente, las manifestaciones populares y periodísticas de quienes quieren ver a los criminales en las cárceles, se mitigan drásticamente cuando las personas abandonan el anonimato y la irresponsabilidad de formar parte del grupo, y se convierten en el centro de un proceso judicial, sabiendo que su declaración será esencial para enviar a la persona a prisión.

En estos casos, cuando el tribunal condena al procesado a ir a prisión, con el desinterés o incluso el desacuerdo expreso de la víctima, es evidente que no lo hace para retribuir el mal sufrido por el damnificado, sino en nombre de una potestad estatal autónoma.

En ocasión de escribir la primera versión de este libro recordaba un caso que tuvo bastante repercusión entonces, hace más de 20 años. Se trataba del homicidio culposo de Juan Acuña por María Victoria Mom, quien lo atropelló con su camioneta y luego huyó del lugar. Durante semanas, un bombardeo periodístico exigía una condena de cumplimiento efectivo como homicida dolosa para la joven, invocando la necesidad de dar una señal «ejemplar» a la sociedad contra la impunidad. La jueza correccional finalmente condenó a Mom a una pena de prisión en suspenso, la inhabilitó para conducir vehículos automotores y le agregó algunas penas accesorias —además de quedar abierta la vía civil para buscar una «reparación» económica del perjuicio—. A continuación se produjo la curiosa circunstancia de que mientras los periodistas y abogados seguían trinando que la «sociedad» estaba disconforme con el fallo, los padres y hermanos de la víctima dijeron estar satisfechos con la pena y que no consideraban conveniente que la acusada fuese a la cárcel. Situaciones como esta son mucho más frecuentes en los tribunales de lo que la gente piensa.

154

sólo resuelve algunos, sin que la inmensa mayoría de hechos impunes dé lugar a venganzas generalizadas. Viendo el problema desde otra óptica, los genocidios y violaciones masivas de derechos individuales por parte de múltiples gobiernos tampoco han producido como respuesta venganzas masivas.

La realidad parece ser que las venganzas sólo son excepcionales, aun cuando muy publicitadas como un medio para fortalecer la justificación del ejercicio del poder del sistema penal y reforzarlo[194]. La circunstancia de que el derecho a la restitución haya sustituido ampliamente a la venganza de sangre en los ordenamientos jurídicos que se formaron por la evolución espontánea de las costumbres en la Europa medioeval, tiende a confirmar esta apreciación, y el avance de la racionalidad en la conducta humana desde entonces, hace suponer que la mayor parte de las personas que ha padecido un daño buscará más una forma razonable de restitución, antes que la venganza ciega y sin propósito[195].

b. Si se le diera la posibilidad a la víctima de elegir entre que el imputado vaya a la cárcel y ella no obtenga ninguna otra satisfacción a cambio, o que el imputado quede en libertad, pero que se lo obligue a pagarle una indemnización por el daño que le produjo o a realizar ciertos trabajos en su beneficio personal para resarcirla, tengo la impresión de que en un gran porcentaje de los casos las víctimas elegirían esto último[196].

---

[194] Zaffaroni, Eugenio Raúl, *En busca de las penas perdidas*, Ediar, Buenos Aires, 1989, p. 111.

[195] Berman, Harold J., *Law and revolution. The formation of Western legal tradition*, Harvard University Press, 1983, pp. 52-56. Barnett, Randy E., *The structure of liberty*, *op. cit.*, p. 184.

[196] He podido comprobar esta circunstancia en casos en que se solicita la suspensión del juicio a prueba. El pedido requiere un ofrecimiento de reparación del perjuicio en la medida de las posibilidades del imputado. Entonces se advierte que la víctima, que llega fastidiada al tribunal luego de haber comparecido a la policía, la fiscalía, etc., cambia su actitud ante la noticia de que podrá irse con algo de dinero para reparar los daños sufridos. Aun cuando el ofrecimiento de reparación no sea integral, igualmente la idea de poder obtener un resarcimiento inmediato, sin necesidad de hacer un juicio civil, buscar un abogado que lo represente, etc., suele ser para las víctimas mejor noticia que la eventual condena a prisión del procesado. Frecuentemente, lo más importante para la víctima es ser tenida en cuenta en el proceso, ver que alguien se preocupa por el daño sufrido, más que por el monto final de esa reparación.

En muchos casos, esta circunstancia genera sentimientos benevolentes en las víctimas, que no aceptan la indemnización ofrecida por el procesado, y se contentan con su

De todos modos, como las valoraciones individuales de las personas no pueden ser adivinadas a *priori*, no es posible asegurar que las víctimas siempre preferirían la indemnización al encierro del criminal, pero lo cierto es que el derecho procesal penal no le da la opción de elegir, pues su papel es secundario dentro del proceso.

Existe hoy una preocupación teórica, plasmada en muchas legislaciones, de revalorizar a la víctima en el proceso, creándose académicamente la asignatura de «victimología» y algunos departamentos gubernamentales destinados a velar por sus derechos. Pero estos intentos no alcanzan a cambiar la naturaleza del procedimiento penal, en el cual la víctima es sólo un dato, una pieza de evidencia que es preciso colectar para poder aplicar una pena, no obstante que tanto la categorización de delito como el monto y modo de cumplimiento de la pena, quedan a cargo del Estado. Es más, la «victimología» nació y se desarrolló como un modo de ayudar a las víctimas a sobrellevar los traumas que les pudo haber producido el crimen, y no para velar por la satisfacción de sus derechos e intereses vinculados con la restitución por el crimen.

El estudio de la situación de la víctima dentro del proceso penal, tuvo inicialmente más que ver con la influencia que su conducta pudo haber tenido para la producción del hecho, y cómo ello contribuye a determinar el grado de reprochabilidad al imputado. Como señala Roxin:

> La victimología, es decir la teoría criminológica de la influencia de la conducta de la víctima en la delincuencia, ha comenzado recientemente a irradiar su influencia sobre la dogmática del Derecho penal. A ese respecto el punto central lo constituye la cuestión de cómo repercute en el injusto la corresponsabilidad de la víctima por lo sucedido, y especialmente si la misma puede dar lugar a la exclusión del tipo o de la antijuridicidad [197]

Esta afirmación vincula a los inicios de la victimología más con el estudio de los elementos del delito que se imputa al autor, que con la situación, reclamos o vulnerabilidad de la propia víctima.

---

esfuerzo para intentar resarcir los daños, No ocurre lo mismo cuando los damnificados comparecen en el rol de medios de prueba que les asigna el procedimiento penal.

[197] Roxin, Claus, *Derecho Penal – Parte General*, Civitas, Madrid, 1997, Tomo 1, p. 562.

Resultan elocuentes las observaciones de Hassemer respecto de la situación de la víctima en el derecho procesal penal alemán, que pueden identificarse con las del resto de los procedimientos:

> La posición de la víctima en el derecho penal y en el proceso penal se caracteriza por su participación parcial en cuestiones de poca trascendencia y por un alejamiento general respecto de las cuestiones de importancia. La persecución de los delitos sólo se hace depender de la denuncia o querella de la víctima en los supuestos de escasa relevancia social del hecho, siendo en los demás casos competencia de la autoridad la decisión sobre la instrucción y la acusación. La querella del particular sólo se autoriza respecto de los delitos cuyo tipo comporta un reducido interés público y el mismo principio. El monopolio público de la persecución penal sólo se ve levemente afectado a través del procedimiento especial para compeler a la promoción de la acción pública.
>
> La cuestión de la reparación de daños inferidos a la víctima es algo accesorio para el derecho penal. Los beneficios patrimoniales obtenidos por el delincuente no se restituyen a la víctima sino que son objeto decomiso. El denominado *procedimiento de adhesión,* que ha establecido la StPO para el resarcimiento de la víctima, no desempeña un papel relevante en la práctica porque no se acomoda al sistema del proceso penal alemán. La satisfacción del interés de la víctima mediante la difusión pública de la sentencia está prevista en muy reducidos casos [...] El derecho penal aleja a la víctima de su polar ubicación frente al delincuente y ocupa por sí mismo esa posición, relegando a la víctima al ámbito de la previsión social y al derecho civil sustantivo y procesal, en donde de modo activo y dirigiendo el proceso habrá de reclamar su derecho a la restitución, a la reparación material y a la indemnización de daños y perjuicios. En el derecho penal la víctima queda neutralizada, limitada a la participación como testigo en el esclarecimiento del hecho, y con los rudimentarios derechos a la conformación del proceso que se han mencionado[198].

---

[198] Hassemer, Winfried, *Fundamentos del derecho penal*, Bosch, Barcelona, 1984, pp. 90 y ss.

En el derecho alemán, la naturaleza de la acción penal cambió cuando se pasó de la venganza y la *faída,* que estaban a cargo del ofendido y en su caso, de sus parientes *(sippe),* al sistema de la *composición* y la estatización de las multas impuestas al delincuente. La venganza fue en primer lugar sustituida por la imposición de prestaciones expiativas y de multas que indemnizaban al ofendido. El derecho penal estatal se estableció cuando el Estado se constituyó en receptor de la indemnización, desplazando a la víctima[199].

Lo propio ocurre hoy en el sistema judicial penal anglosajón, que otrora tuvo como motor y destinatario de protección a la víctima. Como señala William Mc Donald:

> El interés del sistema de justicia criminal en la víctima es sólo como un medio para otro fin, y no un fin en sí mismo. La víctima es una pieza de evidencia. La policía quiere conocer «sólo los hechos», pero la traumatizada víctima quiere conocer toda la historia y más aún; quiere ser tratada como un ser humano, y se resiente frente al profesional desinterés de los policías. Del mismo modo, los fiscales sólo quieren oírlos hechos que para ellos son relevantes[200].
>
> Cuando el caso finalmente llega a una sentencia, la víctima en el actual sistema judicial penal se encuentra con que ni siquiera es tenida en cuenta. En contraste con lo que ocurría en los tiempos de la Colonia, no puede esperar que la sentencia contenga una orden de restitución, mucho menos que se reparen los daños sufridos por el crimen. Los procesados cuentan con defensores, y si no los pueden pagar, el Estado les provee uno. Pero las víctimas no tienen el mismo privilegio. Algunos fiscales dirán que es su función representar los intereses de las víctimas, pero ello no puede ser así. Existe un conflicto de intereses entre las opiniones y deseos de la víctima y los del Estado. Muchas veces la víctima sólo quiere que le devuelvan el bien robado, y al fiscal sólo le interesa que el ladrón vaya a la cárcel[201].

---

[199] Hassemer, Winfried, *op. cit.*, p. 93.

[200] Mc Donald, William, «The role of the victim in America», en *Assessing the Criminal, op. cit.*, p. 299.

[201] *Ídem*, p. 301.

3. LA VÍCTIMA CONSIDERADA COMO FUENTE DE CRIMINALIDAD

La circunstancia de que el derecho penal regule una relación entre el Estado y el presunto criminal, no sólo quita de la escena a la víctima como objeto de protección jurídica, sino que además, para garantizar los derechos de los procesados frente al poder estatal, originó la creación de una serie de principios que atenúan la rigurosa aplicación de la ley penal. Por este camino se ha llegado al punto de considerar a la propia víctima responsable por evitar la criminalidad en su contra, a riesgo de ser convertida ella misma en delincuente, si no lo hace.

Marvin E. Wolfang elaboró en 1958 el concepto dinámico de *victim-precipitation,* según el cual se considera a la víctima, en muchos casos, como un partícipe esencial del hecho, como un «acelerador directo y positivo del delito», que facilita, causa, atrae o provoca el crimen en su contra[202].

Se entiende que en muchos casos la víctima presta con su comportamiento un aporte al hecho, o que su comportamiento puede ser entendido o mal entendido por el autor como un consentimiento o una aprobación de su hecho *(functional responsibility).*

Esta visión ha sido tomada como base para sostener las siguientes proposiciones[203]:

a. La potencial víctima debería ser obligada por medios coactivos jurídico-administrativos, a impedir su propia posibilidad de llegar a ser víctima. Así, por ejemplo, se propone que para disminuir los hurtos en supermercados, los propietarios de grandes comercios deberían ser obligados a diagramar la organización de su negocio lo más claramente posible y tener un mínimo de personal de venta y vigilancia. En caso de no cumplir estas obligaciones legales, las víctimas potenciales deberían ser penadas[204].

b. Se debería negar la protección jurídico-penal a la víctima que no haya hecho uso de las medidas de autoprotección impuestas por la ley, a menos que *se* trate de hechos punibles ejercidos con violencia[205].

---

[202] Wolfang, Marvin E., *Patterns in criminal homicide,* University of Pennsylvania Press, 1958, pp. 245-252.

[203] Schneider, Hans Joachim, «La posición jurídica de la víctima del delito en el derecho y en el proceso penal», en *Doctrina Penal,* año 1989, pp. 326-327.

[204] Scheider, Hans Joachim, *op. cit.,* p. 326.

[205] Schünemann, Bernd, *The future of the victimological approach to the interpretation of criminal law: the use of victimological considerations as a comprehensive, regulative*

c. Habría que tener en cuenta el comportamiento responsable de la víctima al momento de escoger la sanción imponible por parte del tribunal, o por lo menos al momento de individualizar la pena[206].

Parece evidente que estas preocupaciones por la influencia que la conducta de la víctima pudiese haber tenido sobre la determinación del criminal de cometer el hecho, se basan en el hecho de que la sanción a imponer en el ámbito penal, y su medida, no están vinculadas con el perjuicio ocasionado a la víctima, sino con el grado de reprochabilidad en la conducta del imputado, desde el punto de vista de una moral diseñada por la ley.

En el razonamiento que se elabora a partir de esta premisa, parece lógico que la conducta de la víctima sea tenida en cuenta como un dato esencial para evaluar del mejor modo posible la culpabilidad del procesado. Pero si se considerase que la finalidad del sistema judicial es la protección de derechos individuales concretos, jamás podría invertirse la responsabilidad, y convertir a la víctima en su propio victimario.

Además, es interesante advertir cómo estas teorías finalmente convierten a la víctima potencial en una víctima efectiva, al obligarla a tomar una serie de recaudos a su costa, bajo la amenaza de un castigo si no lo hace, paradójicamente con el objeto de que no sea afectada por un crimen.

4. LA VÍCTIMA COMO OBJETO DE LA PROTECCIÓN LEGAL

La estatización de la persecución penal, que se justificó en la necesidad de evitar la venganza, con el transcurso del tiempo acabó respondiendo a la violencia con más violencia, al crimen con más crimen, convirtiéndose en un propio foco de criminalidad.

Sin embargo, no es la estatización de la acción penal lo que permite disminuir los niveles de violencia, sino la implementación de un sis-

---

principle for limiting the scope of certain crimes, Tokio, 1986; cit. por Scheider, Hans Joachim, *op. cit.*, p. 326.

[206] Hillenkamp, Thomas, *The influence of victim behaviour on the dogmatic judgement of the offence. Some remarks on the relationship between victimology and the dogmatic of penal law*, Tokio, 1986; cita por Scheider, Hans Joachim, *op. cit.*, p. 326.

En este sentido, Schneider cita el ejemplo del Código Penal suizo, cuyo artículo 64 dispone una atenuación de la pena para el caso en que «el acusado haya sido claramente tentado por el comportamiento del lesionado» o en los que «el acusado haya sido arrastrado por enojo o por un dolor considerable, causado por una provocación o injuria injustificadas».

tema procesal adecuado que permita encauzar los legítimos derechos de la víctima a una reparación razonable por los daños que le produjo su agresor, respetando principios legales objetivos aplicados por un tribunal de justicia imparcial que arbitra entre dos partes que actúan en igualdad de armas.

El monopolio de la acción penal por parte del Estado puede llevar, como frecuentemente ocurre, a reemplazar el peligro de la violencia privada a través de la llamada justicia por mano propia y la venganza sin límites, por la violencia pública e institucional, que es mucho más peligrosa y difícil de combatir.

Además, el rol secundario que tiene la víctima en el proceso, la falta de incentivos que le ofrece, contribuyen a que los ciudadanos vean al derecho penal como insuficiente o poco efectivo para proteger sus derechos. Ese sentimiento de indefensión que experimentan las víctimas incluso de delitos menores, que ven que en el mejor de los casos los procesados son condenados a penas de prisión en suspenso, alienta ese clamor de impunidad, y la consecuente búsqueda de soluciones alternativas a la criminalidad, que muchas veces terminan nuevamente en la reacción violenta desproporcionada y la mal llamada «justicia por mano propia»[207].

---

[207] En el esquema de un gobierno limitado, la justificación de la respuesta ante el crimen, tanto de la víctima como del gobierno, es la legítima defensa de los derechos. Cuando una persona es agredida, tiene derecho a una respuesta inmediata para defenderse a sí misma, su integridad física y sus derechos, dentro del marco de determinadas condiciones: que se trate de una agresión ilegítima que no haya sido provocada por ella, que la amenaza de un mal a la que se responde sea inminente, que los medios para repelerla sean razonables de acuerdo con la entidad de la agresión. Dentro de esos límites, la persona actúa ejerciendo su derecho a defenderse.

Cuando el peligro no es inminente o el daño ya ha sido provocado, la defensa se canaliza a través de los órganos del gobierno destinados al efecto. La finalidad de ello es, por un lado, organizar una protección más efectiva de los derechos, y por otro, evitar los excesos, que en nombre de la defensa propia pueden originar a su vez agresiones injustificadas e injusticias.

Por ello, parece incorrecto hablar de «hacer justicia por mano propia», en referencia a ciertas situaciones en las que una persona que fue agredida por un crimen, sin correr ningún peligro concreto en el momento, premeditadamente, inflige al autor de ese crimen un mal que no se vincula directamente con la legítima defensa sino con alguna forma de venganza.

En estos casos no es correcto hablar de «justicia», no interesa que quien cometa el acto de supuesta retribución desproporcionada sea un particular que actúa invocando su derecho violado. Del mismo modo, un policía que mata sin motivo a alguien a quien está investigando no protagoniza un caso de «justicia por mano

Como explica Bruce Benson, la insatisfacción con el sistema de justicia criminal hace que los damnificados decidan no denunciar ante las autoridades los crímenes cometidos en su contra, y que las víctimas potenciales busquen formas alternativas en la esfera privada para su protección. No debería sorprender, además, ver que ante la incapacidad del gobierno para proteger sus derechos, muchas víctimas también están decidiendo alternativas privadas para resolver los crímenes y sancionar a los criminales[208].

Una solución para esta inadecuada ubicación de la víctima dentro del proceso penal, se intentó al incrementar su participación y sus atribuciones dentro del mismo proceso. Pero ello, más que una solución parece una forma de agravar el problema. El derecho penal es siempre derecho público, no tiene por finalidad proteger los derechos de personas particulares concretas que se han visto perjudicadas por el delito. En este contexto, el aumento de participación de las víctimas dentro del proceso penal no solamente no mejoraría sus chances de verse retribuida o resarcida por el daño que recibió, sino que además se produciría un peligro adicional, que es el de darle a los particulares un arma muy poderosa —la legislación penal— para amenazar a otros en procura de un beneficio personal.

Es muy frecuente ver cómo los presuntos damnificados de ciertos hechos especialmente de naturaleza económica, como es el caso de incumplimientos contractuales o daños, utilizan la vía de querellar penalmente a la otra parte para obtener el pago o devolución de lo que consideran suyo. En estos casos, en realidad están utilizando el poder estatal de mandar a una persona a la cárcel, como un instrumento más en la negociación de una discusión de índole privada. Se asemeja moralmente a una forma de extorsión, que además enrarece y complica la solución de muchos conflictos o reclamos.

Por eso, insisto en que una adecuada noción de «retribución» en una sociedad libre, no debería consistir en retribuir en nombre y para satisfacción del Estado sino en nombre y para satisfacción de la víctima. En este contexto no se advierte diferencia entre el derecho civil y el penal, a no ser por el alcance y la modalidad de reparación que el juez podría imponer (en el derecho civil se excluyen ciertas medidas resarcitorias

---

ajena». Ambos son ejemplos de actos criminales, en los que la palabra «justicia» no debería estar involucrada.

[208] Benson, Bruce L., *Privatization in Criminal Justice*, The Independent Institute, 1996, pp. 17-24.

extra-monetarias y punitorias propias de la esfera penal, que bien podría incluirse en un concepto integral de reparación).

Por lo tanto, y como veremos más adelante, una fusión entre ambas nociones del derecho, tomando como base el derecho civil y agregándole algunos elementos que le quiten su exclusiva función de reparación económica, podría poner a la víctima en el centro de la protección jurídica, y cumplir más acabadamente los fines del gobierno en una sociedad libre[209].

---

[209] Sobre esta vincualación del derecho civil y el penal, puede verse el trabajo de Richard A. Epstein: «Crime and tort: Old wine in old bottles», en *Assessing the Criminal, op. cit.*, pp. 231-257.

CAPÍTULO 10

LAS CRÍTICAS A LA PRISIÓN
COMO MEDIO RAZONABLE DE RETRIBUCIÓN

Como vimos al principio, los esfuerzos por limitar los excesos de la venganza privada tuvieron una expresión en la ley del Talión, que estableció una «retribución» consistente en infligir al violador de un derecho el mismo daño que ocasionó a la víctima.

Esta retribución, que en algunas épocas se llevaba a cabo en nombre y para satisfacción de la víctima, terminó por aplicarse como una imposición estatal. Con el transcurso del tiempo y la civilización de los procedimientos penales, la retribución talional dio paso a la prisión, como medio menos sangriento y más razonable de castigo. El proceso de humanización del derecho y reconocimiento de la dignidad humana que se produjo especialmente durante el Renacimiento, llevó a la búsqueda de sustituir la formas de castigos físicos, crueles y que produzcan excesivos sufrimientos[210]. En lugar de la mutilación, esclavitud o muerte, el criminal es condenado a pasar determinada cantidad de tiempo encerrado en la cárcel.

No fue sino hasta el siglo XVIII en que se consolidó la pena privativa de la libertad en su sentido actual de pena consistente en el internamiento de un sujeto en un establecimiento penitenciario. Hasta entonces, se reservaron para la prisión funciones distintas, en especial la de servir de custodia de quienes esperaban ser juzgados (la actual «prisión preventiva»)[211] o habían de ser sometidos a tormento. También se la

---

[210] Garland, David, *Castigo y sociedad moderna. Un estudio de teoría social*, Siglo veintiuno Editores, Madrid, 1999, p. 333.

[211] Los ordenamientos jurídicos medioevales reservaban a la prisión el rol de un lugar de retención, la «cárcel de custodia», tal como se consigna en las Partidas o en

empleaba como medio de forzar al condenado a realizar determinados trabajos (como en las minas)[212].

Mir Puig señala tres causas probables de la tardía aparición de las penas privativas de la libertad: a) la libertad física no tuvo hasta los tiempos modernos la importancia y significación que hoy posee; b) hasta la aparición del llamado «Estado moderno», el derecho penal ha sido preponderantemente de carácter privado, y era lógico que en ese contexto se prefiriesen penas que, o bien compensasen económicamente el perjuicio sufrido (composición) o supusiesen una satisfacción inmediata a la búsqueda de venganza (como la muerte o castigos corporales o infamantes); c) no existía la organización necesaria en el gobierno ni recursos públicos suficientes como para mantener un sistema de prisiones, con la consecuente construcción de edificios, nombramiento de funcionarios, logística, control a largo plazo, manutención de los internos, etc.[213].

Las penas privativas de la libertad comenzaron a imponerse sistemáticamente a finales del siglo XVI con las llamadas «casas de corrección», la primera de las cuales fue la de Bridewell, en Londres (1555). Luego se diseminaron por toda Europa en los siglos XVII y XVIII. La crudeza que estas penas alcanzaron en el siglo XVIII hizo que pronto se olvidara su fundamento inicial, que fue suavizar el rigor del sistema penal de la muerte y las penas corporales[214]. Probablemente la brutalidad de estos establecimientos fue estimulada por un erróneo sentido de prevención general.

Pero desde fines del siglo XIX especialmente, se ha comenzado a advertir que crímenes de escasa peligrosidad como el hurto, o de naturaleza esencialmente económica como la estafa, tienen mejor respuesta por la vía de la sanción patrimonial o del trabajo en beneficio de la víctima o de la comunidad, que con la privación de la libertad; y que la prisión se ha convertido en un modo de castigo irrazonable en buena parte de los casos.

Es verdad que quien cometió un crimen probablemente sufrirá más si tiene que padecer la privación de su libertad ambulatoria que si tiene que pagar una suma de dinero, pero hay que recordar que la retribución, desde la perspectiva de un orden jurídico destinado a proteger derechos

---

el Libro de las Costumbres de Tortosa (conf. García Valdez, Carlos, *Comentarios a la legislación penitenciaria*, Civitas, Madrid, 1982, p. 23).

[212] Mir Puig, Santiago, *Derecho Penal – Parte General*, Barcelona, 1996, pp. 699-700.

[213] *Ídem*, p. 700.

[214] *Ídem*, p. 701-702.

concretos, no significa hacer sufrir todo lo posible al criminal, sino satisfacer del mejor modo posible el perjuicio ocasionado y preservar la coexistencia pacífica entre las personas[215]. El primer objetivo casi no se tiene en cuenta desde que el derecho penal es manifestación del poder estatal de castigar; y el segundo no se logra a través de una violencia extrema y sin justificación directa.

Es sabido que por el solo hecho de ingresar a la prisión, una persona tiene una alta probabilidad de padecer varias consecuencias gravosas: *1)* perder su trabajo; *2)* separarse de su familia y amigos; 3) conectarse con otras personas que están en la cárcel, entre quienes encontrará, muy probablemente, a criminales que cuando salga le ofrecerán su único trabajo posible: seguir delinquiendo; *4)* al salir de la cárcel quedará estigmatizado y marginado; 5) su antecedente penal será un duro lastre con el que deberá cargar cada vez que se encuentre en la calle con un policía que le pida sus documentos, o cuando deba realizar trámites administrativos o buscar un empleo; *6)* psicológicamente, el encierro prolongado bajo un régimen carcelario deja huellas difíciles de borrar, etc.

Por otra parte, la cantidad de personas que fallecen mientras se encuentran en prisión, parece ser un indicador importante en favor de quienes propugnan las penas alternativas. En España, por ejemplo, en el año 2012 fallecieron 166 personas en prisión. Las tres causas principales de esas muertes han sido el infarto, el consumo de drogas y el suicidio. Durante ese año se verificó un incremento en las muertes en prisión respecto del año anterior, a pesar de que se había producido una reducción en la población penitenciaria respecto de 2011. De esos muertos, 118 fallecieron en el mismo centro penitenciario, mientras que los 48 restantes fallecieron en los hospitales a los cuales fueron trasladados para su tratamiento médico[216]. Se ha señalado que la dificultad para adaptarse a la vida o subcultura carcelaria y las pésimas condiciones de los centros penitenciarios son las principales causas de la elevada tasa de suicidios que se dan entre los internos en las cárceles de todo el mundo[217].

---

[215] Es bueno recordar que la parte final del artículo 18 de la Constitución argentina de 1853 señala: *«Las cárceles de la Nación serán sanas y limpias, para seguridad y no para castigo de los reos detenidos en ellas, y toda medida que a pretexto de precaución conduzca a mortificarlos más allá de lo que aquella exija, hará responsable al juez que la autorice».*

[216] Según informe de ACAIP: *Muertes en prisión: mortalidad 2006/2012,* Madrid, 2014. Acaip (2014).

[217] Uribe-Rodríguez, A., Martínez-Rodríguez, J., y López-Romero, *Depresión y ansiedad estado/rasgo en internos adscritos al «Programa de Inducción al Tratamiento Penitenciario»* en Bucaramanga, *Colombia.* Bucaramanga (Colombia), 2012, pp. 47-58.

Se advierte entonces que, sea cual fuere la teoría que se acepte como justificativo de la potestad estatal de aplicar penas, la prisión parece desaconsejable y no cumple con la finalidad buscada en una porción significativa de los casos. En especial, parte de la doctrina ha manifestado su reproche por la existencia de penas excesivamente largas y cortas, considerando que ambas modalidades conspiran con la finalidad de la pena: las penas largas llevan a la desadaptación del individuo, no contribuyen a su reinserción en la sociedad luego de su prolongado tratamiento[218]; por su parte, las penas privativas de la libertad cortas no permiten ningún tipo de tratamiento y por lo tanto no sirven para disminuir la reincidencia, por el contrario, la incrementan[219].

Una de las consecuencias del incremento en la duración de las penas de prisión es que aumenta la edad promedio y máxima de los reclusos. Así, por ejemplo, en España este incremento en la duración de las penas ha llevado a que cada año sea mayor el número de presos de más de 70 años. En 2013, por ejemplo, hubo 351 presos más, mayores de 70 años, en comparación con las cifras de algunos años antes[220]. Para varias de las finalidades que justifican la pena privativa de la libertad, superar esa edad lleva a que tales objetivos ya no se puedan alcanzar por ese medio. Estos motivos, y también razones humanitarias han llevado a que varias legislaciones autoricen a los jueces de ejecución penal a disponer formas atenuadas tales como la prisión domiciliaria, para los internos mayores de esa edad.

Por otro lado, desde un análisis puramente económico, se han realizado numerosas investigaciones tendientes a mostrar las importantes erogaciones patrimoniales que, para los contribuyentes, suponen mantener el sistema carcelario, y que además de padecer las consecuencias

---

Bogatyrev, & Terekhov, *The theoretical and applied principles of the investigation of suicide prevention in penitentiary institutions of Ukraine.* Юридичний вісник, 32(3), 2014, pp. 126-129. Citados por Celaya Aguirrezabal, Ainhoa, *La pena de prisión y sus alternativas*, Universidad del País Vasco, Donostia, 2016, p. 17.

[218] Rico Ruíz, José María, *Justicia penal y transición democrática en América Latina*, Siglo Veintiuno Editores, Madrid, 1997, p. 290.

[219] Roxin, Claus, «El desarrollo de la política criminal desde el proyecto alternativo», en Mir, Santiago, *La Reforma del Derecho Penal, op. cit.*, p. 94.

[220] Ríos Martín, Julián Carlos, «La cadena perpetua y la custodia de seguridad en la reforma penal de 2013», *Revista de Derecho Penal y Criminología*, Madrid, Extraordinario, n° 1 (Dic. 2013) p. 177-211, 188.

del crimen, las personas deben pagar más impuestos para solventar el alojamiento en las prisiones[221].

Por ejemplo, en 2011 se calculaba que mantener un preso en una cárcel de España tenía un costo básico de 65 euros diarios, lo que suma 23.725 euros al año. Pero los gastos totales vinculados con la estancia en prisión alcanzan a los 36.000 euros por persona aproximadamente, si se agregan gastos de gestión administrativa y judicial. Durante ese año, el presupuesto del sistema penitenciario español fue de 1.538,5 millones de euros[222].

Económicamente, el problema de las prisiones es insoluble, pues salvo en aquellos casos en que los reclusos voluntariamente aceptan trabajar en alguna actividad que genere recursos para mantener sus gastos, es difícil que una cárcel se autofinancie[223]. En este sentido, muchas de las opciones de trabajo en las cárceles no están vistas como un medio de recaudar dinero para la manutención de los presos, sino como parte del tratamiento penitenciario tendiente a la readaptación o resocialización del interno, lo que incluso puede ser deficitario desde el punto de vista económico.

Por ello, finalmente la disyuntiva queda planteada entre aumentar los impuestos para ofrecer condiciones dignas a los reclusos en las cárceles, o no hacer cargar a los contribuyentes con esta consecuencia secundaria del sistema penal, y condenar a los reclusos al hacinamiento. Cualquiera de las dos soluciones acarreará una lesión a derechos individuales, pues

---

[221] Entre los muchos trabajos elaborados en este sentido, se puede consultar la recopilación de ensayos editada por Robert James Bindinotto (*Criminal Justice? The Legal System versus Individual Responsability*, The Foundation for Economic Education, 1994). Recurrentemente se manifiesta el supuesto contrasentido de que en muchos casos, los criminales que son condenados a prisión pasan a tener un nivel de vida superior al que tenían en las calles, con acceso a mejor alimentación, atención médica, esparcimiento, etc. Se critica esta situación, sosteniendo especialmente que, además del daño que los criminales producen a sus víctimas, todo el resto de la sociedad, formada por ciudadanos respetuosos de la ley y los derechos, deben pagar por los gastos de mantener las prisiones.

[222] Ríos Martín, Julián Carlos, «La cadena perpetua y la custodia de seguridad en la reforma penal de 2013», *op. cit.*, p. 188.

[223] Por supuesto que en los casos de reclusos con hábitos y predisposición para el trabajo se pueden lograr buenos resultados, y especialmente esto ha ocurrido en algunas cárceles privadas o de organización más abierta. Pero aun cuando las cárceles privadas pudieran ofrecer una alternativa interesante para lograr una mejor inversión de los recursos y reducir los costos, de todos modos el Estado siempre ha de hacer frente a una erogación importante para mantener a los reclusos.

aun cuando se sostenga que los criminales, al decidir violar derechos ajenos, asumieron las consecuencias de su acción y deben pagar por ellas, el principio elemental de proporcionalidad entre la violación al derecho y el castigo, hace que sólo se justifique dicho castigo mientras guarde una relación con el daño producido. Si ese castigo fuese desproporcionado, se estarían violando los derechos del criminal.

En definitiva, el Estado es el que decide a través de la legislación poner en la cárcel a determinadas personas. Esta pena de prisión se supone que tiene algún justificativo que no sea simplemente infligir sufrimiento a las personas alojadas allí (al menos ninguna de las teorías de la pena más aceptadas admite tal finalidad). El sostenimiento de las prisiones es altamente caro, y son los contribuyentes —que no sólo no han cometido ningún crimen, sino que trabajan todo el día para pagar impuestos al Estado— quienes deben mantener en funcionamiento el sistema.

Ello se advierte dramáticamente en los casos de prisión preventiva, donde un ciudadano goza de la presunción de inocencia, no obstante lo cual se lo somete a todas estas consecuencias contraproducentes de su alojamiento en prisión.

Para agravar el problema, este incremento en el poder represivo del Estado se ha visto además distorsionado por la tendencia al uso de dicho poder en beneficio de intereses políticos, más que en la creación de un orden jurídico objetivo aplicado por jueces independientes que resuelven conflictos según los reclamos de las partes. La politización del derecho, y su uso al servicio de determinados partidos, ideologías o grupos de interés, hace que el incremento de ese poder que supone la legislación penal ayude a afianzar tal distorsión del derecho.

Cuando se observan algunas estadísticas, se puede observar que en muchos países la cantidad de personas sometidas al régimen penitenciario en sus distintas modalidades se ha incrementado con los años, mientras que los delitos efectivamente cometidos han disminuido.

Por ejemplo, si se examinan cifras de España y otros países europeos, se podrá comprobar, al menos en los números, que esto ha sido así. En España se han incrementado sensiblemente las reclusiones en establecimientos penitenciarios. Desde 2008 se advierte ese aumento, hasta llegar a superar los 65.000 reclusos en 2015, en establecimientos que incluyen centros penitenciarios, centros de inserción social, unidades de madres, establecimientos psiquiátricos penitenciarios y servicios de gestión de penas y medidas alternativas. La cantidad de personas duplica la capacidad normal prevista para tales alojamientos.

Paralelamente, la cantidad de crímenes registrados ha disminuido, pasando de 2.396.809 infracciones penales comprobadas en 2008, a 2.172.133 en 2013[224].

Alguien podría afirmar que, precisamente, la disminución en la comisión de crímenes se ha debido a que los delincuentes potenciales se encontraban recluidos en las cárceles. Sin embargo, tal afirmación no dejaría de ser dogmática frente a muchas otras explicaciones posibles, tales como los incremento en la prevención del crimen, tanto por la policía como por los propios ciudadanos aprovechando nuevos avances tecnológicos; mejoras en las condiciones socioeconómicas, educativas y culturales que desalientan el crimen, etc.

Examinar los verdaderos motivos de la disminución en la criminalidad es de suma importancia, pues la visión automática de pensar que cuanto más graves son las penas más se desalienta la delincuencia no sólo es una afirmación que encuentra serias discrepancias con los resultados de estudios de campo, sino que el sometimiento a prisión es algo de extrema gravedad desde muchos aspectos, como estamos viendo. Además, en la lógica de la respuesta al crimen con prisión, el resultado final es enviar a la prisión a cada vez más personas en la medida en que la criminalidad siga existiendo: frente a cada nuevo delito la reacción es el encarcelamiento, en un proceso que no tendrá fin.

Por el contrario, la búsqueda de otras soluciones tales como una mejor prevención del crimen (evitar que los delitos se cometan en lugar de dejar que ello suceda y luego castigar a los autores), o atacar los incentivos desalentando las posibilidades de beneficiarse con el crimen, pueden ser más eficientes, menos costosas de distintas formas, y permanentes.

Frente a estas críticas, se han sugerido dos tipos de soluciones posibles: a) desde dentro del propio sistema penal, a través de modificaciones legislativas en el catálogo de penas, para incluir diversas penas alternativas a la prisión; b) desde fuera, cuestionando el sistema penal en su conjunto y propugnando su eliminación, según sugieren las doctrinas conocidas genéricamente bajo el rótulo de «abolicionistas».

---

[224] Celaya Aguirrezabal, Ainhoa, *La pena de prisión y sus alternativas*, Universidad del País Vasco, 2016, p. 15.

1. Las penas alternativas

Desde el interior de la dogmática, las críticas a la prisión están centradas en la afirmación de que este tipo de penas no cumple con la finalidad propia del derecho penal.

Especialmente con la generalización doctrinaria y legislativa de la prevención especial como fundamento de la pena en la mayoría de los países occidentales, y la comprobación de que el encierro no ha satisfecho los fines propios de la prevención general, se ha dicho que la prisión no sólo no cumple con las expectativas de resocialización del criminal, sino que incluso resulta contraproducente, debido a las circunstancias antes señaladas que son propias del encierro prolongado. Además, cierta evidencia estadística mostraría que las penas de prisión no han contribuido a reducir los índices delictivos, lo que se advierte con los niveles de reincidencia[225].

Creció entonces la idea de que era necesario evitar la aplicación de penas privativas de la libertad, en la medida en que ello fuera posible para cumplir los fines del derecho penal[226]. Así lo indicaron las recomendaciones de las Naciones Unidas en las llamadas Reglas de Tokio (*Reglas mínimas de las Naciones Unidas sobre medidas no privativas de libertad*)[227], que disponen la introducción de medidas no privativas de libertad en los ordenamientos jurídicos de los Estados Miembros, para restringir la imposición de penas de prisión.

Pero esta preocupación reconoce un origen bastante anterior. La imposición de penas alternativas a la prisión comenzó a desarrollarse durante la primera parte del siglo XIX en Inglaterra, introducida en la práctica del *common law,* especialmente para el caso de los delitos cometidos por menores de edad. Posteriormente, la posibilidad de establecer penas alternativas y regular la «*Probation Order*», fueron sancionadas legislativamente en la *Probation Offenders Act* de 1907. A partir de allí, en varios países de Europa se han venido produciendo importantes

---

[225] Ríos Martín, Julián C., *La prisión perpetua en España. Razones de su ilegitimidad ética y de su inconstitucionalidad,* Tercera Prensa-Hirugarren Prentsa, San Sebastián, 2013, p. 151.

[226] Jescheck, Hans Heinrich, «Rasgos fundamentales del movimiento internacional de reforma del Derecho penal», en Mir, Santiago (Ed.), *La Reforma del Derecho Penal,* Universidad Autónoma de Barcelona, 1980, pp. 7-9.

[227] Adoptadas por la Asamblea General en su resolución 45/110, del 14 de diciembre de 1990.

modificaciones en el régimen penal, permitiendo formas alternativas de castigo[228].

El desarrollo del sistema de *probation* en Inglaterra y en algunos estados norteamericanos como Massachusetts, tuvo su influencia en otros países como Francia, donde un mecanismo similar se incorporó a los procedimientos penales en 1959, con el nombre de «*sursis avec mise a l·émpreuve*».

Se pueden distinguir dos situaciones en las cuales los jueces aplican sanciones o medidas en sustitución de la prisión: cuando se suspende la causa, sometiendo al procesado a prueba con una serie de condiciones, cumplidas las cuales se elimina el proceso; o como pena alternativa en sí misma, impuesta una vez que se declaró la responsabilidad criminal por un hecho determinado.

En el primer caso, la finalidad de este instituto es evitar el juicio propiamente dicho, como un modo de descongestionar a los tribunales de casos de poca importancia y también para evitar la estigmatización que importa la aplicación de una condena, en los casos de personas sin antecedentes penales que cometen hechos de escasa peligrosidad. En el segundo supuesto, el objeto de las penas alternativas es evitar las consecuencias nocivas de la prisión, en especial cuando se trata de penas de escasa duración.

Es importante recordar que originalmente estas penas no han sido auténticas alternativas a la prisión, sino que se previeron como complementarias a ella, o como parte del proceso de cumplimiento de la pena[229]. La evolución posterior de las legislaciones penales intensificaron esta tendencia inicial, incorporando alternativas tales como el pago de multas o trabajo en beneficio de la comunidad.

Entre las principales medidas que prevén las leyes penales para sustituir la pena de prisión, se pueden mencionar las siguientes:

---

[228] Un análisis de los distintos regímenes penales europeos y la introducción de penas alternativas en dicho continente puede verse en: Dolcini, Emimo & Paliero, Carlo Enrico, *Il carcere ha alternative? La sanzioni sostitutive delle detenzione breve nell'esperienza europea*, Giuffré, Milán, 1989.

[229] Manzanos Bilbao, César, *Contribución del sistema carcelario a la marginación socioeconómica familiar*, Universidad de Deusto, Bilbao, 1991, pp. 70-124. Jiménez, María Angélica, *Sistema Penal y Medidas Alternativas*, Universidad de Zulia, Maracaibo, 1992, pp. 41-48.

a. La conversión de la prisión en multa

Este procedimiento se utiliza especialmente para sustituir a las penas de prisión de corta duración, en los casos de delitos de escasa peligrosidad y para imputados primarios.

Por ejemplo, en Alemania la sustitución se aplica a delitos que prevén pena de hasta seis meses de prisión, utilizando un sistema de tasación de acuerdo con el *Tagesatzsystem*.

En estos casos los jueces hacen una doble valoración. En primer lugar, para establecer una escala penal traducida en unidades de multa, como un modo de cumplir con el principio de legalidad, y luego, para determinar dentro de esa escala el monto de cada unidad, en función fundamentalmente de la capacidad económica del imputado, para respetar el principio de proporcionalidad.

b. La expulsión o extrañamiento de extranjeros

En el caso de condenados a penas de prisión de nacionalidad extranjera, se ha previsto la modalidad de que una vez cumplido cierto tiempo de la condena —en general hasta que se llega a la etapa donde comienzan las distintas fases de readaptación—, se puede sustituir la pena restante por la expulsión del país, sea en forma permanente o por un determinado período.

En estos casos, si el expulsado reingresa ilegalmente al país, deberá cumplir el resto de la pena pendiente, e incluso dicho reingreso indebido podrá constituir un delito autónomo.

c. La suspensión de la pena

Este procedimiento se utiliza para los casos de delitos más graves que los que prevén la sustitución de la prisión por multa, y consiste en que la pena que se aplica no se ejecuta, es decir, que el efectivo encarcelamiento queda suspendido, mientras se cumplan con una serie de condiciones impuestas al procesado, la principal de los cuales es que no cometa nuevos delitos.

Si bien pareciera ser una solución aún más benévola que la conversión de la prisión en multa, pues en aquel caso el imputado se ve obligado a abonar efectivamente la multa, mientras que en este, en principio, no sufre una punición concreta, se lo considera una situación de mayor gravedad potencial, pues en el caso de que el imputado no respete las reglas que condicionan la suspensión, finalmente deberá cumplir efectivamente esa pena de prisión, y si la revocación de esa suspensión es originada por la comisión de un nuevo delito, la pena anterior se unificará con la que eventualmente le corresponda por el nuevo hecho y una nueva suspensión no será posible.

d. El trabajo comunitario

El trabajo comunitario se aplica en distintas variantes. Puede ser impuesto como condición de la suspensión de la causa a prueba, como ocurrió en el sistema original inglés. En estos casos, quien es imputado por un delito leve, podrá evitar que se lo juzgue haciéndose cargo de los daños provocados por él, y además cumpliendo una serie de condiciones impuestas por el juez, que pueden incluir la realización de determinados trabajos en favor de la víctima o de la comunidad.

También puede ser una sanción accesoria a la condena en suspenso. En estos casos, el incumplimiento de esas cargas contenidas en la sentencia, podrían tener como consecuencia que se revoque la condicionalidad de la pena y el procesado vaya a la cárcel.

Finalmente, ciertas legislaciones contemplan el trabajo comunitario como una forma de punición autónoma, que en caso de incumplimiento puede ser sustituida por la prisión o multa.

e. La confiscación de uso de automotores

Es una forma accesoria de punición utilizada en el derecho francés desde hace mucho tiempo, que se aplica a aquellos hechos vinculados con la conducción de automóviles, como las lesiones culposas. Consiste en la prohibición de utilizar el automóvil durante una cierta cantidad de tiempo. No es una inhabilitación para conducir vehículos, que como sanción está prevista en casi todas las legislaciones, sino que es una sanción adicional vinculada con el automóvil utilizado en el hecho.

f. Formas especiales de detención

Una alternativa para disminuir las nocivas consecuencias que tiene el encierro en las cárceles, es la retención de imputados o condenados, bien sea en sus propios domicilios, o en otros lugares en forma no permanente, como las detenciones de fin de semana, que permiten que la persona pueda cumplir sus obligaciones laborales y familiares durante la semana. Se podrían citar como ejemplos los siguientes:

a. Detención domiciliaria de personas ancianas o muy enfermas.
Se ha pensado que en estos casos, en los que la reclusión en

una prisión puede ser particularmente gravosa, el encierro de las personas dentro de su propia casa es suficiente para garantizar su aseguramiento, especialmente porque en estos casos no se advierte el peligro de fuga que podría justificar el encarcelamiento bajo las especiales medidas de seguridad de las prisiones; y probablemente tampoco podrían cumplirse con las obligaciones del régimen de readaptación que se imponga con fines de prevención especial.

b. En los casos de delitos leves provocados durante espectáculos deportivos, como partidos de fútbol, para aquellas personas que, por ejemplo, producen daños en el estadio, se ha utilizado como forma de castigo que una vez por semana, en el horario en que se juegan los partidos, los infractores deban concurrir a una comisaría y permanecer allí durante dos o tres horas, o realizar durante ese tiempo algún tipo de trabajo en beneficio de la comunidad.

De este modo, como forma de castigo es bastante efectiva, pues tal vez la circunstancia de perder sus domingos y no ver los partidos de fútbol durante todo un año tenga un impacto mayor para el infractor que pasar diez o quince días encerrado en una cárcel, y al mismo tiempo se evitan las consecuencias nocivas de la prisión, como su separación de la familia, la pérdida del trabajo, la estigmatización, la vinculación con criminales, etcétera.

c. Las prisiones temporales. Esto puede incluir la modalidad de prisión de fines de semana, que como se dijo permiten establecer formas de punición que no interfieran con las actividades laborales y familiares del imputado. También la prisión diaria, que consiste en tener que concurrir diariamente a un establecimiento que, más que de confinamiento, es de trabajo o capacitación, donde durante algunas horas por día deberá realizar tareas en beneficio de la comunidad, estudiar o aprender algún oficio, bajo un régimen penitenciario, regresando por las noches a dormir con su familia.

2. EL ABOLICIONISMO PENAL

Gran parte de las escuelas y posiciones que en los últimos tiempos han crecido en el mundo bajo el nombre genérico de «abolicionismo», especialmente en Europa a partir de los trabajos de Foucault, Baratta, Hulsman, Mathiesen, Pavarini, etc., encarnan una crítica a la existencia misma del derecho penal.

El abolicionismo penal constituye un conjunto heterogéneo de teorías, doctrinas y actitudes unificadas por la negación de cualquier clase de justificación o legitimidad externa de la intervención punitiva sobre el crimen, por parte del Estado.

Como señala Ferrajoli:

> ...los presupuestos filosóficos y las propuestas políticas de semejantes orientaciones son de lo más dispares: desde el mito dieciochesco del ‹buen salvaje› y la pretérita y feliz sociedad primitiva sin derecho, a las prefiguraciones anarquistas y marxistas-leninistas del `hombre nuevo› y de la futura y perfecta sociedad sin Estado; de las doctrinas apologéticas de la desviación y de la sociedad desregulada y libremente violenta, a las palingenésicas del fin de la desviación y de la sociedad perfectamente autorregulada y pacífica[230].

«Abolicionismo» es el nombre que se da, principalmente en Europa occidental, a una corriente teórico-práctica que efectúa una crítica radical a todo el sistema de justicia penal y plantea su reemplazo. Ataca a la criminología convencional y a su teoría del derecho y del Estado, pero en vez de buscar una política penal y criminológica socialista —como hace el «realismo de izquierda»— concibe como forma viable de avanzar el eventual abandono de la política criminal y de la criminología[231].

Se puede hablar de abolicionismo en un sentido restringido del término y en otro más amplio. El abolicionismo en sentido restringido se refiere a la abolición de un aspecto específico del sistema penal, como por ejemplo la abolición de la pena capital[232].

Se encuentran actitudes abolicionistas de este tipo ya en la Edad Media, buscando la abolición de los castigos corporales y su reemplazo por la cárcel. Esta última es la siguiente en la agenda de los abolicionistas.

---

[230] Ferrajoli, Luigi, *Derecho y Razón, op. cit.*, p. 249, con cita del estudio de P. Marconi, *La libertà vaggia. Stato e punizione nel pensiero anarchico*, Marsilio, Venecia, 1979.

[231] Cohen, Stan, *Abolicionismo penal*, Ediar, Buenos Aires, 1989, p. 13.

[232] De Folter, Rolf S., «Sobre la fundamentación metodológica del enfoque abolicionista del sistema de justicia penal. Una comparación de las ideas de Hulsman, Mathiesen y Foucault», en Cohen, Stan, *Abolicionismo penal, op. cit.*, p. 58.

En las primeras décadas del siglo XIX las presiones abolicionistas en Europa y Estados Unidos fueron fundamentales en la lucha por combatir la esclavitud, mientras que en Alemania, el término «abolicionismo» fue popular entre los años 1870 y 1930, cuando los «reglamentaristas» enfrentaban a los «abolicionistas» respecto de la política oficial sobre prostitución. Mientras que *die Reglamentaristen* apoyaban la represión contra las prostitutas, *die Abolitionisten* querían resolver el problema con la emancipación de éstas. Finalmente, en 1917 los abolicionistas lograron la despenalización de la prostitución[233].

Se habla en cambio de abolicionismo en sentido más amplio, como explica de Folter, cuando no sólo una parte del sistema de justicia penal, sino el sistema en su conjunto, es considerado como un problema social en sí mismo y, por lo tanto, la abolición de todo el sistema aparece como la única solución adecuada para este problema[234]. La circunstancia de que la pena de prisión se ha convertido en la principal herramienta alrededor de la cual gira la discusión en materia de justicia penal, ha hecho que los abolicionistas pongan su mira sobre esta pena, a la que consideran el centro del problema.

Si bien bajo el paraguas del «abolicionismo» se cobija una diversidad de tendencias, el diagnóstico que la mayoría de estos autores hacen es coincidente. Se dice que, por un lado, la amenaza de prisión es una herramienta de poder en manos del Estado, muy peligrosa para la libertad individual, pues los delitos y las penas son establecidos por el propio Estado. Por otra parte, se destaca el poder estigmatizador y muy poco útil para la vida del condenado que tiene la pena privativa de la libertad.

Examinados los distintos fundamentos que se reconocen a la potestad de imponer penas, se llega a la conclusión de que la prisión cumple únicamente funciones de retribución, incapacitación y exclusión con el fin de inhabilitar y aislar a personas violentas del resto de la sociedad[235]. En tales condiciones, los inconvenientes que produce el encierro no justifican su imposición para alcanzar metas tan módicas, que se ha sostenido pueden ser alcanzadas por otros medios menos violentos y peligrosos.

---

[233] Scheerer, Sebastian, «Hacia el abolicionismo», en Cohen, Stan, *Abolicionismo penal*, *op. cit.*, pp. 18-19.

[234] De Folter, Rolf S., *op. cit.*, p. 58.

[235] Garland, David, *Castigo y sociedad moderna. Un estudio de teoría social*, *op. cit.*, pp. 333-334.

Fundamentalmente el abolicionismo cobró fuerza en las últimas décadas frente a la alegada decadencia de la idea de resocialización. Como explica Scheerer:

> Mientras que para los conservadores la intervención terapéutica resultó ser un concepto ineficaz, altamente costoso y por lo tanto inútil, los liberales vieron a la combinación de tratamiento y represión como una violación de los derechos constitucionales, dejando sin apoyo la orientación hacia la prevención especial que una vez fuera tan popular. Lo que apareció, en cambio, fue un renovado interés por la disuasión [...] La pena debía valer por el efecto positivo en las normas morales de la sociedad. La pena aplicada a un delincuente debía fortalecer la conciencia y las convicciones del ciudadano, como así también su confianza en la ley (prevención general positiva)[236].

Para estos autores, la reclusión ya no es una forma de resocialización, sino que en el mejor de los casos se la ve como una forma de generar disuasión o prevención general, o para inhabilitar a los delincuentes peligrosos, y esta decadencia de la idea de resocialización ha privado a las condenas a prisión de su más importante legitimación. El propio Scheerer explica que mientras que, en los mejores momentos del enfoque del tratamiento, las cárceles tenían el mismo estatus que los hospitales y las escuelas, hoy aparecen como lo que en realidad son: aberrantes instituciones de represión[237]. Por consiguiente, en lugar de poner en libertad a personas rehabilitadas y reformadas, se devuelven a la interacción social a personas que en muchos casos están en peores condiciones y resultan más «peligrosas» que antes de su sometimiento al encierro[238].

Existe un sustrato ideológico en muchos de estos autores, que no desconocen la necesidad de que el orden jurídico reduzca los niveles de agresión y proteja los derechos, pero consideran que la punitividad violenta no es el camino correcto, ni el más eficiente. Garland sostiene

---

[236] Scheerer, Sebastian, «Hacia el abolicionismo», *op. cit.*, p. 15.

[237] *Op. cit.*, p. 16.

[238] Foucault, Michel, *Vigilar y castigar: nacimiento de la prisión*, Siglo Veintiuno Editores, Madrid, 1990, p. 245. Muñoz Conde, Francisco, «La resocialización del delincuente, análisis y crítica de un mito», en: Mir, Santiago (Ed.), *La Reforma del Derecho Penal*, Universidad Autónoma de Barcelona, 1980, pp. 39-61.

que reconocer que el Estado puede aplicar cualquier tipo de «castigo» a sus ciudadanos representa «una guerra civil en miniatura: muestra a una sociedad enfrascada en una lucha interna. Y si bien en ocasiones esto puede resultar necesario, nunca será más que un mal necesario». En general proponen un sistema alternativo orientado a promover conductas disciplinadas y control social, poniendo énfasis en las políticas para socializar e integrar a los jóvenes, trabajo y educación moral, en lugar de castigos[239].

3. LAS CRÍTICAS A LAS PENAS ALTERNATIVAS Y AL ABOLICIONISMO

a. Las penas alternativas

Los esfuerzos por ofrecer penas alternativas a la prisión en los casos de poca gravedad son elogiables como intentos por morigerar los efectos negativos del encierro como forma de castigo, pero dejan subyacentes las principales objeciones al derecho penal:

> a. Las penas no son la consecuencia de una demanda iniciada por la víctima en su propio nombre y por su propio derecho, sino que siguen siendo una imposición del gobierno para cumplir los fines o intereses del Estado.

> b. Las penas no son impuestas con el propósito de resarcir a la víctima por el daño producido, sino que el beneficiario siempre sigue siendo el Estado. El resarcimiento económico es multa para el Estado, no indemnización para la víctima; el trabajo es para la comunidad, no para el damnificado, etc.

> c. Al continuar siendo el sistema de penas alternativas un sistema estatal, se corre el riesgo de perder el límite que le impuso al Estado el derecho penal liberal, esto es, el principio de legalidad, y por lo tanto, quedaría librada a la discrecionalidad del juez la aplicación de medidas que, en ciertos casos, podrían ser más gravosas que la propia prisión que se pretende evitar.

---

[239] Garland, David, *Castigo y sociedad moderna. Un estudio de teoría social*, op. cit., p. 334.

Cabe recordar aquí lo dicho en el Capítulo VI respecto de la importancia que tiene el principio de legalidad donde no existe una vinculación directa entre el daño producido y la sanción, como ocurre con el derecho penal. En estas condiciones, dejar en las exclusivas manos de los jueces la posibilidad de imponer trabajos forzados o multas en beneficio de la comunidad u otras cargas, podría dar lugar a excesos.

Si la sanción impuesta por el juez tuviese por objeto resarcir el daño producido a la víctima, dicho daño sería el parámetro para para determinar el monto de una sanción proporcional, y por esa vía, un medio de controlar a los jueces. Pero cuando la pena alternativa se establece en nombre de la protección de bienes jurídicos establecidos en abstracto, se corre el riesgo de que los jueces puedan aplicar medidas desproporcionadas sin respetar el límite establecido por los principios de legalidad, razonabilidad y proporcionalidad.

Mientras el poder de decidir la sanción, o la posibilidad de evitarla, continúe siendo del exclusivo resorte del Estado y sin vinculación con los intereses y peticiones de las víctimas, la posibilidad de arbitrariedad y corrupción continuará latente[240].

---

[240] Existe un ejemplo histórico, producido en el terreno político-religioso, que muestra crudamente hasta dónde puede llegar la arbitrariedad cuando es el gobernante quien, *a priori*, determina lo que es punible y lo que no lo es. Me refiero a la famosa *Taxa Camarae* promulgada por el Papa León X en 1517, consistente en un tarifario de perdones que permitían evitar el castigo, no sólo en el Cielo, sino también en la Tierra, de algunos crímenes aberrantes. Contiene 35 artículos, de los cuales quisiera mencionar sólo un puñado a modo de ejemplo:

1. El eclesiástico que incurriere en pecado carnal, ya sea con monjas, ya con primas, sobrinas o ahijadas suyas, ya, en fin, con otra mujer cualquiera, será absuelto mediante el pago de 67 libras, 12 sueldos.

2. Si el eclesiástico, además del pecado de fornicación, pidiese ser absuelto del pecado contra natura o de bestialidad, debe pagar 219 libras, 15 sueldos. Mas si sólo hubiese cometido pecado contra natura con niños o con bestias y no con mujer, solamente pagará 131 libras, 15 sueldos.

3. El sacerdote que desflorase a una virgen, pagará 2 libras, 8 sueldos.

4. La absolución y la seguridad de no ser perseguidos por los crímenes de rapiña, robo o incendio, costará a los culpables 131 libras, 7 sueldos.

5. La absolución del simple asesinato de un laico se fija en 15 libras, 4 sueldos, 3 dineros.

6. Si el asesino hubiese dado muerte a dos o más hombres en un mismo día, pagará como si hubiese asesinado a uno solo.

7. El marido que diera malos tratos a su mujer, pagará en las cajas de la cancillería 3 libras, 4 sueldos; si la matase, pagará 17 libras, 15 sueldos, y si la hubiese muerto para casarse con otra, pagará además 32 libras, 9 sueldos. Los que hubieran auxiliado al marido a cometer el crimen serán absueltos mediante el pago de 2 libras por cabeza.

b. El abolicionismo

El problema que le encuentro a las ideas abolicionistas es que, en general, basan sus argumentaciones partiendo de la supuesta misión resocializadora de la pena, y por ello concluyen que la prisión no sirve para resocializar. Especialmente las posiciones que vienen del socialismo olvidan la función del gobierno de proteger derechos individuales de las víctimas, y se limitan a considerar al autor de un delito como a un inadaptado, desamparado o enfermo, y no como a una persona que, en completo uso de sus facultades, ha decidido voluntariamente cometer un crimen, y debería hacerse responsable por él.

Por ello, algunos abolicionistas buscan sustituir al sistema penal por remedios de tipo educativo o terapéutico, que pueden desembocar en medidas de seguridad, comenzando por considerar que el delincuente es una especie de «enfermo social» y que la misión del sistema legal debería ser lograr su protección y adaptación a la vida en sociedad, en lugar de hacerle responder por su violación a un derecho concreto.

[8.] El que ahogase a un hijo suyo, pagará 17 libras, 15 sueltos (o sea 2 libras más que por matar a un desconocido), y si lo mataren el padre y la madre con mutuo consentimiento, pagarán 27 libras, 1 sueldo por la absolución.

[9.] Por el asesinato de un hermano, una hermana, una madre o un padre, se pagarán 17 libras, 5 sueldos.

[10.] El que matase a un obispo o prelado de jerarquía superior, pagará 131 libras, 14 sueldos, 6 dineros.

[11.] Si el matador hubiese dado muerte a muchos sacerdotes en varias ocasiones, pagará 137 libras, 6 sueldos, por el primer asesinato, y la mitad por los siguientes.

[12.] El que por anticipado quisiera comprar la absolución de todo homicidio accidental que pudiera cometer en lo venidero, pagará 168 libras, 15 sueldos.

[13.] El eclesiástico que no pudiendo pagar sus deudas quisiera librarse de ser procesado por sus acreedores, entregará al pontífice 17 libras, 8 sueldos, 6 dineros, y le será perdonada la deuda.

Existen 22 situaciones más que podrían ser igualmente dispensadas mediante el pago de sumas de dinero a las arcas de la Iglesia (Dacio, Juan, *Diccionario de los Papas*, Barcelona, Destino, 1963, libro que lleva el imprímase de la Iglesia católica tras pasar por la censura. Citado por Rodríguez, Pepe, *Mentiras fundamentales de la Iglesia Católica*, Barcelona, 1997, pp. 397 y ss.).

Esta podría ser considerada una forma muy antigua de aplicación de penas alternativas —en este caso, la sustitución de la prisión, los azotes o la muerte, por multa—, aunque no con las finalidades antes apuntadas de evitar castigos excesivos, sino con otras que parecen obvias, y se vinculan con la apetencia por llenar las arcas de la Iglesia. Este ejemplo señala gráficamente el peligro de dejar en manos de quien detente el poder la facultad de imponer o perdonar castigos, resarcimientos o retribuciones por la comisión de crímenes. No se olvide que en todos estos casos, las víctimas o sus deudos no eran resarcidos y ni siquiera consultados antes de aceptar tal sustitución.

A partir de este razonamiento, los centros de rehabilitación y los establecimientos psiquiátricos se suelen invocar como sustitutos de las prisiones, con lo cual no se resuelve nada, y además se entra en el peligroso campo de considerar a los criminales como enfermos y de justificar la intervención del gobierno en terrenos que incumben exclusivamente a los particulares.

Hablar entonces de una función «terapéutica» o «educativa» del ordenamiento legal para enfrentar al crimen, puede desembocar en un sistema de medidas de seguridad pre y post delictuales, indiscriminadamente aplicadas por los jueces, lo que puede finalmente ser más peligroso que el actual régimen penal, como vimos al examinar las medidas de seguridad predelictuales en el Código Penal cubano.

Sin embargo, es preciso no perder de vista la observación hecha por Ferrajoli respecto de la diversidad de corrientes de pensamiento, aun filosóficamente enfrentadas, que se unen a veces un tanto caprichosamente bajo el rótulo de «abolicionismo».

Mi posición en este libro podrá entenderse como «abolicionista» en el sentido de abandonar el derecho penal tal y como hoy se lo concibe, si bien con argumentos y propuestas alternativas que seguramente no serían compartidas por muchos de los «abolicionistas» clásicos. Especialmente concuerdo con la mayoría de los argumentos que sustentan el diagnóstico respecto de por qué no sirve el actual sistema punitivo, aunque difiero con las soluciones propuestas por muchos de ellos[241].

Así, por ejemplo, Hulsman sostiene que hay tres razones fundamentales que abogan por la abolición del régimen penal: causa sufrimientos innecesarios; no tiene efecto positivo sobre las personas involucradas en los conflictos; y es sumamente difícil someterlo a control y evitar abusos. Pero al momento de ofrecer la alternativa, su discurso pasa por proponer instancias individualizadas e intermedias de solución de conflictos, como una especie de mediación entre dos personas en disputa. Por eso propone abandonar los términos «crimen» y «criminalidad», y sustituirlos por «situaciones problemáticas».

Por su parte, Mathiesen, orientado por un esquema marxista, parece no aspirar únicamente a la abolición del sistema penal, sino a la de todas las estructuras represivas de la sociedad, para lo cual señala que las condiciones fundamentales que debería reunir un movimiento abolicionista para mantener su vitalidad como tal son su permanente

---

[241] Ver sobre este punto: Zaffaroni, Eugenio Raúl, *En busca de las penas perdidas*, *op. cit.*, pp. 101 y ss.

relación de oposición con el sistema y su *relación de competencia* con este. La oposición requiere una diferencia considerable de puntos de vista respecto de las bases teóricas del sistema y la competencia una acción política práctica desde fuera del mismo.

Su postura, como se ve, es la de un estratega cuya finalidad es la abolición, aunque no ha elaborado una sólida posición para sustituir el sistema que pretende destruir, tal vez por su propia base filosófica opuesta a las estructuras que contengan poder. Pero al enfocar su ataque contra todo tipo de institución que administre justicia, no se advierte de qué modo podrían llegar a solucionarse los conflictos originados por los crímenes, que no fuera el uso de la fuerza en forma directa por las propias víctimas.

La dispersión de propuestas y el enmascaramiento a veces ostensible de ciertas posturas abolicionistas para esconder otras posiciones ideológicas, ha hecho considerar al abolicionismo como una forma muy eficiente de mostrar el problema que subyace en el sistema de represión penal del Estado, aunque no como una propuesta de solución concreta[242].

Así, Ferrajoli afirma que el abolicionismo engendra el peligro de alternativas peores que el derecho penal: la *reacción vindicativa* descontrolada, sea en manos individuales o estatales; el *disciplinarismo social* mediante la *internalización de rígidos controles* que operen bajo formas de autocensura o como expresiones de policía moral colectiva, o bien, en manos estatales, mediante *técnicas de vigilancia total* en forma policial o de control tecnológico[243].

Zaffaroni refuta esta afirmación de Ferrajoli, entendiendo que el abolicionismo no sólo propone cambiar el sistema penal, sino el propio modelo de sociedad. No pretende renunciar a la solución de los conflictos que sea necesario resolver, sino que casi todos sus autores parecen proponer una reconstrucción de vínculos solidarios de simpatía,

---

[242] La postura de los abolicionistas marxistas, conduce a las mismas contradicciones que la de los ideólogos marxistas en general. Si se advierte que la propuesta original de Marx conducía a una sociedad donde no habría Estado y cada uno llevaría a cabo sus tareas en forma coordinada y libre, el resultado final de la aplicación de esta propuesta fue uno de los estados totalitarios más sanguinarios de los últimos siglos. La propuesta de los abolicionistas penales marxistas conduce a la eliminación del poder represivo estatal encarnado por el derecho penal, pero su consecuencia directa —como se vio en la Unión Soviética—, ha sido una represión penal mucho más intensa, disfrazada muchas veces de tratamientos psiquiátricos o instituciones educativas.

[243] Citado por Zaffaroni, *op. cit.*, p. 108.

horizontales o comunitarios, que permitan esas soluciones sin apelar al modelo punitivo formalizado abstractamente[244].

Pienso que esos vínculos solidarios de simpatía, como modos alternativos o sustitutivos, podrían coexistir perfectamente con el sistema judicial subsidiario de solución de reclamos. Evidentemente, cuando la coexistencia es ordenada y pacífica, cuando las personas pueden ponerse de acuerdo, la intervención del gobierno no sólo es innecesaria, sino además muy peligrosa. Pero de lo que se trata es de buscar soluciones para aquellos casos en los que los vínculos de solidaridad, simpatía, benevolencia, etc., fracasen en su objetivo de resolver los conflictos.

La disminución en los niveles de agresividad, especialmente los originados en el propio Estado, y el fortalecimiento de los vínculos voluntarios individuales, muy probablemente permitirían disminuir los índices de criminalidad[245], pero no eliminar la posibilidad de que esta subsista en alguna medida. Y es entonces cuando hace falta buscar una solución. Cuando las nuevas estructuras que estos abolicionistas proponen, fallen para convencer a las personas de que no deben violar derechos ajenos; cuando luego de esa violación los mecanismos de acercamiento, mediación y disuasión tampoco logren dar una satisfacción a la víctima, entonces hará falta un mecanismo, aun coactivo, para restablecer el derecho y evitar como alternativas la impunidad o la reacción sin medida.

En esta última etapa es donde pienso que la posición abolicionista hasta ahora no logra dar una respuesta aceptable, y que tampoco lo han logrado quienes abogan por un derecho penal mínimo, pues si bien esta posición tiene por objeto disminuir los peligros de la criminalidad del gobierno, la subsistencia del derecho penal como manifestación del poder represivo estatal —aunque tenga menor intensidad—, mantiene todos aquellos vicios que los abolicionistas critican, a los cuales he mencionado y que como tales comparto.

---

[244] Zaffaroni, Eugenio Raúl, *op. cit.*, p. 109.

[245] Este me parece un punto importante para contradecir a uno de los argumentos principales para justificar la existencia del poder coactivo del Estado, que es el mantenimiento de la paz. Vimos en el Capítulo IV que autores como Michael Levin y David Schultz reconocieron en la necesidad de mantener la paz el justificativo de la intervención estatal. Pero precisamente esta intervención a través del derecho penal, lejos de disminuir los niveles de agresividad, puede aumentarlos al generar un poder superior y potencialmente más agresivo que cualquier otro, cuya respuesta, en general desmedida por las razones que intenté explicar en los capítulos anteriores, provocó un incremento en la agresividad general y el resentimiento de víctimas y victimarios.

Frente al sistema penal entendido como castigo impuesto en forma unilateral por el Estado, que consiste fundamentalmente en la privación de la libertad ambulatoria o la propiedad del infractor, se pueden extraer las siguientes observaciones:

a. No debe perderse de vista que el derecho penal, como derecho público, genera con sus normas represivas una cuota de violencia sobre los individuos, que en algunos casos se justifica en la protección de determinados derechos individuales, y en otros casos no. Cuando esta represión es intensa y comienza a ser desproporcionada, se genera una inevitable reacción por parte de los ciudadanos. Si por razones de prevención general se intensifican las sanciones penales, no solamente se tendrían las cárceles abarrotadas de personas hasta un punto en que podría tornarse incontrolable, sino que se generaría una reacción contraria no sólo de quienes se ven privados de su libertad, sino del resto de la gente. El principio de que la violencia engendra más violencia muchas veces se concreta cuando el poder represivo del Estado se usa sin medida razonable.

b. Mientras la prisión sea la pena prevista casi con exclusividad, la cuestión es muy difícil de resolver: o se envía a la gente a la cárcel, con todas las consecuencias antes apuntadas, o se la deja en libertad, alentando su impunidad. Por otra parte, si se imponen penas alternativas como el trabajo comunitario o las multas, queda en las víctimas la sensación de que el órgano judicial sólo satisface los intereses del Estado, pero no protege sus derechos concretos, incluidos el de obtener una reparación, o incluso el de perdonar a quien cometió un crimen en su contra.

Además, como el establecimiento de penas alternativas generalmente escapa a los límites establecidos por el principio de legalidad, por esta vía podría incrementarse el problema de la imposición de sanciones desproporcionadas o irrazonables.

c. En cambio, si el actual sistema penal fuese sustituido por un procedimiento en el que la acción correspondiera al damnificado y las sanciones se aplicasen fundamentalmente para satisfacer sus intereses y derechos, los casos de crímenes de escasa entidad se resolverían por lo general en resarcimientos pecuniarios, trabajos en favor del damnificado, etc., que significarían sanciones más civilizadas que la prisión, sin dejar de ser penalidades efectivas, eliminando a la vez la sensación de impunidad y desamparo que las penas en suspenso generan en las víctimas.

Probablemente en un proceso gradual de cambio de paradigma, las sanciones más graves, como la prisión, podrían quedar limitadas a aquellos casos donde los perjuicios o la peligrosidad exhibidos con el hecho justifiquen una intervención en tal sentido.

4. LAS CÁRCELES PRIVADAS

No obstante que la principal respuesta del derecho penal estatal es la pena de prisión, casi todos los países del mundo tienen problemas por la falta de instalaciones carcelarias proporcionales a la población penal. Si bien la demanda por prisiones debería ser grande, el hecho de que las cárceles sean estatales descarta la inversión privada, y el Estado habitualmente no dispone de recursos suficientes para construirlas, a pesar de la demanda. En este contexto, la adjudicación de recursos para tener cárceles en cantidad adecuada para cubrir la demanda, en condiciones dignas de alojamiento, pasa a integrar la discusión política general. Es claro que los problemas penitenciarios no constituyen un tema que concite el interés, ni de los ciudadanos en general, ni de los políticos en particular[246]. En la agenda de los políticos la construcción o mejoramiento de unidades penitenciarias está al final de la lista, y cuando la población penal se incrementa peligrosamente y las cárceles pasan a estar sobrepobladas, su primera solución no es construir nuevas unidades penitenciarias, sino sancionar leyes que hagan que los jueces desagoten las cárceles liberando a parte de los reclusos.

La construcción de cárceles nuevas sólo pasa a ser un tema de discusión cuando la superpoblación penitenciaria culmina en motines con muertos y heridos. Recién entonces el asunto aparece en la agenda, lo que inicia un proceso de planificación, previsión de fondos y ejecución que llevará muchos años, mientras el problema se sigue agravando.

Frente a tal situación, se puede pensar en la búsqueda de soluciones de mercado para un tema en el cual no existe ningún motivo para excluir a la actividad privada. Ello no sólo incluiría a empresas privadas involucrándose

---

[246] Cesano, José Daniel, «De la crítica a la cárcel a la crítica de las alternativas», *Boletín Mexicano de Derecho Comparado*, n° 108, septiembre-diciembre de 2003, pp. 863-877.

en la construcción de establecimientos penitenciarios, sino también en su administración y gerenciamiento.

Tales iniciativas ya existen en países como Estados Unidos desde hace bastante tiempo, aunque no sin resistencias y críticas. Pero curiosamente, el tratamiento de las unidades penitenciarias como negocio, que suele ser vedado a las empresas privadas por las legislaciones en todo el mundo, reconoce algunos ejemplos donde son admitidos a nivel estatal. Puede señalarse al respecto el caso del alquiler de plazas en las prisiones holandesas, para la reclusión de presos belgas.

En efecto, la intensificación de las penas alternativas a la prisión, como política criminal en Holanda, hizo que la población carcelaria disminuyera significativamente y que algunas cárceles dejaran de ser necesarias. El gobierno holandés celebró entonces un acuerdo con su vecino de Bélgica, para alojar presos belgas en prisiones holandesas, pues allí, por el contrario, las cárceles se encontraban superpobladas.

Según el acuerdo celebrado en 2009, Bélgica se comprometió a pagar a Holanda 30 millones de euros al año (60.000 euros por recluso), para mantener alojados a 500 presos belgas en una cárcel holandesa. Se acordó que dicho establecimiento continuara administrado por funcionarios holandeses, pero aplicándose los reglamentos carcelarios de Bélgica, en lo que tiene que ver con las normas de convivencia y conducta vinculadas con los programas de resocialización[247].

De este modo, el gobierno holandés encontró una salida para utilizar instalaciones que quedaban vacantes como consecuencia de la disminución de las condenas a prisión, mantuvo los empleos de los trabajadores de tales prisiones, y generó un ingreso económico razonable. Por su parte, Bélgica pudo descomprimir la superpoblación en sus cárceles, sin necesidad de desembolsar el costo de construir un establecimiento nuevo ni tener que esperar todo el tiempo que demandara la construcción y puesta en servicio.

Este acuerdo se vio como algo muy conveniente y eficiente entre los Estados. Sin embargo, lo que parece una solución muy buena cuando se negocia entre Estados, no se admite cuando se pretende el desarrollo del negocio carcelario privado. Aun así, en varios países se ha comenzado con este proceso desde hace mucho tiempo.

En los Estados Unidos existe una larga tradición de cárceles privadas. Surgieron como empresas privadas especialmente en la Pennsylvania co-

---

[247] *Bélgica alquila una cárcel en Holanda para sus presos*, Diario ABC del 22 de octubre de 2009. <http://www.abc.es/hemeroteca/historico-22-10- 2009/abc/Internacional/belgica-alquila-una-carcel-en-holanda-para-suspresos_113849949143.html>.

lonial[248], donde la propiedad y operación de las instalaciones reformatorias estaban en manos de las sociedades Cuáqueras[249].

Esta tradición se mantuvo, y para 1993 operaban en ese país 67 prisiones, pertenecientes a veinte empresas privadas. De ellas 26 eran completamente privadas y las otras 41, si bien de propiedad estatal, eran administradas bajo contrato por concesionarios. Más de la mitad de tales unidades alojan prisioneros de mediana y máxima seguridad[250]. El ejemplo de las cárceles privadas fue seguido en varios países europeos.

La apertura del mercado carcelario a empresas privadas en los Estados Unidos constituye un ejemplo de cómo los incentivos focalizan la inversión de capitales. Como señala Bruce Benson, *Corrections Corporation of America*, la empresa más importante de construcción y administración de cárceles privadas en Estados Unidos, construyó en 1997 un nuevo establecimiento en California, con capacidad para 2.000 personas, con un costo de entre 80 y 100 millones de dólares. Cuando la empresa decidió esta inversión, el Departamento de Correccionales de California ni siquiera había comenzado a discutir la posibilidad de llamar a una licitación para una nueva cárcel. Sin embargo, los dueños de CCA hicieron un cálculo de las necesidades carcelarias del Estado, y pensaron que si la cárcel estaba constituida, el gobierno tendría interés en ella[251].

Las empresas como CCA saben que los gobiernos harán contratos temporales, los que podrán o no ser prorrogados dependiendo de varias circunstancias, algunas de carácter político o financiero y otras vinculadas con la aparición de nuevos competidores que ofrezcan un mejor servicio o un menor precio, y que en caso de que esos contratos no sean prorrogados, tal vez no puedan amortizar una inversión tan alta como la

---

[248] Es bueno recordar que el origen de Pennsylvania fue la donación en propiedad de ese extenso territorio, por el Rey de Inglaterra a William Penn, como reconocimiento por los servicios que su padre, el almirante Penn, prestó a la Corona. Ese territorio, obtenido en propiedad sin otros condicionamientos que la distribución con la Corona de parte de lo que se pudiese encontrar en oro, plata y metales preciosos, y la simbólica entrega de dos pieles de castor al año, permitió el desarrollo de una sociedad pujante, basada en la iniciativa individual y la libertad de pensamiento y conciencia. En este contexto, la respuesta contra el crimen y la sanción pasaban a ser temas que el propio mercado debería resolver.

[249] Brakel, Samuel, «La privatización del sistema carcelario», publicado por la Fundación República en *Propuestas para el Debate* nº 24, Agosto de 1984.

[250] Datos aportados por Robert Poole Jr., Presidente de Reason Foundation, en el seminario: «Modernización del Sistema Carcelario», organizado por las Fundaciones Libertad y Desarrollo y Paz Ciudadana, Santiago de Chile, 1994.

[251] Benson, Bruce L., *To serve and protect, op. cit.*, p. 23.

de construir una cárcel. Sin embargo, sólo en un proceso de mercado es posible fijar precios y por ende hacer cálculos de coste-beneficio a través de los cuales los inversores puedan evaluar los riesgos de su negocio. Estos cálculos no son hechos de ese modo cuando es el propio Estado el que monopoliza una actividad. Las cárceles estatales serán construidas no como consecuencia de cálculos de mercado, sino por consideraciones políticas, y los incentivos en investigar o mejorar la tecnología, en el mejor de los casos, aparecerán en el momento en que se toma la decisión de construir la cárcel, y desaparecerán inmediatamente después de terminada. Colocar una actividad en el mercado, por el contrario, permite una constante competencia por mejorar el producto.

La participación de empresas privadas está presente en toda actividad llevada a cabo por el gobierno. El sistema penitenciario no es una excepción. Empresas privadas suelen proveer servicios varios, englobados generalmente bajo la denominación de «hotelería» (tales como la alimentación, ropa, mobiliario, etc.). Incluso cuando se encara la construcción de una nueva cárcel por parte del Estado, en general se licita entre empresas constructoras con antecedentes y solvencia. Pero de lo que se trata es de que el diseño, construcción, administración y operación completa de la prisión esté a cargo de una empresa privada con la cual el gobierno sólo deba negociar el pago por cada recluso alojado en las condiciones que se pacten, y eventualmente prestar ciertos servicios vinculados con la seguridad y vigilancia del lugar.

Para ello debería garantizarse la implementación de un mecanismo de licitaciones abiertas y permanente competencia potencial, de modo tal de evitar que un monopolio estatal se convierta en un monopolio artificial privado, con los mismos defectos y debilidades. Al respecto, se podrían proponer algunos puntos en los cuáles basar un proceso de licitación y aprovechamiento de cárceles privadas, según los siguientes pasos:

1. Una ley del Congreso debería establecer las categorías de establecimientos penitenciarios privados, de acuerdo con las características de los reclusos que se alojarán en ellos, vinculadas especialmente con la peligrosidad, tipo del delito por el cual fue condenado, duración de la condena, hábitos de trabajo, de estudio y otras condiciones personales relevantes.

   Dicha ley debería asimismo fijar las pautas generales respecto de la naturaleza y calidad de los servicios que las cárceles privadas se comprometan a brindar de acuerdo con cada una de las categorías. Ello se refiere a estándares de seguridad, alimentación, recreación, salud, seguridad personal, trabajo, estudio, visitas y contacto con el grupo familiar, regímenes de salidas transitorias o especiales, régimen de sanciones, etc. La ley también establecería un monto máximo para cada categoría, de lo que el Estado estaría dispuesto a pagar por cada día de reclusión de un interno en los establecimientos privados. Ese monto máximo debería ser el equivalente a lo que le cuesta al Estado mantener al mismo recluso, en igualdad de condiciones, en una cárcel estatal.

2. A partir de ese precio máximo por recluso y por categoría, debería llevarse a cabo una licitación en competencia abierta entre las empresas de cárceles privadas que ofrezcan el mejor al mejor precio.

La cárcel privada brindaría todos los servicios descriptos en los respectivos contratos que celebre con el Estado, siguiendo las pautas previamente fijadas en la ley para cada categoría.

3. La cárcel privada cobrará del Estado el canon diario por preso que se establezca en el contrato. Por otra parte, dependiendo de la categoría de reclusos de la que se trate, podrá establecer algún sistema de trabajo voluntario, que permita formar un fondo para el recluso, cubrir los demás conceptos previstos en la ley penitenciaria y un porcentaje para los gastos de su alojamiento en la cárcel.

4. El Servicio Penitenciario estatal proveería la seguridad perimetral en la cárcel privada y contribuiría —en mayor o menor medida de acuerdo con la categoría de los reclusos alojados en la cárcel— con la seguridad interior y el control de ingreso y egreso de personas.

5. Se podría controlar el cumplimiento de las condiciones del contrato en cuanto a la calidad del servicio y el trato a los reclusos a través de dos mecanismos principales: a) El Estado ejercería su supervisión mediante las inspecciones tendientes a verificar el cumplimiento. La violación a las condiciones consensuadas podría acarrear multas, quita de internos, rescisión del contrato, pérdida de la licencia del establecimiento para operar y de la empresa para presentarse en nuevas licitaciones, etc.; b) El con-

trol quizá más importante lo harían tanto los jueces y fiscales de ejecución penal, como los propios internos a través de acciones de habeas corpus, toda vez que este remedio está previsto en los casos de agravamiento de las condiciones del encierro.

La incorporación de cárceles privadas al sistema penitenciario estatal tendría varias ventajas respecto del actual régimen de cárceles estatales.

En primer lugar, proveería una más variada gama de alternativas al momento de escoger el lugar de alojamiento y cumplimiento de pena de los condenados, en la medida en que surjan establecimientos privados diseñados teniendo en cuenta las características personales de los reclusos, tales como agresividad, peligrosidad, hábitos de trabajo o estudio, contención familiar, etc., y también por la naturaleza del delito por el cual fueron condenados y la duración de la condena. De esta manera, se contribuiría a cumplir más acabadamente la función preventiva especial de la pena.

La prestación por empresas privadas de este servicio al que generalmente no se le da demasiada importancia al momento de decidir la inversión de fondos públicos, permitiría la libre competencia entre cárceles en un mercado abierto de acuerdo con precio y servicios ofrecidos.

Por otra parte, mejoraría el control de las condiciones del encierro y la calidad de los servicios, pues habitualmente, cuando el Estado debe controlarse a sí mismo es probable que sus funcionarios actúen con desidia o movidos por corrupción. En cambio, cuando son los propios reclusos los que pueden poner de manifiesto las violaciones al contrato por parte de empresas privadas, y el Estado opera como árbitro, el control pareciera ser más eficiente. Ello podría ocurrir a través de acciones de habeas corpus o incluso a través de demandas civiles a la empresa propietaria de la cárcel por daños sufridos a raíz de un incumplimiento contractual. Ello se ha podido ver con éxito en algunas cárceles privadas en los Estados Unidos[252].

---

[252] En ese sentido se puede mencionar el fallo de «Ramos v. Lamm» 485 F. Sup. 122 (1979). En ese caso, un grupo de reclusos de una cárcel privada de Colorado demandó a dicha empresa porque servicios vinculados con alimentación, esparcimiento, trabajo, atención médica, etc., no coincidían con el contrato que tenía esa cárcel con el Estado. Tras una verificación en el lugar, el juez federal le dio un plazo perentorio a la empresa propietaria de la cárcel para resolver estos problemas y adecuarse al contrato, pues en caso contrario todos los reclusos serían derivados a otras cárceles y el establecimiento sería clausurado y su licencia revocada. Los problemas fueron solucionados de inmediato, pues de lo contrario la empresa perdería su negocio.

Es probable que en una primera etapa, la oferta de cárceles privadas estará orientada hacia el alojamiento de reclusos de menor peligrosidad, primarios, o que estén en la última fase de privación de libertad luego de haber cumplido adecuadamente los reglamentos en cárceles estatales. Estas personas no requerirían especiales condiciones de seguridad y no se esperan mayores problemas de disciplina, a la vez que estarían quizá más dispuestas a trabajar o estudiar. Ello permitiría descomprimir a las unidades estatales para poder tratar más adecuadamente a los internos más conflictivos, y a la vez lograr una mejor clasificación y distribución de reclusos, según sus características personales.

Desde el punto de vista económico, toda vez que el pago por recluso se calcularía a partir de un precio máximo que es lo que el Estado paga por mantener a cada interno en cárceles públicas, por obra de la competencia en la licitación probablemente lograría bajar considerablemente esa cantidad, lo que redundaría en ahorro de dinero estatal. Si las cárceles privadas organizan adecuadamente las ofertas de trabajo en coordinación con otras empresas privadas que requieran mano de obra, no sólo podrían mejorar los ingresos de la unidad, sino que le permitirían a cada recluso formar un fondo económico para sí mismo. También se podría utilizar parte de ese dinero para el pago de indemnizaciones por los perjuicios ocasionados a las víctimas, y para cubrir cuotas de alimentos para su familia.

CAPÍTULO 11

LA RESTITUCIÓN COMO OBJETO DEL DERECHO PENAL

Durante mucho tiempo, el foco de la justicia penal ha estado apuntado hacia el castigo del criminal. Las razones y justificativos fueron variando con el tiempo, pero el castigo como fin permaneció constante.

Ese castigo estatal desciende de la tradición que otorgó la autoridad religiosa y moral al soberano, y a través de él, a la comunidad. Pero tal autoridad es cada vez menos creíble en un mundo secular como el actual, donde crece en cada individuo el deseo de gobernar su propia vida como quiera mientras no viole los derechos de otros[253].

Como se vio en el Capítulo VIII, frente a la irracionalidad contenida en el concepto mismo de retribución penal que supone resarcir los daños ocasionados a un ente ideal, como es la sociedad, la principal alternativa que ofreció la dogmática penal fue la prevención especial, sea en la forma de readaptación, educación o terapia. Las teorías englobadas dentro de ella intentaron dar a la potestad punitiva del Estado sobre los individuos algún fundamento tutelar que fuera más allá del castigo por el castigo mismo.

Pero más modernamente se ha vinculado al derecho penal con la antigua idea de restitución, que se aplicaba en algunas comunidades como modo integral de punición. La restitución ve al crimen como el ataque de un individuo contra los derechos de otro. La víctima ha sufrido una pérdida, y la justicia consiste en que el criminal repare el daño que ha causado. Allí donde alguna vez se vio una ofensa contra la sociedad, ahora se vuelve a ver un ataque contra una víctima individual. De algún modo, esta es la visión del crimen que da el sentido común: el asaltante

---

[253] Barnett, Randy E., «Restitution: A new paradigm of criminal justice», en *Assessing the Criminal, op. cit.,* p. 359.

no roba a la sociedad, sino a su víctima; su deuda no es con la sociedad, sino con aquel a quien ha robado[254].

La restitución fue concebida originalmente como una sanción impuesta por un oficial autorizado del sistema judicial, que exige al criminal un pago en dinero o servicios en beneficio de la víctima directa del crimen o a sus parientes directos. Galaway menciona cuatro modelos posibles de restitución, incluyendo tanto las formas de restitución a la víctima, como aquellas que se establecen en beneficio de la sociedad o el Estado[255]:

a. El primer tipo supone el pago de una suma de dinero por el criminal a la víctima, sea directamente por acuerdo entre las partes, o a través de oficiales de la justicia. Esta es la forma típica en que se presenta la restitución como precondición de la suspensión de la causa a prueba (*probation*) en los países de tradición anglosajona.

b. El segundo consiste en el pago de una suma de dinero por el criminal a alguna agencia de la comunidad, habitualmente a organizaciones de caridad. Este tipo de restitución es usado por lo general cuando la víctima solicita que el pago sea para ese fin, cuando la víctima no ha sido hallada, o no desea participar en la restitución, o cuando se trata de crímenes sin víctimas.

c. El tercer tipo de restitución es realizada en forma de servicio personal del procesado a la víctima. Aun cuando es una forma inusual de restitución, existen ciertos proyectos como el Centro Piloto de Restitución de Alberta, Canadá (*PARC*), donde se han registrado casos, especialmente de jóvenes poco peligrosos, que realizan trabajos para las víctimas a modo de sanción, tales como limpiar de nieve las veredas en épocas invernales.

El Proyecto de Reconciliación de Víctimas y Criminales de Kitchner, Ontario (*VORP*), tuvo varios programas de este tipo, y Galaway recuerda el caso de dos jóvenes que trabajaron a razón de dos dólares la hora para una iglesia y para algunos comerciantes a los que habían robado, o el de tres jóvenes de 21

---

[254] Para una explicación de la visión libertaria de la restitución como fundamento del derecho ver: Benson, Bruce, «Restitution in theory and practice», *Journal of Libertarian Studies* 12 (Spring 1996), pp. 75-97.

[255] Galaway, Burt, «Restitution as an integrative punishment», en *Assessing the Criminal, op. cit.*, p. 331.

años que cumplieron su sanción trabajando para la tienda a la que asaltaron[256].

d. El cuarto tipo de restitución ocurre cuando el criminal presta un servicio a la comunidad. El *Community Service Orders Program* de Gran Bretaña, en la década de los 70, tal vez sea uno de los mejores ejemplos de este sistema. De acuerdo con este programa, los procesados deben ocupar de 40 a 240 horas de trabajo voluntario en organizaciones comunales, o de lo contrario van a la cárcel o deben pagar multas[257].

Esta forma es muy usada también como precondición para la suspensión de la causa a prueba, o como accesoria a las condenas a prisión en suspenso.

Stephen Shafer, uno de los más consistentes defensores modernos del uso de la restitución, considera que esta puede ser usada como una forma de pena o como una alternativa a la pena, pues la restitución provee un mecanismo para integrar los múltiples propósitos que se buscan al imponer sanciones[258].

En los últimos años, han proliferado en los ordenamientos procesales en todo el mundo las formas de acuerdos basados en la restitución, a través de la mediación penal o los acuerdos de conciliación entre víctima y victimario[259]. Con el tiempo se ha convertido en una de las formas habituales de resolver los casos de delincuentes primarios, que han cometido hechos de escasa peligrosidad, de incidencia fundamentalmente patrimonial, y en los cuáles las propias víctimas parecen mejor predispuestas a recibir una reparación o restitución, que una pena de prisión para el imputado.

---

[256] Galaway, Burt, *op. cit.*, pp. 332-333.

[257] Peese, K, et al., «Community service orders», London, 1975, y Harding, John, «Community service restitution by offenders», en *Restitution in criminal justice*, pp. 101-130; citados por Galaway, Burt, *op. cit.*, p. 333.

[258] Schafer, Stephen, «The proper role of a victim-compensation system», en *Crime and Delinquency* 21 (January 1975), pp. 45-49, y los demás trabajos del autor citados por Galaway, Burt, *op. cit.*, p. 336, nota. 34.

[259] El Código Penal argentino, por ejemplo, incluye entre las causales de extinción de la acción penal a «la conciliación o reparación integral del perjuicio, de conformidad con lo previsto en las leyes procesales correspondientes» (artículo 59, inc. 6°).

1. Los argumentos para justificar la restitución dentro del proceso penal

Esta tendencia a incorporar mecanismos de acuerdos entre partes dentro del proceso penal, tales como la conciliación —sea motivada por iniciativa de las partes o a través de mediación— se perfila como un modo de evolución espontánea surgido dentro de la ley procesal.

Así como a principios del siglo XX surgieron los acuerdos entre fiscales y defensores para abreviar los procesos, y luego la jurisprudencia y la legislación recogieron esas prácticas que demostraron ser eficientes, se va produciendo también una tendencia evolutiva a aceptar que muchos procesos penales tienen una solución más adecuada en la restitución a la víctima que en la aplicación de un castigo más severo. El incremento de mecanismos de mediación penal y la admisión de la conciliación entre víctima y victimario como medio de finalizar el proceso, así lo demuestran.

Galaway también menciona cuatro razones que permiten defender a la restitución como modo de sanción al criminal dentro del proceso penal.

a. La restitución incrementaría las opciones de sanción

El sistema penal navega en la disyuntiva entre imponer una sanción casi sin significación para el procesado en la mayoría de los casos (*probation* o condenas en suspenso), o imponer una pena muchas veces desproporcionada (prisión).

La restitución es una opción que podría operar como un puente entre estos dos extremos. Ya sea como sanción única o como accesoria a otra, la restitución en algunos casos incrementaría la intensidad de la sanción[260], y en otros podría atemperar el rigor de la cárcel como alternativa.

Como señala Galaway, la evidencia muestra que en general, la restitución sería vista como una sanción más dura tanto por el criminal como por la víctima, y que esta última muchas veces consideraría suficiente a la restitución como única pena.

---

[260] Frecuentemente es condición para la procedencia de la suspensión de la causa a prueba o para la suspensión de la pena de prisión. En la legislación argentina, por ejemplo, se requiere para la suspensión del proceso que quien la pide ofrezca una reparación por el daño presuntamente ocasionado a la víctima, en la medida de su posibilidad, y que se comunique esta oferta a la presunta víctima para que manifieste si la acepta o no. La inexistencia de tal ofrecimiento es motivo para rechazar el pedido.

En el Capítulo XIII veremos cómo se vincula esto con el efecto preventivo general de las decisiones judiciales.

b. La restitución podría facilitar la reconciliación entre el criminal y la víctima

En este sentido, Galaway sostiene que la restitución contribuiría a cohesionar e integrar a la comunidad, reduciendo el sentimiento de alienación que puede experimentar el imputado, al inducirlo a un comportamiento socialmente aprobado que le permitiría un mayor grado de aceptación por las víctimas y demás miembros de la comunidad.

El derecho penal expropia el conflicto entre víctima y victimario y no logra establecer una satisfacción para la primera ni una sanción razonable para el segundo. Ambos suelen sentirse insatisfechos, lo que entorpece las posibilidades de una adecuada superación del diferendo entre ellos.

La restitución le da algún sentido al proceso judicial desde la óptica de los dos involucrados directos, pues la víctima ve que el sistema le ofrece una respuesta a su pérdida, y el victimario que la sanción que se le impone se relaciona directamente con la necesidad de resarcir las consecuencias de su conducta criminal[261].

Muchas veces, cuando ambas partes se ven las caras en una audiencia de conciliación o en una mediación, no ya como contrincantes casi enemigos, sino en la búsqueda de una solución al conflicto que sea aceptable para ambos, normalmente una vez alcanzado el acuerdo, este va acompañado por un pedido de disculpas del agresor, que suele ser bien recibido y aceptado por la víctima.

Los programas de mediación entre víctima y criminal que se han desarrollado en los Estados Unidos durante las últimas décadas, al estar basados en la intención de reparar los daños producidos por el crimen, han logrado en muchos casos la reconciliación entre las partes.

Las víctimas que participan en estos programas sienten que el sistema judicial las trata de manera mucho más adecuada que a las víctimas que concurren a declarar como testigos en procesos penales corrientes.

---

[261] Estas expectativas de víctima y victimario se advierten en los casos de suspensión del juicio a prueba, en los cuales la víctima presencia la audiencia, escucha las manifestaciones del procesado y recibe una oferta de reparación dentro de los límites de sus posibilidades. Es frecuente que para entonces, luego de conocer a su victimario y a la familia que lo acompaña, y escuchar datos sobre su pasado y condiciones de vida, el damnificado ni siquiera pretenda la reparación ofrecida; o que en el caso de aceptarla, valore especialmente el esfuerzo que para el imputado supone reparar el daño producido.

En más del 90 % de los casos se alcanza un acuerdo sobre la compensación por el perjuicio padecido, y las víctimas que aceptan esos acuerdos, reciben la compensación con mucho más agrado de lo que ocurre cuando tal restitución es impuesta por orden judicial en un proceso penal.

Ello es así porque el proceso de mediación tiene un fuerte efecto de humanizar la respuesta judicial frente al crimen, tanto para la víctima como para el criminal[262]. Este último se entera del impacto del crimen sobre la víctima, frecuentemente demuestra arrepentimiento, y cuando se alcanza un acuerdo de reparación, estará mucho más dispuesto a cumplirlo. A diferencia de lo que ocurre con la pena de prisión u otro tipo de respuesta estatal, es capaz de comprender la justicia intrínseca en el acto de reparar a la víctima por el daño que él le causó.

Por su parte, para la víctima, el hecho de enfrentarse con el criminal, conocer su historia, su explicación de los motivos que lo llevaron a cometer el crimen, escuchar de su boca palabras de arrepentimiento y un pedido de disculpas, acompañado por su oferta de reparación, muchas veces constituye una mayor satisfacción a sus intereses que el conocimiento de que el criminal será enviado a una cárcel, o condenado a una simbólica pena de prisión en suspenso.

c. La restitución le daría a la víctima una oportunidad efectiva para intervenir en el proceso

Antes me referí a la escasa o casi nula participación de la víctima en el proceso penal (Capítulo XI), que en general se limita a denunciar el hecho ante la policía y luego testificar ante el juez.

La naturaleza cerrada en la que se toman las decisiones judiciales en materia penal, donde incluso se realizan negociaciones entre fiscal y defensor sin intervención de la víctima, y la escasa posibilidad de participación y aun de información sobre el desarrollo del proceso penal por parte de esta, alimentan su sentimiento de insatisfacción respecto de la administración de justicia.

En las pequeñas comunidades, la víctima es la pieza principal del proceso, y si el sistema no es capaz de compensarla de algún modo

---

[262] Umbreit, Mark S., «The development and impact of victim-offender mediation in United States», *Mediation Quarterly* 12 (Spring 1995), 263-276, p. 272. Citado por Bruce Benson, *To serve and protect, op. cit.*, p. 249.

razonable, deja de sentirse respetada263. Esa preocupación por los damnificados no se advierte en el sistema penal, y es uno de los factores esenciales de la falta de confianza y de interés en el sistema.

d. La restitución puede ser incorporada en las actuales estructuras judiciales para la imposición de sanciones criminales

Este es un argumento práctico, que como vimos se ha venido produciendo de manera espontánea en todo el mundo. La restitución puede ser incluida en los sistemas de justicia criminal sin necesidad de organizaciones adicionales ni más burocracia judicial, tal como lo demuestran las decenas de programas de restitución que operan en Estados Unidos, en el contexto de la aplicación de la *diversión* y la *probation264*, o en la introducción de mecanismos de conciliación y mediación en los procesos penales.

Se podría agregar que no sólo no generaría un problema de implementación, sino que eliminaría los inconvenientes de esa doble intervención judicial que consiste en someter a una persona a un proceso criminal seguido por el Estado, y luego a la reclamación civil de la víctima en procura de una restitución personal, ante la justicia civil. En un mismo proceso, con la intervención de un único juez, se podrían resolver todos los aspectos del conflicto.

A estas razones invocadas por Galaway, se me ocurre otra primordial, que aparece a modo de corolario de todo lo dicho hasta aquí: la restitución, en el caso en que se la conciba como restitución a la víctima de un crimen concreto, es el único motivo que permite justificar la intervención de un juez en una sociedad libre, organizada para la protección de los derechos, y por lo tanto opera como una garantía fundamental para evitar el avance estatal sobre los derechos individuales.

---

[263] Nader, Laura y Combs-Schilling, Alaine, «Restitution in cross-cultural perspective», en *Restitution in Criminal Justice*, p. 27-44; citado por Galaway, Burt, op cit., p. 344.

[264] En este sentido, se puede decir que la inclusión de la oferta de reparación del perjuicio en la suspensión de juicio a prueba, o la posibilidad de conciliación como causal de extinción de la acción en el derecho argentino, no provocaron ninguna dificultad respecto a su implementación dentro del esquema procesal vigente.

2. El caso de Japón de posguerra

Tras la Segunda Guerra Mundial, se desarrolló en Japón un sistema para tratar los crímenes que, sin ser estrictamente privado, colocó a la víctima en un papel preponderante.

John Owen Haley explicó de la siguiente manera este sistema que, según él, tomó a la restitución seriamente:

> Un patrón de confesión, arrepentimiento y absolución domina cada etapa del sistema. La gran mayoría de personas acusadas por crímenes admiten su culpabilidad, muestran arrepentimiento, buscan y negocian un perdón de las víctimas y solicitan la clemencia de las autoridades. En respuesta, los criminales confesos reciben una pena muy leve en comparación con la que suele aplicarse en otros países industrializados[265].

Es costumbre en Japón que el acusado no sólo admita su culpabilidad ante las autoridades, sino que a través de sus amigos y familiares negocie una forma de reparación económica con las víctimas y trate de convencerlas para que envíen una nota al fiscal o al juez, comunicándoles que la restitución ha sido pagada y que por lo tanto es innecesaria una pena adicional.

De este modo, la víctima juega un papel importante en el proceso criminal. Usualmente obtiene la restitución y da su opinión (aunque no sea vinculante para las autoridades), cuando se debe decidir sobre suspender la acusación, acusar, o en su caso, dictar sentencia al acusado[266].

El énfasis en la confesión sincera y la restitución ayudó a desalentar la reincidencia. De acuerdo con un estudio del Ministerio de Justicia japonés hecho en 1968, sólo el 13,4 % de aquellos criminales cuyos procesos fueron suspendidos en 1946, cometieron otro crimen antes de febrero de 1967[267].

---

[265] Haley, John Owen, «Confession, repentance and absolution», en Wright, Marian & Galaway, Burt (Comp.), *Mediation and criminal justice: Victims, offenders and community*, Sage Publications, London, 1989, 195, Citado por Evers, Williamson M., *Victims' Rights, Restitution, and Retribution* (Independent Policy Reports Series), Independent Institute, 1996, p. 38.

[266] *Ídem*, p. 40.

[267] *Ídem*.

El sistema procesal penal japonés refuerza las actitudes de arrepentimiento y regeneración, al penar con moderación los casos en los que los procesados demuestran arrepentimiento y pagan la restitución a la víctima. La insistencia en la restitución y posterior perdón de la víctima tiende a satisfacer su deseo de que se haga justicia. Luego del acto de contrición del criminal y del pago de la restitución, las autoridades usualmente imponen sólo una pequeña pena adicional, tendiente a hacer al crimen poco atractivo en términos de coste-beneficio y para demostrar algún signo de autoridad de carácter retributivo.

En consecuencia, a diferencia del *plea bargaining* de los Estados Unidos, que se lleva a cabo entre los fiscales y los procesados, la negociación en Japón es directamente entre el criminal y la víctima. Esta no tiene la facultad de forzar el pago de la restitución, porque el procesado siempre conserva el poder de decisión de ofrecer dicha indemnización unida a las demás satisfacciones simbólicas, o arriesgarse a ser procesado, acusado y eventualmente condenado sin el perdón de la víctima.

Este procedimiento no es de derecho privado, sino que es una atenuación del sistema criminal tradicional, en el que se amplía la ponderación de la víctima como objeto de tutela jurídica, priorizando la reparación del daño sobre el castigo al criminal, aunque se mantiene la amenaza de aplicar una pena severa como forma de incentivar las confesiones, arrepentimientos y compensaciones privadas.

Por esta misma razón, su naturaleza pública le da al sistema japonés algunas desventajas. Como la acción continúa estando en manos del Estado, y la confesión del procesado es lo que permite poner en marcha el mecanismo de reparación, no es infrecuente que las confesiones sean obtenidas mediante apremios o presiones por policías o fiscales[268], aun cuando esa confesión es vigilada por los jueces a través de audiencias y procedimientos sumarios tendientes a confirmar, mediante su cotejo con evidencia corroborativa, que la confesión fue sincera y creíble.

El porcentaje de casos criminales resueltos en Japón es casi el doble que en Estados Unidos, y una de las razones puede ser, como señala Bruce Benson, porque las probabilidades de llegar a una restitución operan como incentivo, tanto para la víctima como para el criminal, de cooperar con la policía y la institución judicial[269].

---

[268] *Ibid.*
[269] Benson, Bruce, *To serve and protect, op. cit.*, p. 253.

3. El problema de examinar la restitución dentro del derecho penal

Como se vio al principio de este capítulo, se puede asociar la idea de restitución con dos destinatarios: la víctima y la «sociedad». En el primer caso la restitución podría consistir en indemnización monetaria o trabajo en favor del o de los damnificados por el crimen; en el segundo caso, consistiría en multas, pagos a organizaciones de caridad o trabajo comunitario.

Pero como la «sociedad» es un concepto abstracto inexistente en los hechos, me parece incorrecto hablar, como hace Galaway, de una verdadera «restitución» en estos casos. Más bien es una forma de satisfacer al Estado por el incumplimiento del orden legislativo. Por el contrario, la idea de restitución sólo tiene sentido cuando se trata de reparar de algún modo los perjuicios ocasionados a la víctima del crimen, que es una persona determinada, y respecto de la cual también se puede hablar de un perjuicio determinado. Aun los llamados «perjuicios a la sociedad», en definitiva, o son perjuicios a personas concretas, o no son nada.

Pero aun limitado a los perjuicios ocasionados a las víctimas, me parece que el error de esta posición radica en intentar ubicar el concepto de restitución dentro del derecho penal.

El derecho penal es derecho público, regula el poder represivo del Estado sobre los individuos que violan el ordenamiento jurídico, y por lo tanto su objetivo no es la víctima, sino el criminal. El titular de la acción casi con exclusividad es el Estado, no el damnificado, y por ello, como puede verse en el ejemplo de Japón antes descripto, la restitución es aceptada, en el mejor de los casos, como un medio alternativo de punición, complementario de una pena aunque sea simbólica, y siempre negociada bajo la amenaza de un castigo estatal más gravoso.

En los casos en los que la restitución está prevista por las leyes penales, su carácter subsidiario o accesorio a la pena generalmente acaba por hacerla ilusoria. Por ejemplo, en Estados Unidos el Congreso federal sancionó en 1982 la *Victim Witness Protection Act*, que autoriza a los jueces a disponer la restitución a cualquier víctima de una ofensa ya sea como complemento o en reemplazo de cualquier otra pena autorizada por las leyes. Además, si una corte federal no ordena dicha restitución, debe indicar por qué no lo hizo. No obstante la claridad de estas disposiciones, y del hecho de que casi todos los estados de la Unión han dictado estatutos que prevén la restitución, dichas leyes generalmente no especifican cuándo y bajo qué condiciones los tribunales deben ordenarla, y por lo tanto su implementación se vuelve ilusoria[270].

La propia Corte Suprema norteamericana ha sostenido con claridad que la decisión de imponer la restitución no se basa en el perjuicio a la víctima sino en los fines penales del Estado y las condiciones del procesado:

Porque los procedimientos criminales se enfocan en los intereses estatales de rehabilitación y castigo, más que en el deseo de las víctimas de obtener una compensación, concluimos que la orden de restitución... opera *para el beneficio del Estado*[271].

Como consecuencia de ello, en 1990 las cortes estaduales sólo ordenaron el pago de restitución en un 16% de los casos en que dictaron sentencias condenatorias. Además, la propia estructura del sistema de justicia penal hace que aun cuando el pago de una restitución sea ordenado por los jueces, el sistema es ineficiente o inoperante para hacerlo cumplir, especialmente porque si el condenado va a prisión no tendrá cómo pagar, dada su frecuente insolvencia y porque las restricciones históricas al trabajo en las cárceles le impiden ganar dinero mientras esté privado de su libertad[272].

Pienso que la exclusiva restitución a la víctima, como concepto amplio que exceda lo meramente monetario, es la *alternativa* razonable al derecho penal, pero precisamente por eso, no puede encontrarse *dentro* del derecho penal. Posiblemente esta idea es la que ha producido la proliferación de mecanismos de mediación y conciliación, que intentan sustraer el conflicto de los objetivos propios del derecho penal y devolverlo a los protagonistas.

La condición *sine qua non* para que esta alternativa funcione, según entiendo, debería pasar por la «privatización» de la acción, es decir, que se abandone el carácter de derecho público que hoy tiene, que la acción para demandar la restitución por crímenes corresponda tan sólo a la víctima, y por supuesto, que el producto de dicha restitución sea para ella, despojando al Estado de cualquier otro rol que no sea el de un administrador de justicia entre particulares.

Murray Rothbard explica este punto de la siguiente manera:

---

[270] Hillenbrand, Susan W., *Restitution and victim rights in the 1980's*; citado por Benson, Bruce L., *To serve and protect, op. cit.*, p. 246.

[271] «Kelly vs. Robinson», 479 U.S. 36, 52-53 (1986).

[272] Benson, Bruce L., *To serve and protect, op. cit.*, p. 247.

El énfasis de la pena debería estar enfocado, no en pagar una deuda con la «sociedad», lo que quiera que sea que esto signifique, sino el pago de la «deuda» con la víctima. La parte *inicial* de este pago es la *restitución*. Si ‹A› roba $ 15.000 a 'B', entonces la primera parte del castigo debería ser devolver los $ 15.000 a las manos de 'B' (más perjuicios, gastos de justicia y policía, y los intereses). Supongamos que el ladrón se gastó el dinero. En tal caso, el primer paso de un sistema penal libertario sería forzar al ladrón a trabajar para la víctima, hasta cubrir la deuda. Esta situación colocaría al criminal en un estado de *esclavitud* hacia la víctima hasta que termine de pagar la deuda[273].

Debemos enfatizar que este sentido de la pena-restitución es diametralmente opuesta al de la actual práctica de la pena. Lo que hoy ocurre es así de absurdo: ‹A› roba $ 15.000 a 'B'. El gobierno persigue, detiene y procesa a ‹A›, a expensas de 'B' como uno de los numerosos contribuyentes convertidos en víctimas en el proceso. Luego, el gobierno, en lugar de forzar a ‹A› a pagar lo que le debe a 'B', obliga a la víctima a pagar más impuestos para mantener al criminal en una cárcel por diez o veinte años. La víctima no sólo pierde el dinero robado, sino que debe pagar más dinero para perseguir, detener, enjuiciar y condenar al criminal; y el criminal es también esclavizado por el gobierno, aunque no con el buen propósito de recompensar a la víctima[274].

Mi discrepancia fundamental con esta apreciación de Rothbard es que pienso que no se puede llamar a lo que él propone un «derecho penal

---

[273] Rothbard, Murray, «Punishment and proportionality», en *Assessing the criminal, op. cit.*, p. 260-261. Señala también Rothbard aquí que, curiosamente, la única excepción a la prohibición de la servidumbre contenida en la Enmienda XIII a la Constitución de los Estados Unidos es la impuesta a los criminales. Dicha enmienda sostiene: «No existirá la esclavitud ni la involuntaria servidumbre dentro de los Estados Unidos, ni en ningún paraje sujeto a su jurisdicción, excepto por sentencia legal, como castigo por crímenes cometidos. El Congreso tendrá facultad para poner en vigencia este artículo por una legislación adecuada».

Más adelante explicaré por qué pienso que no puede hablarse de «esclavitud» o «servidumbre» en estos casos y por qué el trabajo en beneficio de la víctima es menos «esclavizante» que la prisión.

[274] *Ídem*, pp. 261 y ss.

libertario», sino que, como veremos en el Capítulo XVI, se trataría de un procedimiento civil ampliado. La restitución a la víctima del daño sufrido no es una «pena» en sentido jurídico, y tampoco lo sería la eventual privación de libertad con el exclusivo propósito de que el demandado trabaje para obtener el dinero necesario para pagar su deuda.

Sería una extensión o ampliación del procedimiento civil tradicional, porque dicha restitución no necesariamente debería pagarse con dinero, sino que podrían aceptarse otras formas, como el trabajo en favor de la víctima, e imponerse ciertos cargos y prohibiciones que garanticen la tranquilidad de esta última, como impedir que el imputado tenga contacto con ella, que concurra a determinados lugares, etc.

CAPÍTULO 12

LA ALTERNATIVA DE «PRIVATIZAR» LA ACCIÓN JUDICIAL POR CRÍMENES

Como se viene diciendo en los capítulos anteriores, las críticas a la esencia misma del derecho penal y a su desatención por la protección jurídica de las víctimas, lleva a pensar que tal vez haya llegado la hora de cambiar la naturaleza de los procedimientos en los casos criminales, de eliminar el castigo eminentemente estatal y restituir a los particulares la acción para actuar en su propio nombre y beneficio.

Michel Foucault, en su discusión con los maoístas sobre el concepto de «justicia popular» expuesto por éstos, explicaba que la formación de los estados nacionales expropió los conflictos, sobreponiéndose a los puntos en litigio como instancia superior a éstos[275]. El Estado intervino los mecanismos de solución de conflictos entre los involucrados en ellos, sustituyendo a la víctima por la «sociedad» y sujetando al victimario al poder discrecional de la legislación.

Pero curiosamente, la idea de restituir los conflictos a las partes, que hoy parece un paso hacia adelante en la evolución del derecho, en realidad significa volver a una etapa previa, que en algunos derechos, como el anglosajón, funcionó hasta hace unos siglos como el medio normal de proteger los derechos frente al crimen.

Tal vez se podría buscar una explicación de esta evolución, a partir de la visión económica de cómo surgió el Estado. Resulta claro que el Estado como unidad de poder independiente, surgió en ámbitos territoriales donde ya existían sociedades organizadas. Como explicó Oppenheimer, en esa distinción entre medios económicos (basados en acuerdos voluntarios) y medios políticos (basados en el uso de la fuerza), el Estado es

---

[275] Foucault, Michel, *Microfísica del poder*, Madrid, 1979; citado por Zaffaroni, Eugenio Raúl, *En busca de las penas perdidas*, *op. cit.*, p. 106.

la organización de los medios políticos, y ningún Estado puede llegar a serlo hasta que los medios económicos hayan desarrollado un número suficiente de recursos para satisfacer sus necesidades[276]. El Estado por definición no es productor, es depredador, y sólo puede prosperar si existen condiciones de depredación suficientes[277].

Por eso es que en una época previa al surgimiento de los Estados, las sociedades debieron organizarse de manera espontánea, y las primeras respuestas frente a los reclamos por violación de derechos se solucionaron con las herramientas y normas consuetudinarias surgidas en la misma comunidad. Su objetivo era mantener la paz resolviendo los conflictos a través de la reparación de los daños.

El nacimiento de los Estados puso en la mesa un nuevo jugador que se fue haciendo cada vez más poderoso, y terminó expropiándole a las personas sus derechos para resolver sus propios conflictos. El transcurso del tiempo, la acumulación de riqueza y el desarrollo de la tecnología permitieron que esos Estados se fortalecieran, hasta que llegaron a detentar tres monopolios fundamentales: el de la fuerza, el de la legalidad y el de la percepción de tributos.

La acumulación de poder, la asunción del rol de legislador y el sustento económico garantizado por los impuestos, les permitió perfeccionar el desarrollo de ese orden jurídico estatal represivo, y diseñar el derecho penal tal y como hoy se lo conoce. Incluso la prisión como forma habitual de castigo sólo pudo organizarse cuando los Estados llegaron a garantizar una solidez económica sustentable en el tiempo lo suficientemente grande como para sostener los sistemas carcelarios.

Pero la evolución posterior del mundo hace que el incremento de la producción de riqueza por parte de quienes la producen (los individuos) y los avances tecnológicos permitan hoy ir un paso más allá, y reemplazar ese Estado monopólico y violento por mecanismos de ejercicio individual de derechos que establezcan nuevas instituciones voluntarias. Hoy el Estado ni es necesario ni es eficiente para resolver los conflictos. Aquel derecho que expropió en su momento, en este nivel de desarrollo de la civilización, debería ser devuelto a los individuos, para que lo ejerzan en su nombre y para su propio provecho.

De allí que parece razonable en estos tiempos pensar en cómo volver a aquellas etapas pre-estaduales, y pensar en nuevas organizaciones es-

---

[276] Oppenheimer, Franz, *El Estado. Su historia y evolución desde un punto de vista sociológico*, Unión Editorial, Madrid, 2014, p. 42.

[277] Rojas, Ricardo Manuel, *Individuo y Sociedad*, *op. cit.*, pp. 234 y ss.

pontáneas que superen estos tres monopolios. Para ello, curiosamente, parece importante recordar formas antiguas de resolver conflictos, que nos ayuden a pensar en nuevas formas modernas que aprovechen el bagaje de conocimientos y tecnología con el que hoy contamos.

1. La experiencia histórica del derecho privado

Como ocurre con muchas teorías jurídicas, una proposición que podría resultar hoy novedosa y revolucionaria, si se tiene en cuenta el desarrollo que en los últimos tres siglos ha tenido la ciencia penal, en realidad significa de algún modo volver a las fuentes del derecho. Si se examinan los orígenes de los dos derechos que han formado jurídicamente al mundo occidental moderno: el romano y el anglosajón, se ve claramente que la distinción entre el derecho penal y el civil no era tajante en los primeros tiempos.

Hay una explicación para ello. Como decía Thomas Paine en el texto citado en el Capítulo II, y que en realidad es un hecho de lógica pura, las personas debieron existir antes que los gobiernos, y por lo tanto las primeras formas de respuesta ante los crímenes debieron ser privadas. La aparición de los gobiernos hizo que esa respuesta privada al crimen se canalizara a través de un procedimiento objetivo e imparcial para evitar los abusos de la venganza sin límites. Pero ello no eliminó el carácter privado de la demanda, hasta que el Estado se convirtió en el titular de la acción y destinatario de la retribución penal.

a. Roma

En Roma, en los albores de la República, el derecho penal tenía un trazado distinto del que hoy conocemos, pues una buena parte de lo que en estos tiempos es materia de derecho penal, pertenecía al derecho privado bajo la forma de *delicta privada* (Kaser, ZPR, p. 1). Delitos como el robo, el hurto o la injuria, eran perseguidos por el damnificado mediante la acción privada; esa pretensión jurisprivatista de satisfacción se hacía valer en el proceso civil y era realizada por una composición en dinero (pagada al damnificado) o librando al autor a la venganza privada (en algunos casos por azotes)[278].

---

[278] Gerhard, Walter, *Libre apreciación de la prueba*, Temis, Bogotá, 1985, p. 21.

En el proceso penal romano clásico, la regla era la acusación privada. Sólo compareciendo un acusador (que no fuese al mismo tiempo juez) había lugar a un procedimiento penal[279].

Esto significa que la intervención del Estado dependía, aun en caso de conducta criminal, de la acción de un particular que se declarase dispuesto a desempeñar «el difícil y odioso oficio de fiscal» (conf. Mommsen, p. 345). Mommsen cita el caso de un homicida confeso, a quien se tuvo que dejar en libertad por falta de acusador. En este sentido, Cicerón, en *Pro Sexto Roscio* 20, 56, establecía la máxima: *nocens, nisi accusatus fueri, condemnari non potest:* el pernicioso, a no ser que fuere acusado, no puede ser condenado[280].

b. Inglaterra

En Inglaterra se produjo el mismo proceso que en Alemania, pasando de la venganza privada y de las sangrientas contiendas familiares a la *composición,* por la cual se les daba fin, al principio de manera opcional y luego obligatoria.

El sistema legal británico deriva de la ley anglosajona y de las leyes de los reyes normandos. En la sociedad anglosajona, los individuos vivían en grupos o tribus reducidas, dejando al grupo la protección frente a los crímenes y la persecución de los agresores. Gradualmente, y a través de la evolución espontánea de las instituciones, los anglosajones pasaron de la venganza de sangre al pago de multas o indemnizaciones a las víctimas o a los parientes de las personas asesinadas. Este remedio apaciguó a las víctimas y sus supervivientes, disminuyó los crímenes y detuvo el terrible costo de la venganza de sangre. En este período, Inglaterra aún no había alcanzado la distinción entre el derecho penal y el derecho de daños *(tort law).* La restitución económica fue la principal forma de castigo para la mayoría de los crímenes. El señor o el Rey algunas veces le agregaba multas como forma de retribución punitiva[281].

Las indemnizaciones se basaban en el estatus social de la víctima y se mantuvieron bastante uniformes a lo largo de Inglaterra, sugiriendo un considerable grado de eficiencia en el mercado de justicia. En los casos de homicidios, la vida de un noble se valuaba en alrededor de 300 pie-

---

[279] *Ídem*, p. 23.

[280] *Ibid.*

[281] Reynolds, Morgan O., *Using the private sector to deter crime*, National Center for Policy Analysis, Dallas, marzo de 1994, p. 3. Con cita de Sir William Holdsworth, *A history of English Law*, London, 1936, vol. II, p. 43.

zas de oro (el equivalente a unas 150 cabezas de ganado). La vida de los hombres libres que no eran nobles rondaba las 200 piezas de oro en la mayoría de las regiones, y una categoría inferior de hombres libres que se mantuvo hasta finales del siglo era valuada en la mitad del valor de un noble. Se consideraba que los esclavos no tenían derecho a compensación, pero se debía pagar una suma de dinero al amo en caso de homicidio de un esclavo. La violencia rara vez era necesaria para forzar el pago de la compensación. Si el acusado no podía pagar, se lo convertía en esclavo. Si no se presentaba a responder el cargo o se negaba a pagar, quedaba fuera de la ley, y según el *common law* anglosajón, el demandante tenía derecho a tomar su vida.

El sistema funcionaba porque había un consenso social de reconocimiento de la ley y de las reparaciones. Los parientes del criminal también tenían un deber de responder por las ofensas de sus familiares, que era otra vía de compensación a las víctimas emanado de la costumbre[282].

Hasta el siglo X el uso de la fuerza en las disputas legales ordinarias era poco frecuente. Sin embargo, en caso de incumplimiento, cuando era necesario recurrir a la fuerza, ello era considerablemente más costoso para el culpable, pues además de la restitución a la víctima debía pagar el coste de hacer cumplir la decisión.

Por esa época los reyes comenzaron a advertir las ventajas de asumir una intervención más directa en la administración de justicia, y gradualmente expandieron su rol. Las violaciones a ciertas leyes consuetudinarias comenzaron a considerarse como violaciones a la «paz del rey». Inicialmente, la paz del rey significaba la paz de la casa del rey. Pero al crecer el poder real, el monarca declaró que su paz se extendía a todos los lugares por los que él transitaba, las iglesias, los caminos y los puentes. Eventualmente, los oficiales reales, tales como los *sheriffs*, proclamaban que algún incidente turbaba la paz del rey y ello justificaba su intervención.

Este fue el comienzo en la distinción entre el derecho de daños (*tort law*), que fue conservado por las víctimas, y el derecho criminal (*criminal law*) aplicado por rey en nombre de la turbación de su paz o de la del pueblo de Inglaterra. Comenzó un nuevo sistema judicial que reemplazó al pago de la compensación económica a la víctima. Los criminales

---

[282] *Ídem*, con cita de Benson, Bruce L., *The Enterprise of Law: Justice without the State*, Pacific Research Institute for Public Policy, 1990, pp. 62-63.

fueron declarados fuera de la ley, su propiedad pudo ser confiscada y se instituyeron castigos corporales y la pena de muerte[283].

Los reyes normandos que conquistaron Inglaterra en 1066 llevaron esta transformación del derecho privado en justicia criminal pública bastante más lejos. Su sistema de multas, confiscaciones y penas corporales y capitales fue administrado por el poder real y el aparato judicial. En 1116, durante el reinado de Enrique I, conocido como «el legislador», se promulgaron las *leges Henrici* (leyes de Enrique) que castigaban ciertas ofensas contra la paz del rey, como incendio, robo, homicidio, falsificación de moneda y crímenes violentos. Enrique II (1154-1189), hambriento de poder, fue especialmente innovador en su tarea de reemplazar la ley civil, privada y descentralizada, por la politizada, pública y centralizada ley criminal.

A partir de entonces, la lista de violaciones a la paz del Rey creció, aumentando la brecha entre las causas civiles y las criminales, y a las víctimas no les quedó más remedio que procurar que las eventuales ofensas sufridas fueran consideradas civiles, que era la única forma de conseguir compensación. En respuesta a ello, los reyes dictaron decretos para asegurar su monopolio de la ley criminal.

Según señala Bruce Benson, los métodos utilizados por el rey para reemplazar la ley privada por la estatal e inducir o compeler a la cooperación de las víctimas, fueron los siguientes: 1) Era considerada a su vez criminal, toda víctima que obtuviese restitución del criminal en forma privada, antes de que el caso se juzgara ante la justicia del rey; *2)* las víctimas no podían buscar remedios civiles hasta que la investigación criminal fuera completada; 3) el propietario de un bien robado no podía recuperarlo hasta que hubiese servido como evidencia en una investigación criminal; *4)* los anunciantes o imprenteros que publicaran recompensas por la devolución de propiedad robada, eran multados[284].

Si bien gradualmente el derecho penal estatal fue reemplazando al derecho civil, hasta mediados del siglo XIX, la persecución privada de crímenes continuó siendo la norma en Inglaterra, y los individuos formaban asociaciones voluntarias para hacer frente a los costos de la investigación de los crímenes[285].

---

[283] Reynolds, Morgan O., *Using the private sector to deter crime, op. cit.*, p. 4.

[284] Reynolds, Morgan O., *op. cit.*, citando a Benson, Bruce L, *The enterprise of law, op. cit.*, pp. 62-63.

[285] Shubert, Adrian, «Private initiative in Law Enforcement: Association for the prosecution of felons, 1744-1856», en Bailey, Victor (ed.), *Policing and punishment*

De este modo, proliferaron los abogados que compraban las acciones a las víctimas poco interesadas por perseguir los delitos, y corrían con el riesgo de ganar el juicio y obtener una reparación que les significase una ganancia. Inclusive las órdenes de detención y registros eran extendidas por los jueces de paz a pedido de los representantes de las víctimas, que eran quienes llevaban adelante las investigaciones. Ellos fueron los antecesores de lo que luego de la estatización de la acción pasaron a ser los fiscales[286].

c. Estados Unidos

También en Estados Unidos, en la época colonial, los crímenes eran perseguidos por querellas particulares en las que el Estado usualmente no tenía ningún rol activo ni interés. El crimen era concebido en principio como una injuria a una víctima individual, no como un ataque contra la sociedad[287].

Los colonos que llegaron al nuevo territorio establecieron el sistema inglés de persecución penal de acción privada. Ese sistema se mantuvo hasta fines del siglo XVII o principios del siglo XVIII, cuando fue reemplazado por la persecución pública. Si bien los autores no logran explicar las razones de ese cambio, existe cierto grado de coincidencia acerca de que fue producto de la influencia del derecho continental, a través de teóricos como Beccaria y de la presencia de holandeses, escoceses y franceses en la época colonial, que trajeron los principios públicos del derecho continental[288].

Las colonias americanas establecieron un sistema similar de organización policial con *sheriffs* designados por los gobiernos locales, reforzados en algunas ciudades con vigilantes nocturnos reclutados en el ejército

---

in Nineteenth-Century Britain, London, Croom Helm, 1981, pp. 25-41. Ver también: Philips, David, *Crime and authority in Victorian England: The Black Country, 1835-1860,* Croom Helm, London, 1977, pp. 119-123. Citados por Evers, Williamson M, *Victims' Rights, Restitution, and Retribution, op. cit.,* p. 19.

[286] Ver al respecto: Shapiro, Barbara J., *Beyond reasonable doubt and probable cause,* University of California Press, 1991.

[287] Nelson, W., «Emerging notions of modern Criminal Law in the revolutionary era: An historical perspective», en *Criminal Justice in America,* Richard Quinney (ed.), Little, Brown and Co., Boston, 1974.

[288] Van Alstyne jr., Scott, «The District Attorney. A historical puzzle», en *Wisconsin Law Review,* 1952, p. 125; Cárdenas, Juan, «The crime victim in the prosecutorial process», en *Harvard Journal of Law & Public Policy,* 1986, vol. 9, p. 360; Green, Stuart P., «Private challenges to prosecutorial inaction: A model declaratory judgment statute», en *Yale Law Journal,* 1988, vol. 97, p. 489.

o designados por el municipio. Sin embargo, el crimen no fue considerado un problema mayor durante el período colonial ni en los primeros tiempos del gobierno de Estados Unidos. En donde había problemas, generalmente se resolvía informalmente. Por ejemplo, durante el siglo XVIII las ejecuciones privadas comandadas por el coronel Charles Lynch de Virginia le dieron a esa práctica el nombre de «linchamiento»[289].

Una de las graves consecuencias de los cambios en el sistema de justicia criminal norteamericano, fue la mutación en el estatus de la víctima, que una vez fue el actor central del proceso y recibía satisfacciones financieras y psicológicas de él.

En este sentido, explica William Mc Donald que en la época colonial, los departamentos de policía y las fiscalías no existían como hoy se las conoce. La víctima de un crimen estaba sola. En las ciudades, las víctimas podían llamar a los vigilantes nocturnos, pero habitualmente no lo hacían, porque ellos estaban disponibles sólo a ciertas horas y en general eran viejos decrépitos y deshonestos. Debían convertirse entonces en sus propios detectives o buscar a alguien que hiciera ese trabajo. Si pedían ayuda al *sheriff*, debían pagar una tasa. En Boston, por ejemplo, doce horas de ayuda del *sheriff* en casos criminales costaba un dólar. Una vez que el criminal era localizado, había una tasa adicional de 30 centavos para su detención.

Pero aun pagando el precio, no era fácil interesar al *sheriff* para que persiguiera a un criminal, porque las tasas por intervenir en casos civiles eran mayores y por asuntos menos peligrosos. Por lo tanto, las víctimas contrataban detectives privados u ofrecían recompensas. Una vez que el imputado era detenido, la víctima debía contratar a un abogado para que llevara adelante la acusación. No obstante, a cambio de todos estos esfuerzos, tenía la satisfacción de lograr que se hiciera justicia en su caso, y podía reclamar del criminal el pago de todos los daños y gastos ocasionados por el crimen[290].

Además, como se vio al final del capítulo anterior, en caso de que el criminal fuera insolvente, podía ser obligado a trabajar en favor de la víctima hasta pagar su deuda. Esta práctica, proveniente del *common law* justificó, como vimos, la cláusula incluida en la Enmienda XIII a la Constitución norteamericana.

---

[289] Reynolds, Morgan O., *op. cit.*, p. 5.
[290] Nelson, W., «Emerging notions of modern Criminal Law in the revolutionary era: An historical perspective», *op. cit.*, p. 108; citado por Mc Donald, William, «The role of the victim in America», en *Assessing the Criminal, op. cit.*, pp. 296-297.

El cumplimiento de las leyes era en muchos casos garantizado por los ciudadanos interesados. Las asociaciones de ganaderos actuaban frecuentemente para perseguir el abigeato. Los *sheriffs* se valían de grupos de ciudadanos voluntarios que formaban patrullas para perseguir criminales, y en algunas comunidades había comités de vigilancia que actuaban para prevenir crímenes y aprehender a los bandidos. Contrariamente a la creencia popular, estos comités no eran turbas actuando por la pasión, sino que estaban formadas por ciudadanos prominentes cuyo principal interés era preservar la ley y el orden en la comunidad[291].

Fue en los territorios del Oeste donde la protección privada contra los crímenes se mantuvo hasta la mayor parte del siglo XIX, y a diferencia de la imagen ofrecida por el cine, la vida en el «*Far West*» no era tan violenta como se supone. Los principales hechos de violencia se relacionaban con choques con los indios, bandidos o naciones extranjeras[292]. Existían algunos oficiales públicos tales como los *marshalls* y los famosos *Texas Rangers*. Éstos eran pocos en número, usualmente mal pagados, y en general utilizaban las recompensas privadas como la más importante fuente de su compensación. Los propios ciudadanos, armados con todo tipo de armas de fuego y dispuestos a matar para proteger sus propiedades, fueron evidentemente la forma más importante de detener la criminalidad[293].

En Estados Unidos se produjo una situación particular, pues junto con la tradición anglosajona de la restitución, basada en los principios del *common law* inglés, coexistieron en las colonias costumbres jurídicas traídas de otros países que contribuyeron a la población de esas tierras. Por ejemplo, en las colonias con alto contenido de holandeses se instituyó la figura del «*scout*», que era un oficial público que actuaba como fiscal, y también las leyes escocesas y francesas preveían la acusación pública. Todo ello influyó decisivamente en algunos gobiernos coloniales, como por ejemplo en el de Connecticut, donde se estableció un sistema de acusación pública en 1704, que fue seguido por otras colonias. Por eso,

---

[291] Reynolds, Morgan O., *op. cit.*, p. 6.

[292] Por ejemplo, entre 1870 y 1885, las cinco estaciones de tren principales de Kansas: Abilene, Caldwell, Dodge City, Ellsworth y Wichita, tuvieron un total de 45 homicidios, un promedio de tres por año (Dykstra, Robert R., *The Cattle Towns*, New York, 1986; cit. Por Reynolds, Morgan O., *op. cit.*, p. 6).

[293] Mc Grath, Roger D., *Gunfighters, highwaymen and vigilantes*, Berkeley, University of California Press, 1984, p. 247; citado por Reynolds, Morgan O., *op. cit.*, p. 6.

al momento de declararse la independencia, la acusación pública estuvo firmemente establecida en las 13 colonias[294].

Pero el hecho de que las leyes organizaran la persecución pública de los delitos y nombraran oficiales al efecto, no significó que ello fuera aceptado por la población, y aún después de la Independencia, muchas víctimas continuaron demandando a los criminales en forma personal, según las costumbres anglosajonas, con el objeto de obtener una restitución.

Recién en los 1830›s aparecieron las primeras pandillas o bandas de criminales organizados, y el gobierno se interesó por armar cuerpos policiales más efectivos y legislar en materia penal. A partir de entonces el Estado incrementó paulatina y sostenidamente el control de la justicia criminal en los siglos XIX y XX[295].

d. Alemania

Como recordaba más arriba con una cita de Hassemer, en el primitivo derecho alemán se pasó de la venganza privada y la *faida* a un sistema retributivo de composición judicial que se hacía en beneficio particular de la víctima. Con el tiempo se abandonó tal mecanismo para convertir esa composición en una retribución para el Estado. Entonces, lo que antes fue una indemnización para el damnificado se transformó en una multa destinada a las arcas del gobierno.

En los orígenes del derecho germánico, las instituciones típicas del derecho penal eran la *venganza de sangre (blutrache)*, y el estado de *faida* como extensión de la venganza a toda la estirpe del transgresor *(sippe)*, que eran instituciones enfocadas a dar respuesta a los reclamos de justicia de las víctimas. Luego apareció como primera manifestación de reacción social canalizada a través del poder público, la *pérdida de la paz (friedenslosigkeit)*, que importaba privar al reo de la protección de la ley y, en consecuencia, su abandono al poder del ofendido.

La transformación del derecho penal en derecho público operó en el seno de estas instituciones, y consistió en la imposición estatal de un sistema de pagos a través del cual se satisfacía no solamente el daño ocasionado a la víctima, sino que se pagaba un plus de carácter retributivo.

Entre las formas de composición estaban el *wergeld*, suma pagada para sustraerse de la venganza privada y que era una satisfacción para la víctima o sus herederos; el *friedensgeld o fredum, precio de la paz*, me-

---

[294] Benson, Bruce L., *To serve and protect, op. cit.*, p. 96.
[295] *Ídem*, pp. 195 y ss.

diante el cual el criminal hacía una composición con el Estado sobre la *friedenslosigkeit*, recuperando así la protección; y la *busse*, que era una composición pagada por los delitos menos graves.

Aun cuando luego de esa transformación la pena fue definida e impuesta por decisión unilateral del Estado, de todos modos durante mucho tiempo continuó consistiendo en una composición en favor de la víctima[296].

e. España

Los orígenes del derecho penal en España deben ser buscados en el derecho privado. Recién el derecho penal castellano bajo-medioeval, por efecto de la penetración del derecho común, inició el tránsito de la esfera privada (propia del derecho germánico) a la pública, pasando de ser una actividad de interés preferentemente particular, a otra predominantemente estatal o real[297].

Como señala Angel López-Amo Marín:

> Al lado de la venganza —que fue una institución típica del sistema privatista anterior y no pudo ser desarraigada sino muy lentamente— luchó la nueva concepción por abrirse paso e imponer el derecho penal del Estado (*ius punendi* real). Esta tendencia se orientó en dos direcciones: primera, la de implantar un sistema de penas de derecho público que sustituyera a la venganza de la sangre. El sistema de la venganza, como la composición, en vez de asegurar el castigo de los crímenes los deja con frecuencia en la impunidad, favoreciendo indirectamente su repetición.
>
> Y segunda dirección: hacia la conquista del procedimiento inquisitivo. Si no obstante imponer la pena, el poder público sólo hubiera podido actuar a instancia o por acusación privada, su autoridad habría sido menguada. De allí que en el prólogo de la Partida VII se lea que los jueces, de tres maneras pueden saber la verdad de los malos hechos que los hombres hacen: por acusación, pero también *‹por denunciación o por oficio del juzgador haciendo por ende pesquisa›*, con lo cual se dio el paso

---

[296] Soler, Sebastián, *Derecho Penal Argentino, op. cit.*, T. 1, pp. 58 y ss.

[297] Levaggi, Abelardo, *Historia del derecho penal argentino*, Abeledo-Perrot, Buenos Aires, 1978, p. 25.

necesario para que el representante público pudiera acusar al autor del delito, con prescindencia de la parte ofendida[298].

Al igual que en el resto de Europa, la estatización de la acción en España tuvo por finalidad esencial el fortalecimiento de la autoridad del Estado. Aun así continuaron vigentes —por los menos hasta el siglo XVIII y no sólo en el texto de las leyes sino en el propio espíritu de la comunidad— resabios del viejo derecho penal privado, como las ya recordadas instituciones de la venganza y la composición. En cuanto a la venganza, su epígono fue el duelo, entre nobles y también entre villanos, que aun cuando incriminado por las leyes, por falta de una efectiva represión en el siglo XVI y XVII llegó a gozar de la benevolencia judicial, especialmente si se trataba de duelistas nobles que se batían en nombre del honor[299].

f. Otros

El sistema germano de compensación tenía su análogo en la Irlanda medioeval. Joseph R. Peden explica:

> El *precio de honor (dire o enclann)* era el pago debido a cualquier hombre libre si su honor o derechos eran lesionados o puestos en duda en público por otra persona. Las penas eran fijadas para cada crimen especifico de acuerdo con la gravedad de la ofensa y la ubicación social de la víctima[300].

En Islandia, la pena normal para el homicidio era la compensación monetaria, cuyo monto variaba de acuerdo con la condición social de la víctima301. El homicidio era en Islandia una falta puramente civil, segui-

---

[298] López-Amo Marín, Angel, «El derecho penal español de la baja Edad Media», en *Anuario de historia del derecho español*, t. XXVII, Madrid, 1956, pp. 554-555; citado por Levaggi, Abelardo, *op. cit.*, pp. 25-26.

[299] Levaggi, Abelardo, *op. cit.*, p. 27.

[300] Peden, Joseph R., «Property right in medieval Ireland: Celtic Law versus Church and State», *Journal of Libertarian Studies* 1: 86 (1977); citado por Burnett, Randy E., «Restitution: A new paradigm of criminal justice», en *Assessin the Criminal*, op. cit, p. 351.

[301] Sobre las formas privadas de derecho en la Islandia Medioeval, puede consultarse el trabajo de David Friedman: «Private Creation and Enforcement of Law: A Historical Case», en *The Journal of Legal Studies*, University of Chicago, n° 8, 1979, pp. 399-415.

da por las familias ofendidas, y generalmente se resolvía en una oferta y aceptación de una suma de dinero en concepto de compensación[302].

La investigación hecha por Diamond sobre las sanciones impuestas para el homicidio en las comunidades medioevales, confirma el hecho de que las multas o reparaciones pecuniarias eran las sanciones aceptadas en todo el mundo occidental. De las 100 comunidades tribales investigadas por Diamond, el 73 % imponía sanciones pecuniarias, contra el 14 % que demandaba la muerte. El restante 13 % ponía a cierto número de personas en manos de la familia de la víctima, lo que significaba una forma de multa, aunque no en términos monetarios.

Según Diamond, el 100 % de los códigos de la baja Edad Media preveían sanciones pecuniarias para el homicidio, como el código Salex (500-600) y las leyes anglosajonas de los años 900 al 1100. No fue sino hasta finales de la Edad Media, pasado el año 1150, en que se estableció la pena de muerte como sanción para el homicidio intencional[303].

Lo propio ocurría en ciertos derechos de oriente, donde la legitimación para accionar estaba en la víctima y su familia. Por eso, para protegerse jurídicamente de los crímenes, las personas huérfanas normalmente se hacían adoptar por alguna familia, para que de este modo alguien pudiese ejercer las acciones penales en su nombre, y desalentar así la comisión de crímenes en su contra.

En definitiva, se puede encontrar en el origen de casi todos los sistemas judiciales modernos, un derecho que se ejercía por la víctima en su propio nombre y en procura de un resarcimiento personal, que podría o no estar vinculado con lo estrictamente pecuniario, de acuerdo con las particularidades de cada caso que eran examinadas por los jueces. Ello por otra parte resulta razonable, pues lógicamente los individuos y las asociaciones espontáneas de personas han existido antes que los estados, y alguna forma de administración de justicia entre los particulares debió organizarse antes de que los gobernantes y sus asesores diseñasen el derecho penal y expropiaran la acción por crímenes a los particulares.

---

[302] Diamond, A. S., *Primitive Law*, Longmas, Green and Co., London, 1935, p. 148; citado por Burnett, Randy, «Restitution: A new paradigm of criminal justice», *op. cit.*, p. 352.

[303] Diamond, A. S., *op. cit.*, p. 316, nota 5.

2. LAS VENTAJAS DE LA ACCIÓN PRIVADA

La «privatización» de la acción judicial por crímenes, probablemente
traería muchas ventajas, entre las cuales puedo mencionar las siguientes.

a. Aumentaría la eficiencia en la investigación de los crímenes
Si la acción fuese privada, las víctimas podrían ejercerla por sí o cederla a
otras personas, en muchos casos a cambio de un precio, lo que alentaría
la persecución de los crímenes por parte de agencias privadas.

Así, por ejemplo, las oficinas de abogados verían la conveniencia de
negociar con aquellas víctimas que no tienen interés en seguir adelante
los procesos, para comprarles la titularidad de la acción e iniciar un juicio
en pos de una restitución que les reporte una ganancia. Lo mismo harían
las empresas de seguros, al modo en que hoy lo hacen en el ámbito del
derecho civil.

Es bueno recordar que en el derecho inglés previo a la estatización
de la acción penal, cuando quienes accionaban eran los particulares,
muchos abogados compraban a las víctimas las acciones, y se hacían
famosos como buenos litigantes, corriendo los riesgos por su gestión.
Desde el punto de vista económico, para la víctima no tenía mucho
sentido molestarse en perseguir a un criminal para demandar el pago
de la pequeña suma que constituiría el resarcimiento del daño sufrido,
pero los abogados ganaban en la cantidad de casos. Cuando la acción
judicial fue expropiada por el Estado, los abogados que litigaban en
beneficio de sus clientes o de ellos mismos, fueron sustituidos por los
fiscales, que adoptaron la fisonomía que hoy tienen en prácticamente
todos los sistemas judiciales del mundo.

En este sentido, las compañías de seguros investigan crímenes bajo
determinadas circunstancias (cuando los bienes que se trata de recuperar
tienen un valor superior a los costos de la investigación). Muchas organizaciones y comercios privados contratan investigadores particulares para
las investigaciones criminales, como la *American Banking Association* y la
American Hotel-Motel Association, que han contratado a la *Wm. J. Burns
International Detective Agency*, porque les produce mejores resultados
que la policía para proteger sus establecimientos[304].

Si el objetivo del proceso judicial fuese la restitución para las víctimas,
el ámbito de la investigación privada se expandiría considerablemente[305].

---

[304] Reynolds, Morgan O., *op. cit.*, p. 12.
[305] Benson, Bruce L., *Privatization in Criminal Justice, op. cit.*, p. 47.

Más aún si se abandonase el límite de la reparación estrictamente pecuniaria, que desalienta la persecución judicial de personas insolventes, y se permitiese ampliar las formas de reparación del daño.

Como los fiscales en general no tienen un interés personal en el resultado del juicio —no cobran honorarios por sus éxitos y rara vez responden por sus fracasos—, la eficiencia de la investigación ha disminuido[306].

Antes me referí a quienes buscan fundar el derecho penal con una argumentación parecida a la que justifica la intervención estatal en otras áreas, como la protección del ambiente (Capítulo IV). La privatización de la acción penal tendría, según mi parecer, consecuencias similares a las que podría tener la privatización de la acción por motivos de contaminación ambiental.

Por ejemplo, en nombre de la teoría de los intereses difusos se ha estatizado la acción en materia de protección del ambiente. Las infracciones deben ser denunciadas ante organismos gubernamentales que, teóricamente, gastan mucho dinero de los impuestos para realizar inspecciones periódicas y aplicar sanciones a quienes contaminan, que van desde multas e inhabilitación hasta la prisión —todas ellas impuestas por cuenta y en nombre del Estado—. Sin embargo, en la práctica el fruto de esta acción es la apatía de la gente por denunciar estos actos y

---

[306] En este sentido un sonado caso que se ha invocado como ejemplo es el juicio de O.J. Simpson en los Estados Unidos. Muchos han vinculado la decisión absolutoria del jurado en el juicio penal, a la diferente actitud de los abogados que representaban ambos intereses.

Los defensores constituían un equipo muy bien preparado y con importantes recursos, que les permitieron echar un manto de duda sobre prueba que al principio parecía cristalina. Los fiscales, por su parte, tuvieron un papel que casi todos coincidieron en definir como opaco, permitieron que tambalearan pruebas fundamentales, y hasta se los acusó de no conocer algunos detalles que testigos propuestos por la propia fiscalía develaron durante las audiencias.

Ocurre que la actuación de los fiscales no puede abstraerse del medio burocrático donde se desempeñan. Son empleados a sueldo que no tienen, económicamente, nada que ganar ni perder con el resultado de los juicios. Ciertamente tienen una reputación que proteger, y especialmente ella está en juego en casos resonados como este, pero también es verdad que los presupuestos gubernamentales son limitados. Violaría el principio de igual protección de los derechos si el gobierno destinara millones de dólares para apoyar la tarea de los fiscales tan sólo porque se trata de un caso muy publicitado.

La diferencia se advierte, cuando se compara el resultado del juicio penal con el juicio civil llevado a cabo por los abogados de la familia de la víctima, que con otros recursos y otros incentivos logró que en esa sede se declarara responsable a Simpson, y se lo condenase a pagar una importante reparación económica.

el aumento de la corrupción de los funcionarios que deben implementar los controles y aplicar sanciones.

Así, si se piensa en un río que es contaminado por una fábrica que arroja desperdicios químicos, el dueño de la fábrica hará un análisis de coste-beneficio entre arrojar allí sus desperdicios o someterse a la ley e invertir lo necesario para no contaminar. Como los controles, por depender monopólicamente del gobierno se verán debilitados, y la posibilidad de sobornar a los oficiales e inspectores es muy grande, el industrial calculará si le cuesta más descontaminar o pagar los sobornos, o eventualmente las multas por no hacerlo. Frecuentemente optará por esto último.

Si se «privatizara» la acción, y se reconociese el derecho de cada ribereño a demandar en nombre propio por la contaminación del río que pasa frente a su casa, el industrial se vería bombardeado por constantes demandas de personas que actúan buscando su propio provecho, y que por lo tanto no podrían ser sobornadas como los funcionarios[307]. De este modo, su cálculo de coste-beneficio seguramente le indicaría, en algún momento, que le conviene dejar de contaminar antes que seguir haciendo frente a tantas demandas.

Del mismo modo, en los actuales sistemas penales, las víctimas de delitos de escasa peligrosidad, como arrebatos de carteras, robos de estéreos de automóviles, hurtos menores, roturas de vidrieras de negocios, pequeñas estafas, etc., frecuentemente ni siquiera se toman la molestia de efectuar una denuncia policial.

No lo hacen porque saben que ello les puede ocasionar varias cargas y prácticamente ninguna utilidad práctica. Deberán concurrir a la comisaría y posteriormente ante fiscales o jueces para prestar declaración, perdiendo tiempo y dinero. En el caso en que se llegase a individualizar al criminal, lo máximo que podrían esperar es que se lo condene a prisión, lo que a la víctima particularmente no le sirve de mucho para reparar el perjuicio sufrido.

Pero si pudieran actuar en nombre propio, o eventualmente ceder la titularidad de la acción a alguien que tuviese un interés económico o de otro tipo para continuarla, seguramente el impulso en la persecución de los crímenes sería mucho más efectivo.

Es fundamental advertir la distinta naturaleza del proceso penal y el civil. El proceso civil coloca a dos partes en disputa en igualdad de

---

[307] Sobre el tema puede consultarse: Rothbard, Murray N., «Law, Property Rights and Air Pollution», *Cato Journal* 2, N.º 1 (Spring 1982), pp. 55-99.

armas para defender su posición ante un juez imparcial. En cambio, el proceso penal enfrenta al presunto delincuente contra el Estado y todos sus recursos legales, lo que exige el desarrollo de principios y garantías (como el principio de legalidad, el principio de inocencia, la regla de exclusión, etc.), que si bien por un lado se justifican para proteger a los ciudadanos del excesivo poder del Estado, muchas veces acaban dejando impunes muchos hechos por cuestiones formales.

Esto está muy bien que ocurra en el ámbito del derecho penal, pero nuevamente aquí las víctimas, convertidas en meros espectadores, verán que el sistema jurídico no sólo no los protege, sino que ni siquiera resulta eficiente para alcanzar sus propios fines.

b. Se alentaría la inversión de recursos en tecnología para investigar los crímenes ya cometidos
En el caso en que pudiesen buscar una retribución en propio nombre y beneficio, probablemente los titulares de las acciones tendrían mayor interés en que se investigasen los crímenes cometidos en su contra, y esa señal enviada al mercado movería recursos económicos hacia la investigación y persecución de estos hechos.

No se debe olvidar que es un principio básico del funcionamiento del mercado, que donde hay un buen negocio se fomenta la inversión de capital en el desarrollo de tecnología. Usando nuevamente el ejemplo de la contaminación, si cualquier persona pudiese demandar en nombre propio y procurando una indemnización para ella misma por parte de los automovilistas que contaminan el aire con gases tóxicos, en lugar de monopolizar esa acción en manos del gobierno, seguramente aumentarían las inversiones de dinero en el desarrollo de tecnología destinada a detectar la contaminación del aire. Todos querrían tener su propio detector de monóxido de carbono, porque ello les permitiría encontrar a contaminadores a los cuales demandar.

Pienso que algo parecido ocurriría con la inversión de dinero en tecnología para descubrir a los autores de crímenes, con mejores y cada vez más sofisticados detectores de huellas, rastros, voces, cámaras filmadoras, análisis químicos y físicos, etcétera.

Los esfuerzos de las compañías de seguros por tratar de descubrir a los autores de crímenes y recuperar bienes robados, se basa precisamente en el hecho de que han subrogado en los derechos de sus clientes sobre los derechos de propiedad de tales bienes. Precisamente, la expectativa de obtener una ventaja económica —como es recuperar el bien—, mueve a estas empresas a desarrollar sistemas de investigación y pesquisa para esclarecer los hechos y recuperar parte del dinero entregado a sus clientes.

Una vez que cierta actividad es «estatizada» y se eliminan los incentivos para su ejercicio lucrativo, se paraliza la inversión privada destinada a la investigación y búsqueda de adelantos tecnológicos que permitan prestar un mejor servicio o reducir los costos sin disminuir la calidad.

En los actuales procedimientos en los que la acción para perseguir crímenes es monopolizada por el Estado, existe un juez de instrucción, un oficial de policía o un fiscal, dotados de una infraestructura generalmente deficiente, que tienen la obligación de investigar todos los hechos que se produzcan bajo su jurisdicción. Se produce entonces una selección, ya sea programada o *de facto*, de aquellos casos en los que se justifica más invertir los recursos escasos. Probablemente descartarán aquellos que a primera vista lucen difíciles de resolver, o los que no tienen víctimas o sospechosos identificados; por el contrario, se concentrarán en los de mayor trascendencia o gravedad, de acuerdo con las prioridades fijadas por la «política criminal».

Estos funcionarios muchas veces se ven enredados en su maraña burocrática, y cuando se encuentran frente a un caso de gravedad o resonancia pública, se dedicarán casi con exclusividad a resolverlo, y bien pueden olvidarse de ellos las víctimas de otros hechos que tramitan en sus oficinas.

La propuesta de privatizar la acción haría que en la investigación de cada caso se inviertan tantos recursos como la víctima o quien la subrogue esté dispuesta a invertir. La selección, en lugar de hacerse arbitrariamente por un funcionario, se haría de acuerdo con el interés o desinterés de los damnificados por promover investigaciones. Ello seguramente haría más eficiente al sistema y más justa a la selección de casos.

Se me podría decir que por este camino sólo las víctimas que dispongan de recursos tendrían la posibilidad de llevar adelante las investigaciones. A esa objeción se puede dar la misma respuesta que a planteos similares vinculados con otras actividades humanas: si hay interés económico o moral involucrado, los recursos aparecerán. Las empresas de abogados, las compañías de seguros, los bancos y hasta las fundaciones destinadas a defender determinados valores o principios, se harían cargo, probablemente con mayor eficiencia, de los casos que hoy son mal investigados por funcionarios que no tienen un interés personal, ni recursos para descubrir la verdad.

c. Se cumpliría mejor con la finalidad del gobierno de proteger derechos individuales

Ello sería así, desde el momento en que la intervención del gobierno para administrar justicia se produciría sólo en los casos en que existiesen conflictos concretos entre personas que litigan por la defensa de sus propios derechos, eliminando toda intervención en aquellos casos en que no hubiese interesados en proseguir la acción, y en los ya mencionados «crímenes sin víctimas».

Ocurriría algo similar a lo que sucede con el derecho civil en aquellas áreas en las que aún no está contaminado por leyes intervencionistas de orden público. En esos casos el gobierno, a través de los jueces, actúa protegiendo derechos individuales cuando se manifiestan conflictos puntuales. De hecho, sólo una pequeña porción de los conflictos provocados por incumplimientos contractuales o daños generan reclamos, y sólo una pequeña parte de tales reclamos terminan en los tribunales. Nada obsta a que esos mismos principios que se aplican para resolver disputas de responsabilidad contractual o extracontractual, puedan aplicarse para proteger los derechos de quien fue asaltado o estafado.

La protección de derechos individuales se vería reforzada desde dos aspectos distintos:

1. Respecto de las víctimas, porque el sistema judicial destinaría sus recursos, que por definición siempre son escasos, exclusivamente a responder a sus demandas;

2. Respecto de los habitantes en general, porque ninguna persona sería molestada y eventualmente sancionada, a menos que lo sea en el marco de una demanda concreta, frente a una violación de derechos concreta.

   Esta cuestión se vincula con el principio de eficiencia al que me referí antes, pues la mayor eficiencia en la protección de los derechos no sólo se obtiene cuando las víctimas pueden interesarse directamente en la persecución de crímenes, sino también cuando se sustituye la «política criminal» que pretende representar los inexistentes intereses de la sociedad o el Estado, por un mecanismo en el que la selección de casos decanta por la propia iniciativa de los damnificados.

   Por otro lado, también se eliminaría el uso del aparato punitivo estatal para solucionar conflictos particulares, como ocurre hoy en día, cuando se amenaza con una querella penal que puede llevar a la cárcel al demandado, si no llega a un «arreglo» en el terreno civil.

d. Se disminuiría el peligro de la concentración de poder en el gobierno

Al estar la acción en manos de las víctimas, se eliminaría la concentración de poder que hoy tiene el gobierno, quien monopoliza la acción pública a través de jueces o fiscales.

Ello eliminaría, por una parte, el peligro de que el gobierno use al derecho penal para ejercer lo que se ha llamado «terrorismo de Estado», por ejemplo, para perseguir a opositores políticos. También se eliminarían aquellos delitos a los cuales me he referido reiteradamente con la denominación de «crímenes sin víctimas», que no son otra cosa que una manifestación del poder estatal de imponer una determinada moral o una determinada política, al margen de la protección de derechos individuales concretos.

Además, la privatización de la acción contribuiría a garantizar la imparcialidad del gobierno en la tarea de administrar justicia. No obstante los esfuerzos de la filosofía política por considerar al poder judicial como un poder independiente del gobierno, lo cierto es que no deja de ser, en la práctica, una dependencia más de él, y quienes se ven sometidos a procesos criminales tienen de un lado a todo el aparato estatal (policías, peritos oficiales, fiscales, jueces de instrucción, etc.), y del otro a un puñado de garantías constitucionales abstractas que tratan de poner límites al poder punitivo.

La privatización de la acción permitiría una auténtica «igualdad de armas» entre demandante y demandado, y tendería a evitar la «contaminación» del órgano judicial, que podría actuar entonces con mayor imparcialidad.

e. Los costos de la persecución de crímenes dejarían de ser pagado por los contribuyentes

Otra de las consecuencias muy criticadas del sistema penal es que todo el esfuerzo en la persecución de los crímenes es soportado por el gobierno a expensas de los ciudadanos a través de los impuestos.

En estas condiciones, si el gobierno emplea muchos recursos para investigar y perseguir los delitos, los contribuyentes se quejan por su costo, y si no lo hace, las víctimas se quejan por su ineficiencia. Además, como la pena principal es la prisión, luego viene el costo adicional de mantener a las personas recluidas mientras cumplen su condena; y nuevamente: si se gasta mucho en el sistema penitenciario, se invoca la injusticia de hacer pagar a los honestos para mantener a los deshonestos; si se gasta poco, se cuestiona la violación de garantías constitucionales y la dignidad de los condenados.

En cambio, en un orden privado, el esfuerzo en la investigación y persecución de los crímenes recaería sobre las víctimas o quienes las representen (empresas de abogados, compañías de seguros, fundaciones, o los nuevos tipos de empresas que se creen a tal efecto), quienes en caso de salir triunfadores podrían hacer pagar por esos gastos al criminal. Por otro lado, la sanción que se imponga sería alguna forma de retribución para la víctima, lo que al mismo tiempo que otorga incentivos en la persecución de los crímenes, disminuye las erogaciones del gobierno y consecuentemente los impuestos.

De este modo, quienes persigan judicialmente al criminal cargarán con los costos de esta tarea, con la esperanza de obtener una restitución en el caso de ganar el juicio. Aun cuando económicamente esto no resulte conveniente o suponga riesgos, para determinado tipo de crímenes siempre existirá la posibilidad de que organizaciones privadas como fundaciones, se dediquen a perseguirlos sin el objetivo primordial de obtener una restitución económica[308].

---

[308] En este sentido es interesante ver cómo aun en los sistemas en lo que el Estado es titular de la acción penal, de todos modos se han creado fundaciones que nuclean a víctimas de delitos, que actúan en el estrecho y acotado margen dejado al querellante, e impulsan del mayor modo posible las investigaciones criminales, sin buscar retribución económica alguna.

CAPÍTULO 13

LA PRIVATIZACIÓN DE LA ACCIÓN AUMENTARÍA
EL EFECTO PREVENTIVO GENERAL DEL DERECHO

Como señalé antes, no parece aceptable justificar la imposición de una pena exclusivamente en la alegada función preventiva general, es decir, en la circunstancia de que la pena tenga una función disuasoria respecto de la gente, para que de ese modo se abstenga de violar derechos. Si bien existe una función preventiva general que no se circunscribe al derecho penal y que es una consecuencia de las decisiones judiciales en general, dicha función no puede, según entiendo, ser el fundamento de una condena penal.

Dejando de lado por un momento el marco del derecho penal, y definiendo a esa función preventiva como una externalidad positiva del sistema judicial en general, podría señalarse que cada vez que los jueces dictan una sentencia en cualquier fuero, envían una señal a los potenciales litigantes acerca de cómo funciona el sistema judicial. Por ejemplo, cada vez que un juez civil hace lugar a una demanda por incumplimiento contractual, envía la señal de que quien no cumple los contratos deberá responder por ello, y que la eventual responsabilidad patrimonial por ese incumplimiento será más gravosa de lo que hubiese sido el cumplimiento.

Vista en este contexto, la privatización de la acción podría aumentar el efecto preventivo general del orden jurídico, pues al hacer más eficiente la persecución de los crímenes —motivada en el propio interés de las víctimas por lograr una reparación del perjuicio padecido—, las probabilidades de impunidad tenderían a disminuir, dando una señal negativa a los potenciales criminales.

Como vimos en el Capítulo V, una mirada de la criminalidad desde el punto de vista del «mercado de la delincuencia», indica que, en términos generales, una persona que contempla la posibilidad de cometer

231

un crimen, sólo lo hará cuando los beneficios esperados excedan a los costos de tal acto, con la esperanza de incrementar su bienestar. Los criminales responden a cambios en los costos de oportunidad, en la probabilidad de aprehensión, en la severidad de las penas y en otras variables relevantes[309.]

Siguiendo este razonamiento, la privatización de la acción generaría una mucho más eficiente persecución de los crímenes, al ser las víctimas quienes actuarían buscando el resarcimiento de un interés personal, en lugar de fiscales o funcionarios judiciales que cuentan con escasos recursos, sin incentivos y atrapados en una burocracia muchas veces paralizante, y en una odiosa disyuntiva entre la prisión y la impunidad como norte de su acción.

En la medida en que la persecución privada se mostrase más eficaz, la señal que ello daría al «mercado de la criminalidad» sería la de un aumento en los costes de cometer un crimen, al aumentar las posibilidades de que lo persigan y lo hagan responder por él. En este contexto, como explicó Beccaría, la naturaleza e intensidad de la sanción pasa a un segundo plano. De poco sirve, por ejemplo, la amenaza con pena de muerte para todo funcionario corrupto, si ninguno resulta siquiera procesado por corrupción.

Un ejemplo de las ventajas de la acción privada para demandar por los crímenes puede encontrarse en la Norteamérica colonial. Como vimos antes, en los siglos XVII y XVIII, era económicamente atractivo en las colonias americanas realizar esfuerzos privados para la detención y enjuiciamiento de criminales, pues las cortes seguían la teoría de la restitución. Así, una persona que era hallada culpable de robar, debía devolver la cosa robada y pagar los daños a la víctima. Si era insolvente, debía servir a la víctima hasta cubrir todos los gastos[310]. Ello estimulaba la persecución de los criminales, incluso a través de buscadores de recompensas profesionales, quienes resultaban más eficaces que los *sheriffs*.

Especialmente en los crímenes de escasa peligrosidad, sustituir la pena por una restitución a la víctima, podría llegar a ser más gravoso en términos reales para el criminal de lo que hoy en día es el sistema penal. En efecto, si se tiene en cuenta que, por un principio liberal, existen

---

[309] Posner, Richard A., *The economic analysis of law*, Little Brown & Co., Boston, 1972, pp. 164 y ss.

[310] Cárdenas, Juan, «The crime victim in the prosecutorial process», *Harvard Journal of Law & Public Policy*, vol. 9, n° 2 (Sipring 1986), p. 367; citado por Evers, Williamson M., *Victims' Rights, Restitution and Retribution, op. cit.*, p. 16.

varias formas de evitar el encarcelamiento efectivo para los criminales primarios, resultaría en los hechos más grave para el criminal ocasional que difícilmente vuelva a delinquir, la obligación de resarcir los daños a la víctima o realizar ciertos trabajos en su favor, que la imposición de una simbólica pena de prisión en suspenso.

Ello, a la vez que disipa la sensación de impunidad que sienten las víctimas de delitos leves pero particularmente odiosos, envía a los potenciales criminales una señal de que su acción no será impune, cumpliendo de mejor modo con los requerimientos de la prevención general.

Por otro lado, no se debe olvidar que en el análisis de la severidad del castigo esperado, no todas las personas valoran la posibilidad de ir a prisión de la misma manera. Probablemente para una persona sin trabajo, sin familia, sin vivienda, que vive en forma precaria y marginal, la alternativa de ir a la cárcel será mucho menos grave que para alguien que tiene un buen pasar económico, un buen trabajo que puede perder y una familia.

En Estados Unidos y Europa, hoy en día existen los sistemas de prevención y persecución penal más eficaces del mundo libre, donde se combina una eficiente y bien organizada infraestructura policial con el respeto a las garantías constitucionales de la defensa en juicio y el debido proceso legal. Sin embargo, en Estados Unidos entre 1973 y 1992 los crímenes violentos crecieron en un 24 %, y el Departamento de Justicia estima que ocho de cada diez ciudadanos pueden esperar ser víctimas de al menos un crimen en su vida[311].

Se calcula que en Estados Unidos son asaltadas, violadas o asesinadas once millones de personas cada año, y otros treinta y dos millones son víctimas de hurtos o estafas. Se produce un arrebato cada 51 segundos, un robo de autos cada 80 segundos, una violación cada 5 minutos y un homicidio cada 23 minutos[312].

A su vez, la poca efectividad en la persecución penal estatal desalienta a las denuncias y participación de las víctimas. Por ejemplo, en Inglaterra y Gales, entre 1986 y 1988 se registraron 3.870.745 delitos investigados, de los cuales lograron resolverse de algún modo 1.230.411[313].

---

[311] *Bureau of Justice Statistics, U.S. Department of Justice, Lifetime Likelihood of Victimization, technical report*, Washington D. C., 1987; citado por Evers, Williamson, *op. cit.*, p. 2.

[312] Informe del *Foreign & Commonwealth Office*, agosto-septiembre 1992, p. 5. Citado por Laborde, Daniel Mario: «Víctima, proceso y abolicionismo penal», en *La Ley* del 29 de enero de 1996, p. 1.

[313] *Ibid.*

También se calcula que en Alemania, donde el derecho penal ha tenido su mayor desarrollo entre los países europeos, sólo el 50 % de las víctimas denuncian los crímenes cometidos en su contra[314]. Por su parte, en Estados Unidos, según estadísticas del *Bureau of Justice* recordadas por Benson, sólo se denuncia alrededor del 40% de los crímenes mayores, tales como homicidios, ofensas sexuales y robos agravados. Si bien este porcentaje sube al 90 % en los casos de robos de automotores, ello se debe a que se necesita la denuncia policial para poder cobrar el seguro de acuerdo con una exigencia legal; y en cuanto a los delitos patrimoniales con un perjuicio inferior a los 50 dólares, se calcula que sólo el 15 % de los casos son denunciados. Al examinarse los motivos por los cuales las víctimas no denuncian esos crímenes, se advirtió que al ponderar la relación entre los costos personales en tiempo, preocupaciones y riesgos vinculados con la denuncia, y el beneficio probable de que el criminal sea condenado penalmente, los damnificados no encontraron incentivo suficiente para tomarse esas molestias[315].

El aumento de la criminalidad en estos países no puede atribuirse a la falta de presupuesto para que el sistema judicial funcione. Por ejemplo, en Estados Unidos, en 1965 el presupuesto de la administración de justicia fue de 4.573 millones de dólares (0.65 % del PBI), mientras que 30 años más tarde ya se había elevado acerca de 100.000 millones de dólares (1.57 % del PBI), ocupando a más de 2.000.000 de empleados. Sin embargo, el número de crímenes aumentó sin pausa durante ese período[316].

Estas cifras sirven para advertir que, en los países con mayores recursos económicos e instituciones sólidas y organizadas para combatir la delincuencia desde el Estado, por un lado no parece haberse logrado un efecto disuasivo importante desde el punto de vista de la prevención general, y por el otro, las víctimas de crímenes parecen no tener demasiada confianza ni reconocer una utilidad personal en colaborar con los órganos de persecución penal.

No podría afirmar dogmáticamente que privatizando la acción contra los crímenes mejorarían las cifras antes mencionadas, pero los argumentos en favor de la privatización me hacen pensar que ello probablemente podría ocurrir. Por otro lado, al ser las víctimas quienes ejerzan la acción en su

---

[314] Informe del *Max Planck Institute for Foreign and International Criminal Law* — Freiburg; citado por Laborde, Daniel Mario, *op. cit.*

[315] Benson, Bruce L., *To serve and protect, op. cit.*, p. 50.

[316] *U.S. Bureau of Justice Statistics & Annual Report of the Federal Bureau of Investigations*; cit. por Reynolds, Morgan O., *Using the Private Sector to Deter Crime, op. cit.*, pp. 1-2.

propio nombre, se podrían corregir estas estadísticas, para que se adecuen a lo que en realidad ocurre.

En primer lugar, se eliminaría la práctica frecuente en las policías, de responder al control de su eficiencia fraguando procedimientos y produciendo detenciones sistemáticas para aparentar productividad. En segundo lugar, desaparecerían de dichas estadísticas todos los «crímenes sin víctimas» y aquellos en los cuales las víctimas no tuviesen interés para accionar, que dejarían de ser objeto de juzgamiento. Esta descongestión permitiría aplicar los recursos judiciales para atender mejor los reclamos de las auténticas víctimas de crímenes que desean una reparación, con lo que, por este lado, se ganaría en eficiencia.

Esa mayor eficiencia respecto del juzgamiento de los crímenes, probablemente estimularía a que se produzcan mayor cantidad de arreglos extrajudiciales, entre las víctimas que buscan un resarcimiento adecuado, y los criminales que saben que, dentro de un sistema judicial más eficiente, más temprano que tarde deberán resarcir los daños provocados y además costear los gastos del proceso.

En un escenario como ese, probablemente se desalentaría la comisión de nuevos crímenes debido a la disminución de la impunidad, con lo que se cumpliría más acabadamente la finalidad preventiva general del orden jurídico.

Además, como la demanda de la víctima es lo que delimita el proceso, se tendería a satisfacer del mejor modo posible la necesidad de protección de los derechos, principal objetivo de la acción del gobierno.

Por otra parte, no debe olvidarse que el primer paso en la tarea disuasoria es mejorar los mecanismos para descubrir a los crímenes y a los criminales. En este sentido, el interés personal que se expresa en un sistema basado en la restitución a las víctimas, probablemente se traduciría en mayores esfuerzos privados para invertir recursos y desarrollar tecnología tendiente a resolver los crímenes.

Un buen ejemplo de la aplicación de tecnología preventiva es el de Lojack, el sistema de geolocalización de vehículos que se activa cuando éstos se desvían de las rutas preestablecidas, lo que se toma como indicio de que han sido robados.

De acuerdo con las estadísticas, el 95 % de los vehículos robados equipados con Lojack se recuperan, frente al 60 % de los vehículos que no poseen este sistema[317], y normalmente, como dicha recuperación se produce muy

---

[317] Ayres, Ian y Levitt, Steven D., *Measuring positive externalities from unobservable victim precaution: An empirical analysis of Lojack*, Harvard University Press, 1996; citado por Benson, Bruce L., *To serve and protect, op. cit.*, pp 165-166.

rápidamente, se ve acompañada con la detención del criminal. Por ello, el mayor grado de eficiencia en el descubrimiento del autor del crimen que se produce a través de este avance tecnológico, tiene un considerable impacto preventivo general.

El potencial ladrón no sabrá si el vehículo que planea robar tiene o no instalado el sistema, y como la posibilidad de detención se incrementa considerablemente, ello contribuye a evitar la comisión de nuevos crímenes de este tipo mucho más que la presencia policial, el aumento de las penas y demás respuestas estatales[318].

La geolocalización es utilizada para resguardar la propiedad de diversos bienes, comenzando por los teléfonos celulares, que pueden ser rastreados en caso de robo, y de prácticamente cualquier bien al que se le coloque un rastreador.

Las cámaras de vigilancia colocadas por las comunidades en las calles son otro ejemplo contemporáneo de prevención al crimen. La posibilidad de que oficiales del gobierno comunal o de la policía puedan observar en tiempo real lo que ocurre en las calles, ha servido para interrumpir muchos crímenes en pleno desarrollo, y en la medida en que la red de cámaras se amplía, permite también seguir el derrotero del criminal que huye luego de cometer el delito, lo que permite atraparlo. También proporciona imágenes de muy buena calidad que son pruebas de primer orden en el juicio contra el delincuente.

El desarrollo de las pruebas genéticas ha revolucionado la investigación criminal. La certidumbre de los resultados produce pruebas contundentes, que pueden ser extraídas no sólo de rastros de sangre, sino de cualquier fluido humano, cabellos, piel, etc.

Algo parecido podría decirse respecto del efecto preventivo general que se produce con el respeto al derecho individual a portar armas. Este es un asunto muy discutido, con opiniones en favor y en contra, pero lo que el análisis económico de los incentivos humanos nos muestra es que cuando la portación de armas de defensa es prohibida o fuertemente restringida, sólo los policías y los criminales se encuentran armados, y los ciudadanos decentes desarmados.

En efecto, las leyes que provocan el desarme de la población civil son acatadas por los ciudadanos respetuosos de la ley y que no quieren meterse en problemas. Pero quienes ya están predispuestos a cometer crímenes, y utilizarán las armas con ese fin, difícilmente tengan pruritos para violar la ley.

---

[318] *Ibid.*

Donde la tenencia y portación de armas está regulada por legislación razonable que permite armarse a los habitantes decentes bajo ciertas condiciones, muchas veces las víctimas armadas actúan como la mejor forma de desalentar la comisión de delitos.

En definitiva, desde el análisis económico de coste-beneficio, podrían extraerse tres conclusiones importantes:

1. **Es preferible evitar la comisión de crímenes, en lugar de mejorar los mecanismos de persecución de criminales.** En tal sentido, todas las medidas de protección de la propiedad, la eliminación en lo posible de propiedad pública o bienes públicos, y la consecuente inversión de dinero en protección de los derechos, contribuirá a disminuir la comisión de crímenes, lo que puede ser considerado como un funcionamiento óptimo del orden jurídico.

2. **La dilucidación de los crímenes cometidos, y la consecuente restitución de los gastos y daños ocasionados por el crimen, tiene un primordial efecto preventivo general que desalienta la comisión de futuros delitos.**
   De modo que una vez que se ha fallado en el objetivo primordial, que es evitar la comisión del crimen, el *second best* es poder descubrir al criminal y hacerlo pagar por su acción. En la tradicional ecuación coste-beneficio del crimen, atrapar al criminal, recuperar el botín o hacérselo pagar con creces a la víctima, envía una señal de desaliento a futuros criminales. Ello tendrá un fuerte efecto preventivo general, ya sea que el coste se traduzca en tiempo en prisión o en pago de reparación a la víctima y otras cargas adicionales.

3. **A los efectos de una más eficiente persecución del crimen y reparación de perjuicios, el procedimiento en el cual la víctima actúa en su propio nombre y beneficio, generará mayores incentivos que el monopolio estatal de la acción.**

Como vimos, la apatía de las víctimas cuando se trata de participar activamente en el sistema penal, sea como denunciantes, testigos o aportadores de pruebas, se debe a su falta de incentivos personales. Cuando tienen la chance de obtener un beneficio —o al menos recuperar lo perdido—, crecerá su predisposición a participar, e incluso a invertir recursos propios en la investigación y juzgamiento.

Todo ello tiene un directo efecto preventivo general, pues un orden organizado alrededor de estos principios seguramente tendería a desalentar la comisión de crímenes, sin necesidad de prometer horribles castigos ni conceder al gobierno una peligrosa concentración de poder.

Capítulo 14

LA NATURALEZA DEL PROCEDIMIENTO ÚNICO

Como una primera deducción de todo lo dicho hasta aquí, puedo concluir que si la función del gobierno es proteger derechos individuales de personas concretas en los casos en los que éstas decidan demandar su protección, no se justifica la existencia de un procedimiento civil y otro criminal, el primero con el objeto de que la víctima obtenga una reparación patrimonial por el daño sufrido, y el segundo para imponer algún otro tipo de castigo al criminal, en nombre de la «sociedad» o el «Estado».

El procedimiento judicial debería ser uno solo, tomando como base el actual procedimiento civil, es decir, que la actividad judicial fuese impulsada y mantenida por la acción de las partes, con garantías de igualdad de armas e imparcialidad del juez.

Pero varias peculiaridades vinculadas con la investigación de los crímenes, tal vez aconsejarían que algunas instituciones características del proceso penal se adaptasen a este procedimiento único, con la finalidad de garantizar de mejor manera la restitución a la víctima, algo que, como se vio, muchas veces se dificulta en el marco estrecho del derecho civil[319].

---

[319] No es mi intención, en este capítulo ni en el siguiente, hacer un examen profundo de los aspectos procesales y de fondo involucrados. Sólo me propongo plantear algunas observaciones y sugerencias primarias que sirvan como disparador para una investigación ulterior. La propia evolución del derecho, de las costumbres y de los acuerdos privados seguramente con el tiempo podrían delinear los contornos de un futuro derecho único y su correspondiente procedimiento (ver en este sentido: Rojas, Ricardo Manuel, *Fundamentos praxeológicos del derecho*, Unión Editorial, Madrid, 2018).

1. LA LEGITIMACIÓN ACTIVA EN EL PROCESO

La legitimación activa para demandar debería corresponder en primer lugar a la víctima directa del hecho, a sus representantes, sucesores, o a aquellos a quienes la víctima haya cedido la acción para actuar.

Esto marca la primera gran diferencia con el procedimiento criminal actual, que como vimos enfrenta al Estado con el imputado. El gobierno, por medio de los jueces, sólo debería cumplir el rol de árbitro en la disputa entre demandante y demandado, entre el criminal y la víctima.

Probablemente en muchos casos habría dificultades para discernir a quiénes deberán considerarse «víctimas» de determinados hechos, lo que obliga a profundizar el estudio teórico que permita definir con la mayor precisión posible los derechos individuales y las circunstancias bajo las cuales esos derechos deben considerarse lesionados[320]. Probablemente conceptos tales como «agresión» o «perjuicio» deberían ser objeto de revisión, y ello podría tener su mejor ámbito de estudio en los casos concretos y plasmarse en la jurisprudencia.

En casos especiales podría justificarse la legitimación activa de personas que no son víctimas directas de un hecho, pero que tienen un interés jurídicamente relevante en contra del demandado. Por ejemplo, podría pensarse en una mujer que quisiera intervenir en un caso de violación en perjuicio de otra, vecina suya, para que la decisión final del juez incluyera la prohibición al imputado de circular por las inmediaciones de su casa.

La relevancia del interés de quienes invoquen su condición de demandantes deberá ser examinada en cada caso concreto por el juez, sobre la base de la lesión a algún derecho del interesado, debidamente invocada y probada.

2. LA PREVENCIÓN POLICIAL

La circunstancia de que los procedimientos sean privados no es incompatible con lo que se denomina prevención policial, y que constituye hoy la principal forma de iniciar las causas criminales. La función del gobierno de proteger los derechos se ejerce, en primer lugar, a través de la prevención.

---

[320] Barnett, Randy E. y Hagel, John, *Assessing the criminal, op. cit.*, p. 26.

Pero la tarea de prevención no se agota en la vigilancia y custodia de las personas y patrimonios para evitar que se violen derechos, sino que se extiende hasta la persecución y detención de los presuntos criminales en los casos de flagrancia y la recolección y cuidado de las pruebas del crimen. Sería absurdo pretender que el policía que llega a un lugar en el momento en que se acaba de robar un banco y ve a los supuestos autores escapando con el botín, se quedara esperando a que llegue una orden de detención y secuestro, a partir de un pedido concreto de auxilio de la víctima realizado a través de una demanda judicial.

La policía actuaría en los casos de flagrancia del mismo modo en que hoy lo hace, y debería poner en conocimiento inmediato de un juez su investigación preliminar, para que este vele por los derechos de los imputados y por la conservación de la evidencia recogida.

Esta tarea de prevención se está desarrollando cada vez con mayor intensidad por organizaciones privadas que se encargan de la vigilancia y protección de bienes[321], las que pueden prestar un servicio adicional a las víctimas, consistente en la colaboración en tareas de búsqueda de pruebas e investigación.

A partir de esta prevención e investigación preliminar, se debería establecer un mecanismo para notificar el presunto damnificado, y a partir de entonces debería operar algún plazo para que este manifieste su voluntad de deducir una demanda contra el imputado, y hacerse cargo de ejercer la acción y sostenerla. De lo contrario, esas actuaciones preliminares deberían ser archivadas sin más trámite.

3. LA INVESTIGACIÓN

Al eliminarse el carácter público del proceso desaparecería la función de investigador que hoy cumple el gobierno, tarea que pasaría a ser responsabilidad de los demandantes.

Como señalé antes, esta labor sería llevada a cabo fundamentalmente por empresas dedicadas a ello, por oficinas especiales de compañías de seguros o estudios de abogados. Esta concentración de recursos en la tarea investigativa probablemente aumentaría la eficiencia de esta parte fundamental del proceso, al tiempo que eliminaría la posibilidad de que fuese el propio Estado —detentando el monopolio de la acción pública y

---

[321] Benson, Bruce L., *Privatization in Criminal Justice, op. cit.*, pp. 43 y ss.

la investigación en sus manos—quien decidiese a través de los fiscales cuáles hechos serán perseguidos y cuáles no.

La privatización de estas tareas eliminaría además el peligro de la concentración de poder que se produce cuando el Estado es quien investiga, acusa y juzga, otorgando mayores garantías de respeto a los derechos; no sólo a los derechos de los demandados, sino de cualquier persona sospechada, indirectamente involucrada y aun del propio demandante.

En efecto, en el proceso penal, las reglas del procedimiento se elaboran sobre la base de un criterio restrictivo aplicado en favor del procesado, quien goza de la presunción de inocencia. Pero al enfocarse en las garantías del imputado, muchas veces deja desamparada a la víctima en cuanto a su rol en el proceso y sus chances de acreditar los hechos cometidos en su contra o la responsabilidad del enjuiciado.

Un ejemplo de ello es la regla de exclusión. Las cortes penales aplican criterios estrictos para admitir la prueba, a través de la llamada «regla de exclusión» de las evidencias obtenidas por medios ilegales. Pero muchas veces, las libertades civiles de los inocentes no son efectivamente protegidas por las reglas de exclusión. Por ejemplo, si la policía ingresa en una casa, destruye propiedad privada y finalmente no encuentra ningún elemento de valor para la investigación, la regla de exclusión no protege al propietario, cuyo único recurso es una demanda civil contra la policía que muy pocas veces tiene éxito. La responsabilidad de la policía pública está limitada por el requisito de que se pruebe el dolo en su accionar o un conocimiento previo de la inocencia, pues de lo contrario la demanda no prospera[322]. Pero aun en el caso de que se reconozca en la policía una responsabilidad objetiva, esa indemnización sería costeada en definitiva por otros ciudadanos neutrales en el conflicto, a través de los impuestos. Los policías abusivos, a lo sumo, perderían su trabajo.

Estas consecuencias que terminan provocando cada vez mayores perjuicios a personas inocentes en la medida en que la única sanción para las actividades policiales es la no aceptación de la prueba así obtenida en las cortes, ha provocado finalmente muchas reacciones contra las reglas de exclusión. Richard Neely, ex juez de la Suprema Corte de West Virginia, sostiene que si la legislatura de un estado dispusiera un sistema de compensación para todos los ciudadanos con perjuicios

---

[322] Neely, Richard, *Why Courts don't work*, McGraw-Hill, New York, 1982, pp. 144-145.

patrimoniales razonables sufridos como consecuencia de cualquier intrusión inconstitucional de la policía, y simultáneamente prohibiera el uso de la regla de exclusión en las cortes estatales, la Suprema Corte federal se vería forzada a reconsiderar esta regla[323].

Esencialmente, el juez Neely concluye que la aceptación de la regla de exclusión requiere que la policía pública sea privatizada. De este modo, un juez imparcial podría velar por las garantías constitucionales de los individuos imputados de crímenes, y a la vez proteger los derechos de quienes se ven perjudicados por investigaciones inconducentes, quienes podrían demandar a los responsables, para que se hagan cargo de las indemnizaciones correspondientes con su propio dinero.

La privatización de la investigación permitiría que el sistema judicial velara con mayor eficiencia por los derechos de todos los involucrados en ella, limitándose, como juez imparcial entre dos partes en conflicto, a preservar las garantías constitucionales durante el proceso de obtención de pruebas.

Un tema a ser examinado, y que seguramente con el tiempo se iría resolviendo dentro de la jurisprudencia, es el de la obtención de pruebas que requieren alguna invasión de derechos individuales. Permanentemente la justicia penal estatal avanza sobre la base de actividades que naturalmente deberían considerarse ilegales por violar derechos, pero que se justifican en la necesidad de recabar pruebas de cargo. Allanamiento de propiedades, requisas personales, obtención de huellas y rastros a partir de extracción compulsiva de sangre o saliva, la declaración compulsiva de testigos bajo la amenaza de prisión por perjurio, son sólo algunas de las medidas que diariamente disponen jueces y fiscales para poder avanzar en las investigaciones criminales.

En un procedimiento de naturaleza privada, tales medidas no podrían ser tomadas, aunque puede discutirse en qué casos y bajo cuáles condiciones, se podría solicitar autorización a un juez para que alguna de las partes puede obtenerlas. En el caso de crímenes cometidos en flagrancia que se inician por la intervención policial, en tanto duren las condiciones de la flagrancia la policía debería contar con las mismas facultades con las que cuenta actualmente para impedir el avance del crimen, detener al sospechoso y recoger todas las pruebas que puedan contribuir a esclarecer los hechos.

---

[323] *Ídem*, p. 162.

4. El objeto de la demanda

Como el procedimiento propuesto sería de naturaleza privada, la acción debería iniciarse por demanda de quien tenga legitimación.

En los casos en que las investigaciones se iniciaran a partir de una prevención policial o actuación de oficio por algún funcionario del gobierno, la presentación inicial de la víctima podría consistir en una manifestación formal de su intención de accionar contra una persona, explicando razonadamente los motivos de su pretensión y acompañando las pruebas que permitan dar sustento a esa presentación inicial, como paso previo a la demanda formal. Ello sería algo similar a una combinación de la demanda civil y el requerimiento fiscal de instrucción del procedimiento penal.

Siguiendo los principios del procedimiento civil, la demanda debería contener una descripción circunstanciada del hecho, el perjuicio sufrido, la responsabilidad del demandado y su pretensión. Esta demanda marcaría los límites del juicio y de la pretensión del demandante, y en consecuencia marcaría los límites para la intervención del juez.

5. Los acuerdos y soluciones extrajudiciales

En los últimos años han proliferado cada vez más las alternativas de solución de conflictos a través de cortes privadas, arbitrajes, conciliaciones, etc., especialmente en el campo del derecho civil y comercial. Los resultados de estas soluciones privadas se manifiestan fundamentalmente en la mayor eficiencia, menores costos, mayor rapidez y confiabilidad en las decisiones de los árbitros elegidos por las partes[324].

En materias de derecho privado, las soluciones particulares de los conflictos son mucho más numerosas que lo que a primera vista pareciera y en realidad sólo una pequeña parte de los pleitos llegan a juicio y se resuelven mediante una sentencia judicial. En primer lugar, la mayoría de las disputas que se producen se resuelven por distintos medios de conciliación privada, que van desde el mero acuerdo entre los litigantes hasta la intervención de alguien cercano a ellos a modo de mediador oficioso. En segundo lugar, existen, con mayor o menor intensidad,

---

[324] Sobre las ventajas del arbitraje y otras soluciones privadas y negociadas sobre los juicios, ver: Rojas, Ricardo Manuel, *La decisión judicial y la certidumbre jurídica*, Unión Editorial, Madrid, 2018, pp. 42 y ss.

modos de justicia informal. Como se ha podido ver especialmente en los países latinoamericanos en las épocas de gran regulación estatal de la actividad comercial, el mercado negro y la informalidad produjeron mecanismos de solución de conflictos por medio de árbitros particulares a los que las partes acuden, al ver vedado el acceso a los jueces estatales por distintos motivos: porque los acuerdos privados no son aceptados por las leyes, y en consecuencia los jueces no reconocerían sus acuerdos; por la corrupción judicial, la lentitud de los procedimientos, restricciones legales, los costes del juicio, etc.[325].

Un tercer nivel de solución de conflictos es la intervención de órganos más o menos institucionalizados que se dedican a solucionar disputas a través del arbitraje o la mediación, desarrollados como empresas o en el seno de organizaciones intermedias como las cámaras de comercio, bolsas de valores, colegios de abogados o escribanos, asociaciones profesionales, cooperativas, etcétera.

Una cuarta forma de solución de conflictos se da dentro del propio procedimiento judicial, cuando en alguna etapa de él las partes acuerdan una solución que permite poner fin al juicio, generalmente a través de la iniciativa de sus propios abogados.

Todas estas soluciones privadas, que son habituales en el campo del derecho civil y comercial, durante mucho tiempo no han sido consideradas aplicables al derecho penal, que como derecho público no aceptaba ningún tipo de prórroga de jurisdicción, conciliación o solución extrajudicial. Las leyes no las permitieron, aun cuando los mismos principios del derecho privado resultan totalmente aplicables a los casos criminales.

Sin embargo, en los últimos tiempos, la idea de tratar de acercar a la víctima y victimario ha tenido un creciente desarrollo, especialmente a partir de los buenos resultados en otras áreas. Cada vez más se tiende a ponderar la reparación del daño causado o la existencia de un acuerdo entre imputado y víctima, como presupuesto para la aplicación de un criterio de oportunidad, la aceptación de soluciones conciliatorias y la suspensión condicional de la ejecución de la pena.

A partir de esta evolución, hoy es frecuente respecto de delitos de escasa peligrosidad la conciliación directa entre procesado y damnificado, que extingue la acción penal a partir de un arreglo entre las partes. En América Latina desde hace bastante tiempo se incorporaron este tipo

---

[325] Sobre la génesis y desarrollo de la informalidad en América latina, tomando el ejemplo de Perú, puede consultarse a Hernando de Soto y Enrique Ghersi en *El otro sendero*, Ed. Sudamericana, Buenos Aires, 1987.

de soluciones[326]. Si bien ello encuadra dentro de un proceso penal en el que el Estado continúa siendo el titular de la acción, de todos modos es un paso promisorio hacia la sustitución de la respuesta punitiva estatal por otra restitutiva privada.

En el derecho anglosajón, como sostienen Denenberg y Denenberg, la solución privada de conflictos es un método que se aplica desde hace tiempo en varias áreas[327]. Por ejemplo, uno de los primeros proyectos de solución de conflictos fue desarrollado por la *American Arbitration Association* en Philadelphia, e incluía audiencias en casos criminales de poca relevancia desde 1969. Durante los años 70› y comienzos de los 80›, la AAA aumentó su intervención en casos criminales de escasa gravedad, como ser las peleas callejeras o violencia juvenil[328]. A partir de entonces se han incrementado las organizaciones que intentan resolver disputas de naturaleza criminal a través de acuerdos privados.

Respecto de la soluciones privadas a las causas criminales, sostiene Bruce L. Benson:

> De manera informal, se imponen sanciones por empresas comerciales y muchos otros grupos de ciudadanos privados, lo que reduce las demandas ante las cortes públicas y quizá la necesidad de celebrar acuerdos al estilo del *plea bargaining* en muchos casos. Los peligros de estas respuestas privadas probablemente se solucionarían si las cortes privadas pudiesen

---

[326] Por ejemplo, se la acepta en Colombia para el homicidio culposo y lesiones culposas cuando no concurran circunstancias agravantes y para delitos patrimoniales hasta cierto monto; en Brasil para delitos que no sean sancionados con pena privativa de libertad mayor de un año, y el imputado no haya sido condenado con anterioridad con pena privativa de libertad, no haya sido beneficiado con otra conciliación en el plazo de cinco años y las circunstancias personales y del hecho lo aconsejen; en Costa Rica para faltas o contravenciones en delitos de acción pública perseguibles a instancia privada y delitos de acción pública que admitan suspensión condicional de la pena, así como delitos de contenido patrimonial sin grave violencia sobre las personas y delitos culposos; y en Guatemala para delitos de bagatela, de mínima culpabilidad, delitos con pena no superior a tres años de prisión, cuando el imputado es primario, no revele peligrosidad y repare el daño causado (Ver el *Plan Nacional de Reforma Judicial* elaborado por el Centro de Estudios Jurídicos y Sociales, con el auspicio del Ministerio de Justicia de la Nación, Buenos Aires, 1999, p. 487).

[327] Denenberg, T.M. y Denenberg, R.V., *Dispute resolution: Settling conflicts without legal action*, Public affairs pamphlet, 597, New York, 1981, p. 26.

[328] Poole jr, Robert, *Cutting back City Hall*, Free Press, New York, 1978, p. 55; citado por Benson, Bruce L., *Privatization in Criminal Justice, op. cit.*, p. 27.

intervenir formalmente en los casos criminales, reenfocando el sistema hacia la restitución, con lo cual se dejaría en manos de las cortes de derecho privado la facultad de determinar los daños y una sanción consistente en el pago de indemnizaciones, al menos para la mayoría de los crímenes. Después de todo, decidir el monto de los daños y de las reparaciones es la más frecuente función de los jueves civiles.

[...] En un sistema basado en la restitución, el número de cortes disponibles se expandiría drásticamente, reduciendo la necesidad de celebrar acuerdos entre las partes o *plea bargaining,* como habitualmente ocurre entre fiscales e imputados debido a la falta de medios para perseguir todos los crímenes. En todo caso, estos acuerdos pueden ser importantes, pero sólo si son realizados entre los criminales y las víctimas, tal vez ayudados por un mediador privado[329].

El procedimiento único que se propone en sustitución del actual proceso penal, basado en la acción privada de la víctima y tendiente a buscar algún tipo de resarcimiento, reparación o restitución para ella, despejaría cualquier duda sobre la posibilidad de aplicar los mecanismos privados de solución de conflictos, aun en los casos criminales de mayor gravedad.

6. LAS VENTAJAS DE UNIR EN UN SOLO PROCESO TODAS LAS PRETENSIONES DE LA VÍCTIMA

El procedimiento judicial es la expresión fundamental de lo que a su vez es la tarea más importante y delicada de un gobierno: administrar justicia. Ello supone primordialmente resolver las disputas y reclamos entre las personas, con el objeto de definir derechos, protegerlos, y por ese camino mantener la convivencia pacífica.

La eficiencia de la tarea judicial —además de la justicia de sus fallos— se asienta en algunos presupuestos, entre los que se destacan dos: 1) Que los procedimientos sean rápidos; 2) Que las decisiones judiciales contengan el menor margen de error posible.

En este sentido, la existencia de un único proceso para canalizar los reclamos de protección de los derechos ofrece varias ventajas:

---

[329] Benson, Bruce L., *Privatization in Criminal Justice, op. cit.*, pp. 50-51.

a. Disminuye el dispendio judicial, al eliminar el doble juzgamiento por un mismo hecho, uno en sede penal, para determinar la responsabilidad criminal del imputado e imponerle una pena, y otro en sede civil, para buscar una reparación económica para la víctima.

b. Disminuye el peligro de que el gobierno utilice al derecho penal como herramienta para fines propios, como sustentar una política económica, o una determinada moral, o perseguir a opositores.

En el mismo sentido, disminuye la concentración de poder en manos del Estado, al quitarle la titularidad monopólica de las acciones judiciales y devolverla a los individuos afectados.

c. Elimina la existencia de procesos iniciados en el exclusivo nombre de intereses estatales, pues la necesidad de una demanda impediría que se sustancien procesos para perseguir los llamados «crímenes sin víctimas», que generalmente se incluyen en los códigos penales para satisfacer determinadas políticas del gobierno. Del mismo modo impide la prosecución de causas judiciales cuando las víctimas no tienen interés, pero que en el ámbito del derecho penal de todos modos deben ser seguidas por impulso de los órganos del gobierno.

d. Desburocratiza, y por lo tanto acelera los procedimientos, al concentrarlos, no en lo que una «política criminal» pretende, sino en lo que cada damnificado en concreto persigue, lo que muchas veces se logra con una simple negociación entre víctima y victimario. La agenda de los tribunales no será fijada según los incentivos de jueces y fiscales, sino por el impulso de quienes realmente tienen reclamos que efectuar.

e. Impide la práctica frecuente de realizar denuncias penales usando al Estado como medio para presionar acuerdos en el ámbito civil y comercial, bajo la amenaza extorsiva de una condena a prisión en sede criminal.

f. Permite una más adecuada administración de justicia, al extender la protección de los derechos de la víctima más allá de los reclamos de sumas de dinero, pudiendo ampliarla a otro tipo de sanciones o cargas de naturaleza reparatoria, resarcitoria o de protección a la integridad personal o patrimonial de la víctima.

g. Disminuye los costos de la administración de justicia. En primer lugar, porque la cantidad de casos se limitaría a aquellos en los que los damnificados tengan interés en seguir; en segundo lugar, porque ese impulso privado probablemente incrementaría los acuerdos de parte para solucionar conflictos; en tercer término, porque la carga de obtener las pruebas, presentarlas y efectuar los reclamos estarían en cabeza de los reclamantes; finalmente, porque se eliminarían parte de los gastos de ejecución de las penas, que hoy giran alrededor del mantenimiento de prisiones.

Capítulo 15

LA NATURALEZA DE LA SANCIÓN EMANADA DE LA ACCIÓN PRIVADA

Una de las principales diferencias entre la acción civil tradicional y la acción única que se reconocería a los damnificados por actos violatorios a sus derechos que sustituiría a la actual acción penal, radica en que la naturaleza de la sanción imponible podría exceder al mero resarcimiento pecuniario de los daños y perjuicios sufridos por el actor.

El trabajo en beneficio del damnificado, la obligación o prohibición de realizar ciertas actividades, o entregar ciertos bienes, renunciar a otros reclamos contra la víctima en procesos paralelos, y aun el encarcelamiento, podrían ser pretensiones legítimas del demandante, y tocará al juez resolver si son adecuadas o no en cada caso concreto.

Seguramente, a partir del nuevo paradigma de restitución, se iniciaría un proceso de nuevos criterios jurisprudenciales que, con el tiempo, podrían establecer soluciones que respeten el principio de seguridad jurídica que el derecho penal busca a través de imposiciones legislativas que resguarden la legalidad.

La reiteración de hechos criminales o la naturaleza del crimen podrían ser pautas valorables por el juez para que este considere la viabilidad del encarcelamiento del procesado. La prisión en este caso no sería consecuencia de la potestad estatal de castigar en nombre de la sociedad, sino del acogimiento a una pretensión concreta de la víctima de verse protegida por la amenaza de que un hecho similar pudiera repetirse, o como parte integrante de la reparación del daño. No obstante, para que pudiera proceder tal pretensión, la alternativa del encarcelamiento debería estar prevista legislativamente.

Este cambio en el fundamento del encarcelamiento haría de él un remedio excepcional, aplicable solo cuando circunstancias especiales lo justifiquen, fundamentalmente vinculadas con la peligrosidad, agresividad o reiteración criminal del demandado; pero siempre aplicable por petición del accionante que invoque un interés propio y legítimo. En este sentido, es difícil realizar especulaciones abstractas, y como ha ocurrido a lo largo de la historia del derecho, las discusiones en los tribunales generarán principios jurisprudenciales en los que podrán asentarse las soluciones futuras.

Como vimos en el capítulo anterior, también podría examinarse la posibilidad de que quien demande no sea la víctima directa, o su representante, sino alguien a quien el crimen le produjo algún tipo de perjuicio, y que por ello pueda considerarse con derecho a exigir que se lo proteja del criminal. Entonces se podría justificar la imposición de ciertas obligaciones o reparaciones en favor de quien demuestre un interés o derecho atendible, además de la víctima directa.

En todo caso, el juez deberá siempre ponderar las pretensiones de las partes de acuerdo con lo que sea adecuado para cumplir la finalidad de proteger los derechos y resarcir los perjuicios producidos por el crimen.

1. LOS LÍMITES DE LA SANCIÓN

Como se vio en el Capítulo VI, el derecho penal —al menos en su concepción continental europea— elaboró como garantía para los individuos el principio de que el poder punitivo del Estado debe estar limitado por la ley, tanto en la descripción de las conductas punibles como en la pena aplicable. También se vio que este principio intenta limitar el poder sancionatorio de los jueces en un ordenamiento jurídico que no tiene en cuenta el efectivo perjuicio ocasionado a una víctima concreta, sino la potestad estatal unilateral de proteger a la sociedad mediante la aplicación de penas a quienes realizan conductas contrarias al orden jurídico que el propio Estado establece a través de la legislación.

El rechazo al principio de legalidad no significa desconocer límites al poder del juez a la hora de resolverlas demandas. Al igual que en el actual proceso civil, sería el demandante quien, al formalizar su pretensión, establecería el primer límite a la imputación, y le correspondería a él probar el perjuicio concreto que la conducta del demandado le produjo.

Ese perjuicio probado será el tope que el juez no estará autorizado a exceder al resolver la demanda. El límite, entonces, no lo fijará el principio de legalidad, sino que estará dado por los principios de proporcionalidad y razonabilidad entre el tipo y cantidad de la sanción impuesta y el daño producido. Pienso que aquí se aplican las mismas pautas que en el derecho civil.

En el proceso penal, la importancia que se asigna al daño ocasionado a la hora de individualizar la pena es bastante relativa en comparación con otras pautas, como el nivel de reprochabilidad al criminal, que debe buscarse en los aspectos subjetivos vinculados con la culpabilidad. Dicho aspecto subjetivo juega un rol fundamental, desde que al ser la pena un castigo impuesto por la violación al orden jurídico, al Estado le interesa particularmente cuál ha sido la actitud de la persona al violar dicho orden (los motivos personales que lo llevaron a hacerlo, si fue un hecho puramente intencional, o si por el contrario fue motivado por la negligencia, imprudencia, impericia, etc.).

En los reclamos privados, el aspecto subjetivo del demandado podrá o no ser relevante para el demandante, y ello podría generar una mayor firmeza en la pretensión, o por el contrario, una mayor benevolencia. Pero a la hora de decidir, el juez tendrá fundamentalmente en cuenta el perjuicio invocado y efectivamente probado. No puedo descartar que ciertos elementos de culpabilidad que hoy adopta el derecho penal podrían ser tenidos en cuenta en este procedimiento único, pero este es un asunto que deberá resolverse en las discusiones puntuales ante los tribunales.

En el derecho penal, el principio de legalidad tiene un ingrediente de proporcionalidad entre el bien jurídico tutelado y la pena impuesta, y precisamente la falta de proporcionalidad ha sido admitida como garantía constitucional, justificando la impugnación de leyes que establecen penas desproporcionadas[330]. Pero esa proporcionalidad se refiere a la ponderación de los bienes jurídicos genéricos supuestamente tutelados por la ley, considerados en abstracto y de acuerdo con la importancia que el propio legislador les asigne.

En el derecho privado, en cambio, la proporcionalidad se vincula con la relación que debe existir entre perjuicio denunciado y probado por el actor y la restitución que el juez impone al demandado, mientras que la

---

[330] Por ejemplo, el principio de proporcionalidad fue invocado cuando se declaró la inconstitucionalidad en los tribunales argentinos del decreto-ley 1285/58, que establecía una pena desproporcionada con el resto del orden jurídico para el robo de automotores con armas. El mismo principio fue luego invocado por el legislador cuando modificó la penalidad por este delito (en este sentido ver el fallo del Tribunal Oral en lo Criminal n° 7 de la Capital Federal que integré, en la causa n° 24: «Anderson, Germán Francisco s/ robo con arma de automotor», resuelta el 24 de junio de 1993).

razonabilidad se refiere a la forma y medios en que deberá satisfacerse esa reparación o restitución.

En consecuencia, una de las exigencias formales que la demanda debería contener para prosperar, es que esté debidamente fundada en cuanto a la proporcionalidad de la restitución que peticione, lo que implica demostrar su adecuación con respecto al daño sufrido en todos sus órdenes, tanto físico, patrimonial, psíquico, espiritual, etc.; y también la razonabilidad del tipo de reparación solicitada.

La naturaleza y entidad del daño serán la base para determinar la naturaleza y entidad de la reparación a imponer. En este sentido, pienso que una diferencia con el actual sistema penal podría ser que la tentativa de cometer un crimen, en principio, no debería ser objeto de demanda, a menos que se pueda demostrar que en si misma ocasionó algún perjuicio concreto al demandante, aunque más no sea de naturaleza moral o psíquica, o para pagar los gastos en que se debió incurrir para evitar el crimen. Nuevamente respecto de estos aspectos, la jurisprudencia de los tribunales iría estableciendo las pautas adecuadas.

2. LA REPARACIÓN DEL DAÑO

Por lo dicho, la reparación del daño ocasionado a la víctima debería ser el primer objetivo de una sentencia condenatoria.

La primera forma de reparación, por supuesto, es económica. Pero a diferencia de lo que ocurre en el derecho civil, en el que ese resarcimiento debe limitarse al pago de una indemnización en dinero por el daño ocasionado en un sentido amplio —incluyendo no sólo el perjuicio efectivo, sino también el daño moral, el lucro cesante, intereses, etc.—, las particulares circunstancias del hecho podrían permitir al juez extender esa reparación, cuando se adviertan casos especiales de ensañamiento, dolos específicos de conductas más graves que no llegaron a consumarse, reincidencias, etc. Estas posibilidades, como dije, seguramente serían exploradas al resolver casos concretos, generando algún tipo de jurisprudencia que hoy es difícil de imaginar o adelantar.

Existe una crítica al resarcimiento económico como modo de respuesta frente al crimen. Dicha crítica sostiene que ello produciría una desigualdad entre las personas, pues un rico podría violar derechos con mayor facilidad y a menor costo relativo que un pobre. Pienso que esta objeción sólo es válida cuando se concibe al pago de una retribución pecuniaria como una forma de castigo estatal, pues cuando uno enfoca la mirada hacia el derecho privado, advierte que, con independencia del poder adquisitivo del demandado, lo correcto es que las eventuales indemnizaciones se vinculen con el daño efectivamente producido al demandante.

Es cierto que desde el punto de vista del castigo por el castigo mismo, o de la prevención, tanto general como especial, el pago de una multa es una pena mucho más leve para un rico que para un pobre. Lo mismo podría decirse de la pena de prisión: no todas las personas sufren la privación de la libertad del mismo modo, y no a todos afectan de la misma manera las condiciones de vida en las cárceles. Para un marginal que no posee vivienda y vive en condiciones miserables, que no tiene trabajo ni familia, la prisión podría significar gozar de una cama, comida diaria y cobijo de las inclemencias del tiempo; mientras que para alguien con mayor nivel económico, un solo día en la cárcel podría suponer un padecimiento insoportable.

Pero también es cierto que desde la perspectiva del orden jurídico como el medio de proteger derechos individuales y evitar el uso de la fuerza para resolver las disputas entre las personas, la principal preocupación de los jueces debería ser la de garantizar la satisfacción de los intereses de las víctimas, no la de provocar un sufrimiento adicional al criminal. De todos modos, tales circunstancias particulares pueden ser ponderadas dentro de cierto margen por los jueces al establecer los montos de las reparaciones. No debe olvidarse que en el propio derecho anglosajón, los jueces desarrollaron la doctrina de los daños punitivos (*punitive damages*), como una forma de compensación adicional para ciertos casos en los que se demostraba una cierta desaprensión por la situación de la víctima, muchas veces basada en el gran poder económico de quien produce el daño. Si bien estos criterios deben adoptarse con mucho cuidado, dentro de ciertos límites debidamente acreditados podrían ser admitidos en futuras doctrinas judiciales.

3. EL TRABAJO EN BENEFICIO DE LA VÍCTIMA COMO FORMA DE REPARACIÓN

Como el derecho penal es derecho público y el titular y beneficiario de la acción es el Estado, la única posibilidad de imponer el trabajo a una persona que ha cometido un crimen es como forma de castigo. Generalmente se lo impone en la modalidad de trabajo para la comunidad, del cual la víctima no obtiene ningún beneficio. El trabajo comunitario ha sido considerado en los últimos tiempos como una de las alternativas más atrayentes para la prisión.

En el campo del derecho civil, por su parte, las pretensiones del demandante se resuelven siempre en reparación económica, y las obligaciones de hacer o no hacer sólo se admiten cuando son ofrecidas voluntariamente por el demandado y aceptadas por el demandante como una forma de lograr que se desista de la acción. Si posteriormente no se cumple con esas obligaciones, tal incumplimiento se resuelve con sanciones económicas, pero no se puede compeler por la fuerza a su efectiva realización.

La mayoría de los crímenes no peligrosos y que ocasionan básicamente un perjuicio económico, como el hurto o ciertas estafas, no contienen en el ámbito del derecho penal forma de reparar económicamente a la víctima, y en el derecho civil tampoco la tienen en la práctica, en tanto la mayoría de los autores de tales delitos suelen ser personas insolventes, a quienes difícilmente se les pueda ejecutar una sentencia civil que los obligue a resarcir el daño producido.

En este contexto, un concepto integral del derecho, que tenga por titular de la reparación a la víctima, pero que a la vez no se limite a un resarcimiento económico, sino que contemple la aplicación de otras medidas, podría tener varias ventajas frente a las opciones del derecho penal y el civil. Entre otras cosas, permitiría que el demandado pueda ser conminado a realizar trabajos en favor de la víctima o para resarcirla por el daño causado.

El trabajo en favor de la víctima encuentra en la historia del derecho muchos ejemplos, que si bien no pueden ser traídos sin más al presente, sí son interesantes para evaluar la factibilidad de esta alternativa, luego de pasarlos por el tamiz de varios siglos de civilización y las posibilidades de adaptación que proporciona la tecnología.

Por ejemplo, en el derecho romano, la servidumbre temporal se imponía como sanción resarcitoria para ciertos crímenes, en los que se condenaba al autor a servir a la víctima hasta satisfacer el daño ocasionado, cuando no podía pagarle de otra forma. Las ideas fundamentalmente del cristianismo atacaron este tipo de sanción, que finalmente fue dejada de lado.

Como señala Rizzi, en Roma:

> El ciudadano condenado por *furtum manifestum*, o cuando el ladrón era sorprendido en el hecho *(in fraganti)*, era declarado esclavo de la persona a la que había robado. Pero el pretor reformó esta disposición contenida en la ley de las XII Tablas y estableció en su lugar una condena pecuniaria (Gayo, III,189)

[...] las personas declaradas judicialmente deudoras *(judicati vel nexi)* pasan al estado de esclavitud, pero en la categoría de casi esclavos, siendo, por lo tanto, adjudicadas *(addictio)* por el magistrado a su acreedor. Su apropiación indebida era calificada de robo, puesto que estaba retenido en prisión privada por su acreedor. En fin, se le daba sólo la posesión *(in libertate esse)*, es decir, vivía de hecho como libre sin perder su ciudadanía. Fue después suprimida en el derecho justinianeo severamente la facultad de tener cárceles privadas (C., 9,5). El deudor insolvente, si no cumple dentro de un plazo (treinta días), o sea, el *addictus, o judicatus,* se convertía en esclavo de derecho en beneficio del acreedor. Podía, entonces, este venderlo fuera del territorio romano, o *trans Tiberim* (Auto Gelio, Nuits at., XXII, 5)[331].

Algo similar ocurría en la época colonial norteamericana. Como señala William F. Mc Donald, antes de la Revolución Americana, los criminales eran demandados por las víctimas. Aquellos que eran hallados culpables de hurto, por ejemplo, debían pagar todos los daños ocasionados. Si no pagaban, eran entregados a sus víctimas en una especie de servidumbre por un período equivalente al monto de lo que debían en concepto de reparación y gastos. La víctima podía vender ese derecho sobre el condenado. Así, en 1769, una corte de Massachusetts condenó al procesado Powell a ser vendido por cuatro años; en 1772, al procesado Polydone a ser vendido por seis meses; y en 1773, al procesado Smith a ser vendido por catorce años. Las víctimas que preferían vender el derecho del trabajo de los condenados antes que usarlos como sirvientes propios, tenían un mes para encontrar un comprador. Luego de ese tiempo, debían pagar por el mantenimiento del condenado en la cárcel en la que estuviese alojado[332]. Es bueno recordar nuevamente que estas prácticas originaron la Enmienda XIII a la Constitución de los Estados Unidos, que al prohibir la servidumbre involuntaria, dejó a salvo la impuesta como castigo por un delito por el cual la persona hubiese sido debidamente juzgada.

---

[331] Rizzi, Miguel A., *Tratado de derecho privado romano*, Editorial Argentina Arístides Quillet, Buenos Aires, 1936, p. 61.

[332] Mc Donald, William, «Towards a Bicentennial Revolution in Criminal Justice», *American Criminal Law Review* 13 (1976), pp. 649-673.

Estas prácticas fueron dejadas de lado por considerárselas inhumanas, pero sin embargo se las sustituyó por un sistema en el cual esa misma persona es enviada, a veces de por vida, a una celda donde permanecerá encerrada, cumpliendo las órdenes que allí se le indiquen, perdiendo contacto con su familia y toda posibilidad de llevar una vida normal; y no como un castigo impuesto en nombre de la violación de los derechos de otra persona, sino por su violación del orden jurídico impuesto monopólicamente por el Estado.

Se podría afirmar que la situación de un preso común en una cárcel actual es peor, en muchos casos, que la de quien servía a su víctima hasta resarcir los daños causados.

Dejando de lado cualquier reminiscencia de esclavitud o servidumbre contenida en los ejemplos históricos que acabo de citar, la idea de reparar el daño puede instrumentarse a través de trabajos en favor de la víctima —como alternativa al pago de una indemnización o incluso a la prisión—, bajo las condiciones y por el tiempo que imponga el juez en la sentencia, con la correspondiente vigilancia de un oficial de justicia, o incluso con el embargo de parte de cualquier ingreso que pudiera tener el demandado para ser destinado a la reparación.

Parece más razonable que una persona sea condenada a trabajar para la víctima hasta resarcirla del perjuicio que le ocasionó, antes que encerrarla en una celda, en el exclusivo nombre del derecho del Estado para hacerlo, o hacerla trabajar en beneficio del Estado. Se podría encontrar en esta especie de servicio temporal a favor de la víctima varias ventajas respecto de la prisión: *1)* la posibilidad de que su tiempo se reduzca dependería del esmero y esfuerzo del demandado por producir lo necesario para pagar la deuda; *2)* se evitarían las consecuencias estigmatizantes de la prisión, pues el demandado estaría en libertad, y sólo debería aportar su trabajo para pagar su deuda; *3)* probablemente disminuirían los niveles de violencia que se generan dentro de los sistemas carcelarios, y hacen que muchas veces quienes han pasado una temporada en prisión salgan más violentos y desaprensivos por los derechos ajenos que cuando entraron; *4)* se satisfarían los intereses de las víctimas, cumpliéndose la función de proteger derechos individuales, al procurar el resarcimiento de los daños, y al mismo tiempo con el producto de ese trabajo se cubrirían los costos del proceso judicial; *5)* no se extraería al demandado de su grupo familiar y de relación, lo que muchas veces significa un perjuicio adicional no sólo para él, sino para las personas que dependen de él; *6)* se evitarían los problemas y erogaciones que supone el mantenimiento de las cárceles.

4. LA RECLUSIÓN EN LUGARES DE TRABAJO

Como el centro de la respuesta penal del Estado es el criminal, ya sea con la intención de castigarlo, neutralizarlo o resocializarlo, estas finalidades se buscan casi con exclusividad a través de la prisión.

Este enfoque, que pierde de vista completamente a la víctima, ha hecho que las cárceles se conviertan en centros de almacenamiento de personas, con todas las consecuencias antes señaladas. Una de esas consecuencias, es que una persona en la cárcel no estará en condiciones de ganar dinero para restituir a la víctima por el daño producido.

A medida que la restitución fue dejada de lado como fundamento de la actuación del gobierno, se han ido perdiendo las posibilidades de trabajo productivo en las cárceles. En Estados Unidos, por ejemplo, en 1885, el 90 % de la población carcelaria estaba empleada en industrias creadas dentro de las prisiones. Cerca de un siglo después, la cantidad se redujo al 10% de los reclusos[333]. A esta situación ha contribuido seguramente la *Ashurts-Summer Act* de 1935, que prohibió completamente el comercio interestatal de cualquier bien, servicio y mercancía manufacturada, producida o prestada, total o parcialmente, por convictos o prisioneros. Como explica Burnett, se podría razonablemente asumir que la demanda por estos trabajos era suficientemente grande como para motivar la presión que generó esta ley[334].

Las restricciones al comercio de bienes producidos en las cárceles y la función que el derecho penal asigna a la reclusión hicieron que en los casos en que se organizaba trabajo en las prisiones, se lo hiciera, o bien como una terapia ocupacional y educativa para los reclusos, o bien para cubrir los costos de la reclusión y formar un fondo para el prisionero o su familia. Era casi impensable que la víctima recibiera algo del dinero que eventualmente los presos pudieran producir.

Sin embargo, en los últimos tiempos la veda del trabajo en las cárceles se ha revertido en Estados Unidos, a partir de varias modificaciones que se hicieron a la *Ashurts-Summer Act* a través de los años. Ello permitió el desarrollo de varios proyectos experimentales de trabajo en prisiones. Según la reseña de Burnett:

---

[333] Funke, Gail S., Wayson, Billy L. y Miller, Neal, *Assets and liabilities of correctional industries*, Lexington Books, 1982, p. 5; citado por Barnett, Randy E., *The structure of liberty, op. cit.*, p. 179.

[334] *Ibid.*

Se ha usado el trabajo de los presos para construir casas de bajos costos, restaurar automóviles y fabricar limosinas, y hacer bienes tales como disqueteras, pantalones y otros tipos de vestidos. Los reclusos atienden líneas telefónicas y reservas para Trans World Airlines, Best Western International y AT&T, y atienden las líneas gratuitas de información turística de una docena de estados.

Entre las mujeres, los programas más comunes son los de costura (en 25 estados), procesamiento de datos (16 estados), restauración de muebles (7 estados), microfilmación (en 6 estados), trabajo de granjas, impresión y manufacturación de bienes tales como vasos, calcomanías y tejidos.

Los prisioneros también fabrican bienes para los gobiernos estaduales. En New York, por ejemplo, hacen muebles de oficina, gabinetes de metal y artículos de limpieza que pueden ser usados por el gobierno del Estado. En Minnesota, fabrican señales camineras y ropa para los prisioneros. En otras partes del país los reclusos elaboran cascos militares, cables eléctricos y muebles de madera[335].

Estos ejemplos permiten pensar que si el sistema jurídico estuviera orientado hacia la restitución a la víctima, no resultaría muy difícil sustituir las cárceles por lugares en los cuáles las personas pudieran ser alojadas para trabajar hasta pagar su deuda. Especialmente si se tiene en cuenta que las empresas que desde 1975 están construyendo cárceles privadas en todos los rangos de seguridad, no tendrían demasiadas dificultades para adaptar sus ofertas a ese nuevo mercado, como he expresado antes.

Estos establecimientos no serían técnicamente cárceles. La necesidad del alojamiento en ellos no debería juzgarse a través de los parámetros tradicionales del merecimiento de castigo o la conveniencia de la resocialización, sino de lo que es más eficiente para que el criminal pague su deuda. Ello permitiría tener establecimientos de trabajo ambulatorio, al que el demandado debiera concurrir a trabajar todos los días, o establecimientos con régimen cerrado, donde el demandado estuviera internado, ya sea por no tener domicilio fijo, familia, etc., y la presunción debidamente fundada de que estando en libertad eludiría su obligación

---

[335] Barnett, Randy E., *The structure of liberty, op. cit.*, pp. 177-178.

de trabajar. En todo caso, el nuevo paradigma de restitución obligaría a replantear en qué casos se podría justificar alguna forma de coerción.

5. OTRAS CARGAS ESPECIALES

La sentencia que hace lugar a la demanda podría incluir ciertas cargas especiales al demandado, como por ejemplo la de no tener contacto en el futuro con el demandante u otras personas, la de no circular por determinadas zonas, la inhabilitación para realizar cierto tipo de actividades, como conducir automóviles, tener cargos públicos, ejercer determinadas profesiones, consumir ciertas substancias, etc.

También podría incluir la entrega de documentos, o el desistimiento de acciones contra la víctima que hubiesen sido parte del crimen, u otros actos con consecuencias legales.

La prohibición de acercamiento a la víctima o miembros de su familia es una medida que se utiliza profusamente en la actualidad como un medio de protección durante el proceso penal. La *Victim and Witness Protection Act* de 1982, introdujo en Estados Unidos las llamadas «*Restraining Orders*», que permiten al juez prohibirle al acusado o a cualquier persona cercana a él estar en contacto con la víctima o con un testigo, cuando sea probable, en virtud de hechos concretos, que éstos pudieran ser intimidados o que contra ellos se pudiera ejercer alguna venganza. El motivo de esta facultad judicial fue la comprobación, según investigaciones de la *American Bar Association*, de que la intimidación y el ejercicio de influencias sobre las víctimas y testigos eran un problema ampliamente difundido en los Estados Unidos, que impedía la correcta tramitación de numerosos procesos penales[336]. Es decir que su finalidad era doble: proteger la integridad de la víctima o testigos, y garantizar la correcta recepción de la prueba, en especial la prueba testimonial, libre de intimidación o presiones.

Pero también se ha previsto en las legislaciones penales este tipo de restricción de acercamiento durante la tramitación del proceso, y como una de las condiciones para acceder a la suspensión de la condena una vez dictada la sentencia definitiva. Esta previsión excede la finalidad de garantizar la integridad del testigo y la prueba, y se vincula con ase-

---

[336] Scheider, Hans Joachim, «La posición jurídica de la víctima del delito en el derecho y en el proceso penal, en *Doctrina Penal*, 1989, pp. 311-312.

gurar su tranquilidad posterior, una vez finalizado el juicio, cuando el imputado resulta condenado a una pena en suspenso[337].

Probablemente este tipo de medidas puedan incluirse como parte de la reparación a la víctima dispuesta por el juez en este proceso único.

6. LA PRISIÓN

Podría ocurrir que, dentro de las exigencias reparatorias del demandante, esté la de que se imponga al demandado la pena de prisión.

Esta medida sólo sería aceptable en casos excepcionales, cuando el demandante demuestre razonablemente el peligro que la libertad ambulatoria del demandado pudiera ocasionarle. Se puede discutir, por ejemplo, la viabilidad de un pedido de prisión en casos de personas con antecedentes en hechos violentos, que son demandadas a su vez por un nuevo hecho de singular violencia y que durante el proceso hayan evidenciado ante el tribunal su agresividad y potencial peligrosidad para con el demandante. Lo discutido en el punto anterior me hace pensar, por ejemplo, en un demandado al que se le impuso la prohibición de acercamiento a la víctima, y que deliberadamente violó dicha disposición para acosarla y agredirla. ¿Podría ello justificar su encarcelamiento por pedido de la víctima?

Seguramente un tema a dilucidar a través de los casos y la formación de la jurisprudencia, será el de si se justifica y en qué supuestos la prisión del demandado, y si ello debiera limitarse al reclamo en tal sentido de la víctima directa, o si podría ser motivado por temores invocados por damnificados indirectos.

Fuera de ello, se ha dicho que la prisión podría justificarse como un modo de lograr la restitución. En tal sentido, Rothbard señaló que, en una sociedad libertaria, las prisiones no desaparecerían pero cambiarían drásticamente su finalidad, que sería forzar a los criminales a restituir el daño ocasionado a sus víctimas[338].

---

[337] El artículo 27 bis del Código Penal argentino establece las reglas de conducta que deberá cumplir la persona a la que se suspende el cumplimiento de una condena a prisión. El inciso 2º prevé como una de tales reglas: «abstenerse de concurrir a determinados lugares o de relacionarse con determinadas personas». Estas reglas se aplican también en los casos de suspensión de juicio a prueba.

[338] Rothbard, Murray, «Punishment and Proportionality», en *Assessing the criminal, op. cit.*, p. 261.

No concuerdo en este punto con Rothbard. Por una parte, no me parece aceptable utilizar la prisión como medio de presión o coacción hacia el demandado para que cumpla con el pago de la reparación. Distinto es el caso de la obligación de trabajar para la víctima, cuya ejecución compulsiva podría admitirse como modo de producir el resarcimiento a esta. Pero la amenaza de prisión expuesta meramente como un medio de presionar al demandado para obligarlo a pagar el resarcimiento debido, me parece injustificada y lindante con la extorsión.

En definitiva, las posibles formas de restitución y reparación al damnificado son muchas, dependerán de lo que aparece como justo y razonable en cada caso concreto, y en cuyo análisis —a pesar de que el problema tiene muchas aristas que demandarían discusiones más profundas que las que se propone este trabajo introductorio—, no se podrían aplicar, en forma pura, ni los principios del derecho civil ni los del derecho penal. Posiblemente se deberán combinar instituciones y reglas de ambas disciplinas para el diseño de una nueva forma de derecho que se irá perfilando con el transcurso del tiempo y de los reclamos que se discutan en los tribunales.

Capítulo 16

CONCLUSIÓN

El derecho penal, como derecho público, se basa en la premisa de que su misión es proteger a la «sociedad» de quienes atacan sus «intereses», al atacar el orden jurídico que la protege. Como la sociedad no es más que un conjunto de individuos, que tienen intereses propios y muchas veces opuestos entre sí, y el Estado es una ficción jurídica, el derecho penal acaba convirtiéndose en el instrumento que permite al gobierno de turno perseguir sus propios fines, garantizándolos con la amenaza de legislación represiva.

En este contexto, el derecho se aparta de la función general de un gobierno liberal, que es proteger los derechos individuales. Las personas pasan a ser sujetos pasivos del derecho, cuyo único sujeto activo es el Estado.

A la luz de los principios alrededor de los cuales históricamente se ha tratado de organizar una sociedad libre, ninguna de las teorías sobre el fundamento de las penas resulta convincente para justificar dicho poder del Estado:

a. La retribución no se justifica, en tanto supone que dicha retribución debe ser dirigida al criminal en nombre y para satisfacción de un ente inmaterial, como es el Estado o la sociedad, en lugar de estar destinada a retribuir la lesión sufrida por las víctimas. De hecho, no hay relación razonable posible entre varios años en prisión y la violación de una norma.

b. La prevención general no puede justificar por sí misma la aplicación de penas, pues es sólo una manera de desalentar a eventuales violadores de derechos a través de la aplicación efectiva o la amenaza de imposición de sanciones penales. Por otra parte, esta tarea de desaliento o prevención se logra más eficientemente cuando los hechos criminales son perseguidos por las propias víctimas, en procura de satisfacer el interés personal de obtener una reparación por el daño sufrido. Por lo demás, todo el orden jurídico tiene una función preventiva, sin que sea necesario recurrir al derecho penal: la condena de un juez civil a pagar una alta indemnización por incumplimiento contractual tiene una función preventiva general tan importante como la imposición de una pena.

c. La prevención especial, concebida como «resocialización» a cargo del Estado, no puede justificarse desde la óptica del respeto a la libertad individual. Ningún funcionario del gobierno puede tener el derecho de determinar qué es «socialmente» bueno o malo, sino que debe limitarse a proteger los derechos de víctimas concretas. A ello ha de sumarse que la prisión —pena por excelencia— tienen muy poco de positivo desde el punto de vista de la alegada búsqueda de la superación personal y reinserción social de quienes han cometido un crimen.

Pienso que a estas alturas de la civilización, la esencia misma del derecho penal está en crisis y debe dejar paso a formas o procedimientos privados, basados en la demanda de las propias víctimas en busca de resarcimiento personal de los daños ocasionados por el crimen.

Ello supondría dos cambios fundamentales respecto de la actual respuesta penal: 1) Las acciones serían ser ejercidas por las víctimas o sus representantes, y no por el Estado; 2) las sanciones a imponer estarían vinculadas con la reparación del daño ocasionado a la víctima, concebido en términos más amplios que los del derecho civil y no con un castigo impuesto por el Estado.

En otras palabras, significaría abandonar la noción del derecho penal como derecho público para convertirlo en una forma de derecho privado con peculiaridades que lo colocarían a su vez en un ámbito más amplio que el del derecho civil.

Si regresamos por un momento a los ejemplos con los que comencé este trabajo, la adopción de un sistema como el propuesto podría tener los siguientes efectos:

a. En el caso de Juan C., la falta de interés de la víctima por perseguir un hecho menor, unido a la inexistencia de perjuicio para ninguna otra persona, haría que no se siguiese un proceso en su contra, o que se resolviera rápidamente con un pedido de disculpas y una reparación simbólica.

Ello permitiría descomprimir los tribunales de hechos irrelevantes, a la vez que evitaría a víctimas e imputados las molestias de enfrentarse a procesos sin sentido. En el caso en que la víctima tuviese interés en una satisfacción, ella se daría a través de una indemnización o trabajo en su favor, impidiendo que se produjesen todas aquellas consecuencias colaterales, nocivas para el imputado, que se seguirían de la aplicación de una pena privativa de la libertad. Para el imputado, además, se evitaría su introducción en el sistema penal, con todas las consecuencias que ello tiene, no sólo por su sometimiento al régimen penitenciario, sino por las implicancias legales futuras generadas por el registro de su antecedente condenatorio.

b. En el caso de Carolina R., la posibilidad de una reparación pecuniaria u otra sanción ejemplar solicitada por la víctima y aplicada por el juez, eliminaría esa disyuntiva con la que los tribunales se enfrentan diariamente, de tener que aplicar una pena tan drástica para un primario como es la prisión —aun cuando se suspenda su ejecución— o dejar al hecho totalmente impune. Con mayor libertad para actuar más allá del mero resarcimiento pecuniario propio del derecho civil, el juez hubiese podido disponer alguna forma de reparación hacia la víctima, que se adecuara a las condiciones personales de la demandada y a la naturaleza del hecho cometido.

Ello eliminaría la sensación de impunidad que en la procesada y el resto de la comunidad se experimenta cada vez que los jueces intentan paliar las nocivas consecuencias de la cárcel, buscando modos de no condenar a personas no peligrosas y sin antecedentes penales, que protagonizan hechos poco relevantes. Una sanción resarcitoria o reparatoria a la víctima, aún de naturaleza simbólica, o incluso la realización de un tratamiento psicológico u otra forma de ayuda profesional, podría tener importantes efectos desde el punto de vista preventivo, y hubiese enviado a la imputada la señal de que su hecho era relevante y merecía algún tipo de sanción.

c. En el caso de Jorge A., evidentemente la prisión —efectiva o en suspenso— no tendría consecuencias favorables. Si es efectiva, porque se producirían los efectos contraproducentes a los que me he estado refiriendo; si es en suspenso, porque no tendría en la práctica efecto alguno, mientras Jorge A. no cometiera un nuevo delito.

Las víctimas del hecho, que han sufrido un importante detrimento patrimonial, no ganan nada con la prisión en suspenso que eventualmente se aplique al imputado, y si la prisión es de cumplimiento efectivo, ello seguramente le quitaría posibilidades a Jorge A. de producir el dinero necesario para pagarles la deuda. Seguramente estas personas saldrán del tribunal con una sensación de vivir en la impunidad, y sólo les quedará iniciar el juicio civil, con los costos, pérdida de tiempo y otros problemas que ello trae aparejado.

Una acción privada más amplia, podría permitirles escapar al estrecho ámbito del derecho civil, y aún en el caso en que Jorge A. hubiese escondido sus bienes y por lo tanto presentase una situación de insolvencia —lo que frustraría una acción civil—, podrían buscar otras formas de reparación, como el trabajo en favor del consorcio, que probablemente provocaría que «milagrosamente» el dinero sustraído apareciera para evitar esa carga.

No paso por alto que esta reprivatización del derecho volvería a traer muchos de los problemas que precisamente llevaron a la asunción de la tarea punitiva por parte del Estado. La situación de criminales más violentos, reincidentes y desaprensivos deberá estudiarse con mayor atención, y por vía jurisprudencial posiblemente deban encontrarse soluciones que respeten este cambio de paradigma.

También hay muchos temas vinculados con el procedimiento, que deberían ser examinados con mayor cuidado, y no se me escapa que al lector de este libro se le habrán planteado un sinnúmero de situaciones hipotéticas que sería necesario resolver, al igual que a mí se me plantearon mientras lo escribía.

Consciente de que el derecho ha sido a lo largo de la historia el producto de una constante evolución, si se produjera el cambio de paradigma de un derecho elaborado para satisfacer intereses estatales a otro dirigido a proteger derechos individuales, las discusiones producidas en cada caso que se ventile en los tribunales o se negocie fuera de ellos permitiría ir delineando doctrinas jurídicas y jurisprudencia que ayudarían a zanjar muchas de estas dudas.

La historia del derecho ha sido, en gran medida, la historia de la evolución del hombre en su lucha por buscar modos pacíficos de solucionar conflictos. Lo que este libro intenta plantear es que quizá ha llegado la hora de hacer un alto en el camino que ha llevado hacia el derecho penal, y cambiar de dirección, en un sentido que permita la evolución de una nueva forma de derecho privado.

BIBLIOGRAFÍA

ACAIP: *Muertes en prisión: mortalidad 2006/2012*, Madrid, 2014.

Alberdi, Juan Bautista, *Bases y puntos de partida para la organización política de la República Argentina*, Jorge M. Mayer (ed.), Sudamericana, Buenos Aires, 1969.

Alschuler, Albert W, «Plea bargaining and its history», en *Columbia Law Review*, 1979, vol. 79.

Ambos, Kai, *Temas de Derecho Penal Internacional y Europeo*, Marcial Pons, Madrid, 2006.

Ayres, Ian y Levitt, Steven D., *Measuring positive externalities from unobservable victim precaution: An empirical analysis of Lojack*, Harvard University Press, 1996.

Barnett, Randy E., *The structure of liberty*, Clarendon Press, Oxford, 1998.

Barnett, Randy E. y Hagel III, John (Eds.), *Assessing the Criminal: Restitution, Retribution and the Legal Process*, Harvard, 1977.

Bastiat, Frederic, *La Ley*, Centro de Estudios Económico-Sociales, Guatemala, 1982.

Beccaria, Cesare, *De los delitos y de las penas*, [1764], Arayú, Buenos Aires, 1959.

Becker, Gary S., «Crime and Punishment: An Economic Approach», *Journal of Political Economy*, vol. 76, n.º 3, 1968, pp. 169-217. Existe traducción al castellano como: «Crimen y castigo: un enfoque económico», en Andrés Roemer (compilador), *Derecho y Economía: una revisión de la literatura*, Fondo de Cultura Económica, México, 2000.

Benadava, Santiago, *Derecho Internacional Público*, Lexis Nexis, Santiago de Chile, 2001.

Benegas Lynch (h), Alberto, «Bienes públicos, externalidades y los *free-riders*: el argumento reconsiderado», en *Libertas* n.º 28, mayo de 1998, pp. 199-214.

Benson, Bruce, *The Enterprise of law: Justice without the State*, Independent Institute, 2011.

— *Privatization in Criminal Justice*, The Independent Institute, 1996.
— «Restitution in theory and practice», *Journal of Libertarian Studies* 12 (Spring 1996), pp. 75-97.
— *To serve and protect*, New York University Press, 1998.
— «A note on corruption of public officials: The black market for property rights», en *Journal of Libertarian Studies* 5 (Summer 1981), pp. 305-331.
Berman, Harold J., *Law and revolution. The formation of Western legal tradition*, Harvard University Press, 1983.
Bindinotto, Robert James (Ed.), *Criminal Justice? The Legal System versus Individual Responsability*, The Foundation for Economic Education, 1994.
Bogatyrev, & Terekhov, *The theoretical and applied principles of the investigation of suicide prevention in penitentiary institutions of Ukraine.* Юридичний вісник, 32(3), 2014.
Bovino, Alberto, «Mecanismos de control de delitos que perjudican al Estado en el derecho federal de los Estados Unidos», en *Pena y Estado*, n.° 1.
Brakel, Samuel, «La privatización del sistema carcelario», publicado por la Fundación República *en Propuestas para el Debate* n.° 24, agosto de 1984.
Cancio Meliá y Gómez-Jara Diez (Eds.), *Derecho Penal del Enemigo. El discurso penal de la exclusión*, Edisofer, Madrid, 2006.
Cárdenas, Juan, «The crime victim in the prosecutorial process», en *Harvard Journal of Law & Public Policy*, 1986, vol. 9.
Carrara, Francesco, *Programa de derecho criminal*, Ed. Temis, Bogotá, 1980.
Celaya Aguirrezabal, Ainhoa, *La pena de prisión y sus alternativas*, Universidad del País Vasco, Donostia, 2016.
Cerda Acevedo, Carlos Alberto, *Características del Derecho Internacional Penal y su clasificación entre Crimen y Simple Delito*, Centro Argentino de Estudios Internacionales, Working paper n.° 64.
Cesano, José Daniel, «De la crítica a la cárcel a la crítica de las alternativas», *Boletín Mexicano de Derecho Comparado*, n.° 108, septiembre-diciembre de 2003, pp. 863-877.
Coase, Ronald H., «The Lighthouse in Economics», *Journal of Law and Economics* 17 (2), 1974, pp. 357-376.
Cohen, Stan (Ed.), *Abolicionismo penal*, Ediar, Buenos Aires, 1989.
Corwin, Edward, «The higher law background of American Constitutional Law», 42 *Harvard Law Review* 149 (1928); reproducido en *The*

Rights retained by the People, Randy E. Barnett (Ed.), George Mason University Press, 1989.

Cowen, Tyler (ed.), *The Theory of Market Failure. A Critical Examination*, George Mason University Press, 1988.

Creus, Carlos, *Derecho Penal – Parte General*, Astrea, Buenos Aires, 1990.

Dacio, Juan, *Diccionario de los Papas*, Barcelona, Destino, 1963.

Denenberg, T.M. y Denenberg, R.V., *Dispute resolution: Settling conflicts without legal action*, Public affairs pamphlet 597, New York, 1981.

De Molinari, Gustave, «The production of security», publicado por The Center for Libertarian Studies, *Occasional Paper Series* n.° 2, 1977. Existe versión en castellano, incluida en: Gustave de Molinari, *Controversia sobre la propiedad privada. Diálogos entre un economista, un socialista y un conservador*, Universidad Francisco Marroquín, Guatemala, 2019.

De Soto, Hernando, *El otro sendero*, Ed. Sudamericana, Buenos Aires, 1987.

Diamond, A. S., *Primitive Law*, Longmas, Green and Co., London, 1935.

Dolcini, Emimo & Paliero, Carlo Enrico, *Il carcere ha alternative? La sanzioni sostitutive delle detenzione breve nell'esperienza europea*, Giuffré, Milán, 1989.

Dykstra, Robert R., *The Cattle Towns*, New York, 1986.

Eder, Phanor J., *Principios característicos del* common law *y del derecho latinoamericano*, Abeledo Perrot, Buenos Aires, 1960.

Ehrlich, Isaac, «Participation in illegitimate activities: An economic analysis«, en *Economics of crime and punishment* 68 (Gary Becker & William Landes [eds.], 1974.

Evers, Williamson M., *Victim's rights, restitution and retribution*, The Independent Institute, 1996.

Ferguson, Adam, *An Essay on the History of Civil Society*, Cadell, Kincaid, Creech & Bell, London, 1767.

Ferrajoli, Luigi, *Derecho y razón. Teoría del garantismo penal*, Trotta, Madrid, 1995.

— «El derecho penal del enemigo y la disolución del derecho penal», *Nuevo Foro Penal* n.° 69, enero-junio de 2006, pp. 13-31.

Feuerbach, Paul Johann Anselm, *Tratado de derecho penal común vigente en Alemania*, [1801] Ed. Hammurabi, Buenos Aires, 1989.

Foucault, Michel, *Vigilar y castigar: nacimiento de la prisión*, Siglo Veintiuno Editores, Madrid, 1990.

Friedman, David, «Private Creation and Enforcement of Law: A Historical Case», en *The Journal of Legal Studies*, University of Chicago, n.° 8, 1979, pp. 399-415.

Funke, Gail S., Wayson, Billy L. y Miller, Neal, *Assets and liabilities of correctional industries*, Lexington Books, 1982.

Gallo, Ezequiel, «La tradición del orden social espontáneo: Adam Ferguson, David Hume y Adam Smith», en *Libertas* n.°n.°n.° 6, mayo de 1987.

García, Luis M., *Reincidencia y punibilidad*, Ed. Astrea, Buenos Aires, 1992.

García Valdez, Carlos, *Comentarios a la legislación penitenciaria*, Civitas, Madrid, 1982.

Garland, David, *Castigo y sociedad moderna. Un estudio de teoría social*, Siglo veintiuno Editores, Madrid, 1999.

Gerhard, Walter, *Libre apreciación de la prueba*, Temis, Bogotá, 1985.

Green, Stuart P., «Private challenges to prosecutorial inaction: A model declaratory judgment statute«, en *Yale Law Journal*, 1988, vol. 97

Haley, John Owen, «Confession, repentance and absolution», en Wright, Marian & Galaway, Burt (Comp.), *Mediation and criminal justice: Victims, offenders and community*, Sage Publications, London, 1989.

Hassemer, Winfried, *Fundamentos del derecho penal*, Bosch, Barcelona, 1984.

Hayek, Friedrich A., *Derecho, legislación y libertad*, Centro de Estudios sobre la Libertad, Buenos Aires, 1978.

Hazlitt, Henry, *Los fundamentos de la moral*, Universidad Francisco Marroquín, Guatemala, 2012.

Hendler, Edmundo, «El tema de los orígenes del derecho penal», en *Doctrina Penal*, 1991.

Hillenkamp, Thomas, *The influence of victim behaviour on the dogmatic judgement of the offence. Some remarks on the relationship between victimology and the dogmatic of penal law*, Tokio, 1986.

Hoppe, Hans-Hermann, «Falacias de la teoría de los bienes públicos y la producción de seguridad», *Libertas* n.° 24, mayo de 1996, pp.92-93.

Jakobs, Günther, *Sociedad, norma y persona en una teoría de un Derecho penal funcional*, Editorial Civitas, Madrid, 1996.

«La ciencia del derecho penal ante las exigencias del presente», en *Estudios de Derecho Judicial*, Galicia, 1999.

Jakobs, Günther, Cancio Meliá, Manuel, *Derecho Penal del Enemigo*, Civitas, Madrid, 2003.

Jescheck, Hans-Heinrich, *Tratado de Derecho Penal – Parte General*, Bosch, Barcelona.

Jiménez de Asúa, Luis, Tratado de derecho penal, Ed. Losada, Madrid, 1961.

Jiménez, María Angélica, *Sistema Penal y Medidas Alternativas*, Universidad de Zulia, Maracaibo, 1992.

Laborde, Daniel Mario: «Víctima, proceso y abolicionismo penal», en *La Ley* del 29 de enero de 1996.

Langbein, John H., «Torture and plea bargaining», en *The Public Interest*, n.°58 (Winter 1980), p. 43-61.

Leoni, Bruno, *La Libertad y la Ley*, Centro de Estudios sobre la Libertad, Buenos Aires, 1960.

Levaggi, Abelardo, *Historia del derecho penal argentino*, Abeledo-Perrot, Buenos Aires, 1978.

Levine, Michael, «A Hobbesian Minimal State», *Philosophy and public affairs*, vol. 11 n.° 4, (Autumn 1982), pp. 338-353.

Liszt, Franz, *La idea de fin en el Derecho Penal*, Granada, 1990.

Locke, John, *Ensayo sobre el gobierno civil*, Aguilar, Madrid, 1970.

López-Amo Marín, Angel, «El derecho penal español de la baja Edad Media», en *Anuario de historia del derecho español*, t. XXVII, Madrid, 1956.

Manzanos, César, *Contribución del sistema carcelario a la marginación socioeconómica familiar*, Universidad de Deusto, Bilbao, 1991.

Maurach, Reinhart, *Derecho Penal -Parte General*, actualizado por Heinz Zipf, Ed. Astrea, Buenos Aires, 1994.

Mc Donald, William, «Towards a Bicentennial Revolution in Criminal Justice», *American Criminal Law Review* 13 (1976), pp. 649-673.

Mc Grath, Roger D., *Gunfighters, highwaymen and vigilantes*, Berkeley, University of California Press, 1984.

Mc Ilwain, C. H., «Due process of law in Magna Carta», 14 *Columbia Legal Review* 27, 1924.

Mc Williams, Peter, *Ain't nobody's business if you do*, Prelude Press, 1993.

Mezger, Edmund, *Tratado de derecho penal*, Ed. Revista de Derecho Privado, Madrid, 1955.

Mir Puig, Santiago, *Derecho Penal – Parte General*, Barcelona, 1996.

Mises, Ludwig, *La Acción Humana*, Unión Editorial, Madrid, 2008.

Los fundamentos últimos de la Ciencia Económica, Unión Editorial, Madrid, 2012.

Montero Aroca, Juan, «La legitimación en el Código Procesal Civil del Perú», *Revista de la Facultad y Ciencias Políticas de la Universidad de Lima*, No. 24.

Moore, Michael, «Victims and retribution: A reply to professor Fletcher», *Buffalo Criminal Law Review* 3 (2000).

Morenoff, Jeffrey, Harding, David James, «Incarceration, Prisoner Re-entry, and Communities», *Annual Review of Sociology* (40), 2014, pp. 411-429.

Murphy, Jeffrie, *Retribution, Justice and Therapy*, Drodrecht, Boston, 1979. *Retribution Reconsider*, Dodrecht, Boston, 1992.

Neely, Richard, *Why Courts don't work*, McGraw-Hill, New York, 1982.

Nelson, W., «Emerging notions of modern Criminal Law in the revolutionary era: An historical perspective», en *Criminal Justice in America*, Richard Quinney (ed.), Little, Brown and Co., Boston, 1974.

Newman, Oscar, *Community of Interest*, Anchor Press, New York, 1980.

Nino, Carlos Santiago, Límites de la responsabilidad penal, Ed. Astrea, Buenos Aires, 1980.

Oppenheimer, Franz, *El Estado. Su historia y evolución desde un punto de vista sociológico*, Unión Editorial, Madrid, 2014.

Paine, Thomas, *Los derechos del hombre* [1791-1792], Fondo de Cultura Económica, México, 1944.

Peden, Joseph R., «Property right in medieval Ireland: Celtic Law versus Church and State», *Journal of Libertarian Studies* 1: 86 (1977).

Peikoff, Leonard, *The Ominous Parallels*, Stein&Day, New York, 1982.

Pellegrini Grinover, Ada, «Acoes coletivas para a tutela do ambiente e dos consumidores», *Estudios en Homenaje al Doctor Héctor Fix Zamudio en sus 30 años como investigador de las Ciencias Jurídicas. Tomo III. Derecho Procesal*, Universidad Autónoma de México, 1988.

Philips, David, *Crime and authority in Victorian England: The Black Country, 1835-1860*, Croom Helm, London, 1977, pp. 119-123.

Poole Jr., Robert, *Cutting back City Hall*, Free Press, New York, 1978.

— «Modernización del Sistema Carcelario», Fundaciones Libertad y Desarrollo y Paz Ciudadana, Santiago de Chile, 1994.

Posner, Richard A., *The economic analysis of law*, Little Brown & Co., Boston, 1972.

— *The economics of justice*, Harvard University Press, 1981.

Pound, Roscoe, *El desarrollo de las garantías constitucionales de la libertad*, Ed. Agora, Buenos Aires, 1960.

Radbruch, Gustav, *El hombre en el derecho*, Depalma, Buenos Aires, 1980.

Rand, Ayn, *Capitalism: the unknown ideal*, New American Library, 1967. *La Virtud del Egoísmo*, Ed. Plastygraf, Buenos Aires, 1985.

Reynolds, Morgan O., *Using the private sector to deter crime*, National Center for Policy Analysis, Texas, marzo 1994.

Rico Ruíz, José María, *Justicia penal y transición democrática en América Latina*, Siglo Veintiuno Editores, Madrid, 1997, p. 290.

Ríos Martín, Julián Carlos, «La cadena perpetua y la custodia de seguridad en la reforma penal de 2013», *Revista de Derecho Penal y Criminología*, Madrid, Extraordinario, n.º 1 (Dic. 2013) p. 177-211.

La prisión perpetua en España. Razones de su ilegitimidad ética y de su inconstitucionalidad, Tercera Prensa-Hirugarren Prentsa, San Sebastián, 2013.

Risolía, Marco Aurelio, *Soberanía y crisis del contrato*, Abeledo-Perrot, Buenos Aires, 1968.

Rizzi, Miguel A., *Tratado de derecho privado romano*, Editorial Argentina Arístides Quillet, Buenos Aires, 1936.

Robles Planas, Ricardo, «La herencia de Karl Binding», *Libro homenaje al Profesor Dr. Agustín Jorge Barreiro*, UNAM, México, 2019.

Rocco, Ugo. *Tratado de Derecho Procesal Civil*, Editorial Depalma, Buenos Aires, 1976.

Rodríguez, Pepe, *Mentiras fundamentales de la Iglesia Católica*, Barcelona, 1997.

Rojas, Ricardo Manuel, «El orden jurídico espontáneo», *Libertas* n.º 13, octubre de 1990.

— «La definición del orden jurídico argentino a partir de la Constitución de 1853», *Libertas* n.º 15, octubre de 1991, p. 189-219.

— «Algunas consideraciones filosófico-políticas en torno al problema de la corrupción», en *Foro Político*, Universidad del Museo Social Argentino, 1993, pp. 61-82

— *Análisis económico e institucional del orden jurídico*, Ed. Abaco, Buenos Aires, 2004.

— *Los Derechos Fundamentales y el orden jurídico e institucional de Cuba*, Buenos Aires, CADAL, 2005.

— *Fundamentos praxeológicos del derecho*, Unión Editorial, Madrid, 2018.

— *La decisión judicial y la certidumbre jurídica*, Unión Editorial, Madrid, 2018.

Individuo y Sociedad. Seis ensayos desde el individualismo metodológico, Unión Editorial, Madrid, 2021.

Rojas, Ricardo Manuel, Rondón García, Andrea, *La supresión de la propiedad como crimen de lesa humanidad*, Unión Editorial, Madrid, 2019.

Rojas, Ricardo Manuel, Schenone, Osvaldo, Stordeur (h), Eduardo, *Nociones de Análisis Económico del Derecho Privado*, Universidad Francisco Marroquín, Guatemala, 2012.

Rothbard, Murray N., «Law, Property Rights and Air Pollution», *Cato Journal* 2, No. 1 (Spring 1982), pp. 55-99.

Roxin, Claus, *Problemas básicos del derecho penal*, Reus, Madrid, 1976.

— «El desarrollo de la política criminal desde el proyecto alternativo», en Mir, Santiago, *La Reforma del Derecho Penal*, 1994.

Derecho Penal — Parte General, Civitas, Madrid, 1997.

Samuelson, Paul A., «The pure theory of public expenditure», *Review of Economics and Statistics* 36 (November 1954), pp. 387-389.

— «A diagrammatic exposition of a theory of public expenditure», *Review of Economics and Statistics* 37 (November 1955), pp. 350-356.

Schafer, Stephen, «The proper role of a victim-compensation system», en *Crime and Delinquency* 21 (January 1975).

Schneider, Hans Joachim, «La posición jurídica de la víctima del delito en el derecho y en el proceso penal», en *Doctrina Penal*, año 1989.

Schultz, David, *The limits of government. An Essay on the public goods argument*, Westview Press, Boulder, 1991.

Schünemann, Bernd, *The future of the victimological approach to the interpretation of criminal law: the use of victimological considerations as a comprehensive, regulative principle for limiting the scope of certain crimes*, Tokio, 1986.

Shapiro, Barbara J., *Beyond reasonable doubt and probable cause*, University of California Press, 1991.

Sherman, Lawrence W., «Patrol strategies for police», en *Crime and Public Policy*, James Q. Wilson (ed.), Institute for Contemporary Studies, San Francisco, 1993.

Shubert, Adrian, «Private initiative in Law Enforcement: Association for the prosecution of felons, 1744-1856», en Bailey, Victor (ed.), *Policing and punishment in Nineteenth-Century Britain*, London, Croom Helm, 1981, pp. 25-41.

Silva Sánchez, Jesús María, *Aproximación al Derecho Penal contemporáneo*, J.M. Bosch Editor, Barcelona, 1992.

Soler, Sebastián, *Derecho Penal Argentino*, T.E.A., Buenos Aires, 1978.

— «El elemento político de la fórmula del estado peligroso», en *Revista de Criminología, Psiquiatría y Medicina Legal* n.° 121, Buenos Aires, enero-febrero de 1934.

Stigler, George, «The optimum enforcement of laws», 78 *Journal of Political Economics* 526 (1970).

Sutherland, Arthur, *De la Carta Magna a la Constitución norteamericana*, T.E.A., 1972.

Tullock, Gordon, «Does punishment deter crime?», *Public Interest* (Summer 1974).

Umbreit, Mark S., «The development and impact of victim-offender mediation in United States», *Mediation Quarterly* 12 (Spring 1995), 263-276.

Uribe-Rodríguez, A., Martínez-Rodríguez, J., y López-Romero, *Depresión y ansiedad estado/rasgo en internos adscritos al «Programa de Inducción al Tratamiento Penitenciario» en Bucaramanga, Colombia.* Bucaramanga (Colombia), 2012.

Van Alstyne jr., Scott, «The District Attorney. A historical puzzle», en *Wisconsin Law Review*, 1952.

Wolfang, Marvin E., *Patterns in criminal homicide,* University of Pennsylvania Press, 1958.

Zaffaroni, Eugenio R., *Tratado de derecho penal – Parte General,* Ediar, 1987.

En busca de las penas perdidas, Ediar, Buenos Aires, 1989.

COLECCIÓN «DERECHO Y LIBERTAD»

**Para más información,
véase nuestra página web**
www.unioneditorial.es